军事政治学研究

MILITARY POLITICS REVIEW

主管单位：中国人民解放军南京政治学院
主办单位：中国人民解放军南京政治学院军事政治学研究中心
学术顾问（以姓氏笔画为序）

王邦佐（复旦大学）　　　　俞可平（中央编译局）　　　　蒋乾麟（南京政治学院）

学术委员（以姓氏笔画为序）

于兴卫（军事科学院）　　　王浦劬（北京大学）　　　　　王　萍（空军工程大学）
王臻荣（山西大学）　　　　朱仁显（厦门大学）　　　　　朱光磊（南开大学）
刘　杰（上海社会科学院）　刘戟锋（国防科技大学）　　　关海庭（北京大学）
安成日（黑龙江大学）　　　孙　力（南京政治学院）　　　杨小云（湖南师范大学）
杨玉玲（西安政治学院）　　杨光斌（中国人民大学）　　　杨雪冬（中央编译局）
李月军（中央编译局）　　　李　承（南京政治学院）　　　李保忠（西安政治学院）
李路曲（上海师范大学）　　肖冬松（国防大学）　　　　　肖　滨（中山大学）
佟德志（天津师范大学）　　宋玉波（西南政法大学）　　　张　云（南京政治学院）
张凤阳（南京大学）　　　　张贤明（吉林大学）　　　　　张明军（华东政法大学）
张星久（武汉大学）　　　　张振江（暨南大学）　　　　　张理海（西安政治学院）
张新平（兰州大学）　　　　陈明明（复旦大学）　　　　　苗润奇（空军指挥学院）
林尚立（复旦大学）　　　　金太军（苏州大学）　　　　　周　平（云南大学）
周光辉（吉林大学）　　　　周敏凯（同济大学）　　　　　郎友兴（浙江大学）
房　宁（中国社会科学院）　赵　勇（海军舰艇学院）　　　胡　伟（上海交通大学）
胡　键（上海社会科学院）　秦维宪（上海市社联）　　　　徐　勇（北京大学）
徐能武（国防科技大学）　　郭志刚（军事科学院）　　　　郭定平（复旦大学）
唐亚林（复旦大学）　　　　桑玉成（上海市社联）　　　　黄细麟（上海国际军衔博物馆）
萧功秦（上海师范大学）　　萧延中（华东师范大学）　　　商红日（上海师范大学）
蒋建新（南京政治学院）　　韩冬雪（清华大学）　　　　　傅婉娟（国防科技大学）

封面题字：李　铎
主　　编：高民政
中文审稿：李秋发　李海平　翟桂萍　薛小荣　李书吾　范　彬　朱加荣　魏延秋
英文统稿：李庄前　李丛禾　付畅一　王永强　张小健　刘鹣斐然　梅　娟
地　　址：上海市四平路2575号
邮政编码：200433
联系电话：(021)81810527(民线)；(0531)810527(军线)
电子邮箱：jszzxyj@163.com

社会科学文献出版社
SOCIAL SCIENCES ACADEMIC PRESS（CHINA）

目　　录

● 特稿 ●

辩证看待恩格斯技术决定
战术的著名论断

刘戟锋　刘杨钺　赵　阳*

【摘　要】恩格斯关于技术决定战术的著名论断，只是针对特定历史时代的特定研判，具体说，就是指的根源于火器技术进步而由美国革命所发明并由法国革命来完成的散兵战。它并不适用于解读此前、此后技术与战术的关系。特别是20世纪以来，军事领域发生的一系列革命表明，战术与技术互动，思想与行动并进，已成为我们这个时代的典型特征。军事战略战术研究必须敢于迎接未来军事技术的挑战，同时又要善于引导未来军事技术的发展，才能有力推进中国特色军事变革的深入展开。

【关键词】技术　战术　辩证关系

在马克思主义军事思想中，恩格斯有一段名言，很多人都耳熟能详："一旦技术上的进步可以用于军事目的并且已经用于军事目的，它们便立刻几乎强制地，而且往往是违反指挥官的意志而引起作战方式上的改变甚至变革。"①这段话在国内、军内的文章、著作和领导讲话中引用很广，只要谈到科学技术对军事的影响，人们总将这段话信手拈来，作为不言自明的经典和公理。仿佛在技术与战术之间，一定存在着某种简单对应的线性关系。事实果真如此吗？

---

* 刘戟锋（1957～），男，湖南邵阳人，国防科学技术大学军事高科技培训学院院长，教授、博士生导师，哲学博士，少将军衔。主要研究方向：军事科技哲学。刘杨钺（1984～），男，湖南长沙人，国防科技大学人文与社会科学学院讲师，政治学博士。主要研究方向：国际关系、网络安全。赵阳（1980～），男，吉林梅河口人，国防科技大学国家安全与军事战略研究中心讲师，工学博士，中校军衔。主要研究方向：国防科技发展战略。
① 《马克思恩格斯选集》第3卷，人民出版社，1995，第514页。

一　特定的历史背景

在马克思主义创始人中,恩格斯以通晓军事而见长,他也因此被马克思亲昵地称为"将军"。 由于恩格斯是第一位指出作战方式对技术的依赖关系的马克思主义者,所以列宁后来也肯定说:"战术是由军事技术水平决定的,——这个真理,恩格斯曾反复向马克思主义者作过通俗而详尽的解释。"①

列宁的高度肯定自然进一步加深了后人对恩格斯论断的印象,也进一步提高了该论断在马克思主义军事思想中的真理性地位。 对那些并未认真拜读原著和深究军事历史的后人们来说,这当然是又一条放之四海而皆准的真理,是军事史上一切变革的铁律。

其实,恩格斯关于作战方式出现违反指挥官意志的变革的论述,主要指的是十八九世纪的一段时期。 具体说,就是指的根源于火器技术进步而由美国革命所发明并由法国革命来完成的散兵战。 此前在冷兵器时代,以及早期火器时代,军队作战通常采用的都是密集队形。 但是随着火器技术进步,如果一如既往地采用密集队形作战,只会提高对方的命中率。 1775～1783 年,美国独立战争期间,底层群众踊跃参加,这些新参战的士兵擅长狩猎,就用狩猎的方法打仗。 面对英军改进后的火器,他们不顾指挥官的命令,纷纷作鸟兽散,分别隐蔽在森林中、悬崖边、山坡后,以散兵方式出其不意地攻击敌人,因而出现了自下而上变革的散兵战。 这种战术使采用线式队形的英国雇佣军不能发挥优势而最后失败。 后来,法国的拿破仑进一步发展了这种作战方式。 所以恩格斯认为,这种作战方式之所以必要,首先是因为士兵的成分发生了变化,他甚至进一步断言:"现代的作战方法是以资产阶级和农民的解放为前提的,它是这个解放的军事上的表现。"②

由此可见,所谓技术决定战术,只是特定历史时代的特定场景。 姑且不论在此之前,历史上的古罗马军团作战、中国古代各种阵法作战并非源于自下而上的变革,即使单论散兵战,也不是纯粹由技术所决定,因为它还取决于士兵的成分。 正如恩格斯所说:"军队的全部组织和作战方式以及与之有关的胜负,取决于物质的即经济的条件:取决于人和武器这两种材料,也就是取决于居民的质与量和取决于技术。"③

---

① 《列宁全集》第 13 卷,人民出版社,1987,第 370 页。
② 《马克思恩格斯选集》第 7 卷,人民出版社,1959,第 561 页。
③ 《马克思恩格斯选集》第 3 卷,人民出版社,1995,第 514 页。

二　20 世纪的新变化

从人类认识史来看，改变单纯技术决定论的转折点早在 19 世纪就已出现。　这个世纪，在社会科学领域，诞生了马克思主义；在自然科学领域，诞生了麦克斯韦方程。这两大理论的一个共同点，就是基于科学技术发展的现状与趋势判断，指出了未来社会和技术发展的走向，促使后来的理论发展和技术进步得以结伴同行。

同样的情况也发生在军事领域。　如果说在技术决定论的背景下，马汉的海权理论只是对几个世纪以来前人的海战实践做了一点总结，那么，20 世纪富勒的机械化战争论、杜黑的空权理论就大不一样了。　因为富勒、杜黑的理论不但基于军事技术的先期发明，更促进了后来装甲技术、航空技术的进步。　也就是从这时起，军事技术的战斗力倍增作用空前强化，而军事理论、军事战略对军事技术的导向作用、牵引作用也逐步彰显，单纯的技术决定论受到了质疑。

的确，在人类军事史上，军事技术水平相当，而作战方式截然不同的案例很多。　特别是进入 20 世纪以来，基于同等技术水平而依靠作战方式取胜的案例屡见不鲜。　如在第一次世界大战中，德国的坦克并未给人留下什么印象，但在下一次世界大战中，当德国法西斯在无限制的扩张目的同现实能力不相适应时，接受了最初从英国诞生的机械化战争理论，并刷新成"闪击战"的作战原则。　它要求先于敌军迅速集中和展开作战队形，保障战略的突然性，实施最强有力的首次突击，以便在交战初期即取得影响战争结局的决定性胜利。　而实施这一作战原则的物质基础则是别国同样具有的坦克、机械化兵团和航空兵。　由于"闪击战"的实施，德国将坦克集中使用，能够充分发挥其强大的突击力，在一些主要攻击方向上形成装甲优势，弥补了德国装甲力量在数量和质量上的不足，取得了对一系列国家速战速决的胜利。

德国的"闪击战"又一次印证了"先敌制胜""在战争中迟缓就等于死亡"等原则的现实意义，同时也给世界各国上了一堂重要的军事思想课：军事斗争中注意提高武器的技术性能固然重要，但不失时机地采用新的作战方法也具有同等重要的意义。　将军的伟大与天才之处就在于根据军事技术的新进展及时变革旧的作战方式。

关于这一点，科学学的奠基人贝尔纳则通过科学史的研究指出："科学与战争一直是极其密切地联系着的；实际上，除了 19 世纪的某一段期间，我们可以公正地说，大部分重要的技术和科学进展是海陆军的需要所直接促成的。"①贝尔纳所说的 19 世纪某一段期间，就是散兵战产生和发展的时期。它也从一个侧面说明，军事领域中那种顺应技术发展产生的自下而上的变革，充其量只是罕见的个案。

三　技术与战术的互动

技术对于战术，具有明显的推动作用；战术对于技术，则具有明显的牵引作用。自觉促进技术与战术的互动，既离不开人的主动精神，也离不开具体的战争实践。一旦战争实践的具体条件缺乏，作战方式的创新就难免成为空话。所以马克思和恩格斯在评论克里木战争的塞瓦斯托波尔围攻时，分别表达了完全一样的思想。马克思说："塞瓦斯托波尔的围攻无论如何证明了长期的和平使得军事学术的倒退同工业发展给兵器带来的改进成正比。"②恩格斯则认为："这次围攻非常突出地证明了一个事实，即在长久的和平时期兵器由于工业的发展改进了多少，作战方法落后了多少。"③这一思想正好说明技术与战术并非存在天然的对应关系。

技术与战术的关系，其实也是推力与拉力的关系。军事领域的变革之源不光是来自技术领域的推力，它还离不开军事学说所产生的需求拉力。20 世纪以来，举凡坦克、航空母舰、导弹、声呐、雷达、原子弹、网络等，因军事理论创新而牵引军事技术进步的事实已有目共睹。同时，也要看到，如果说，20 世纪上半叶的一系列军事战略战术创新尚属摸着石头过河的话，那么这一历史到 20 世纪下半叶已经彻底被改写、被终结。因为第二次世界大战后，人类在科学技术上所取得的最伟大的成就，是确立了信息科学及其技术的龙头地位，从而掀起了全球性的信息化浪潮，改变了材料或者能源主导社会的历史。这一事件对军事领域的影响，就是引发了战斗力生成模式的改弦更张，使军队建设面临着前所未有的机遇与挑战，也使面向明天的军事训练成为可能。

军事训练作为连接人与装备的桥梁，要实现的就是技术与战术的及时互动。今天的军事训练之所以不同于以往，能够面向明天，关键在于借助信息技术的应用，人类的模拟仿真手段有了突飞猛进的发展。

随着军事仿真技术的发展，推动模拟训练从静态模拟向动态模拟、从技术模拟向战

---

① J. D. 贝尔纳：《科学的社会功能》，陈体芳译，张今校，商务印书馆，1982，第 241 页。
② 《马克思恩格斯军事文集》第 3 卷，战士出版社，1982，第 441 页。
③ 《马克思恩格斯全集》第 13 卷，人民出版社，1998，第 657 页。

术模拟转变，促进了实装训练与模拟训练的紧密结合。　特别是基于作战实验室的战争预实践，大大降低了军事训练和理论创新的成本，已经成为研究信息化战争和进行军事训练的重要手段，也使得军队面向未来进行训练具备了可靠的技术基础。　事实上，在自海湾战争以来的 20 多年军事实践中，美军之所以再没有遭遇此前朝鲜战争、越南战争那样的尴尬结局，一个重要原因是美军事先都进行了周密的作战模拟推演。　如为了准备伊拉克战争，早在 2002 年，美军就利用计算机技术打了一场"模拟战"，即"千年挑战 2002"演习。　所以，国外军事评论家说，今天美军的战争都是首先从实验室打响的。　因为在实验室里，已经能够实现技术与战术的良性互动。

　　总之，人类战争发展至今，既需要技术，也需要战术，需要理论。　20 世纪以来，军事领域发生的一系列革命表明，战术与技术互动，思想与行动并进，已成为当今时代的典型特征。　按照这个时代的要求，军事战略战术研究必须敢于迎接未来军事技术的挑战，同时又要善于引导未来军事技术的发展。　恩格斯早就说过："一个民族想要站在科学的最高峰，就一刻也不能没有理论思维。"①这就要有更宽广的视野，更敏锐的思路，更远大的眼光，要坚持马克思主义军事指导理论的与时俱进而不是墨守成规，善于引导装备建设广泛吸收和应用现代科学技术（包括社会科学）的最新成果，才能避免步人后尘，达致人无我有、人有我优的目标，才能有力推进中国特色军事变革的深入展开。

〔责任编辑：李秋发〕

A Dialectical Analysis of Engels's Famous Thesis of "Technology Determines Tactics"

Liu Jifeng，Liu Yangyue，Zhao Yang

Abstract：Engels's famous thesis of "technology determinines tactics" is a judgment made with regard to some specific era in history. More specifically, it refers to the skirmish

---

① 《马克思恩格斯全集》第 20 卷，人民出版社，1971，第 384 页。

battle rooted in the firearms technology invented in the American Revolution and completed in the French Revolution. It does not apply to the relationship of technology and tactics before or after that specific period. Since the beginning of the 20th century, revolutions in the military arena have shown that our era has been typically characterized by interaction between technology and tactics, as well as synchronization of thought and action. So we must show courage in exploring the military strategy and tactics in an effort to meet the challenges of the future military technology, as well as guiding the future development of military technology, thus effectively deepening the military revolution with Chinese characteristics.

Keywords: Technology; Tactics; Dialectical Relationship

〔英文校译: 李丛禾〕

● 专论 ●

军事哲学视域下"人与武器关系"的思维逻辑

范　彬[*]

【摘　要】根据思维对事物考察概括的范围和抽象程度，可以从逻辑上区分为宏观、微观以及中观三个层次。相应的，在战争领域可以划分为战略、战役、战斗等层次，其内在要求和重心各不相同。从不同的层次考察"人与武器关系"往往就会得出不同的结论，因此，问题的关键并不在于"人与武器"本身，而在于在不同层次上对"人与武器关系"认识和定位上的差异。

【关键词】"人与武器关系"　军事哲学　思维逻辑

"对于已经从自然界和历史中被驱逐出去的哲学来说，要是还留下什么的话，那就只留下一个纯粹思想的领域：关于思维过程本身的规律的学说，即逻辑和辩证法。"① 思维作为人脑对客观现实的间接的、概括的反映，是认识的高级形式，具有多层次性。根据思维反映客观事物的范围及对事物本质的概括、抽象程度的不同，可以把思维区分为不同的层次。"马克思把存在于事物和关系中的共同内容概括为它们的最一般的思维表现，所以他的抽象只是用思维形式反映出已存在于事物中的内容。"②由于哲学思维概括反映了整个世界所有事物的共性，给人们提供了分析问题的最一般的方法论，故而也构成军事理论领域最普遍的指导思想。从不同的层次来考察"人与武器关系"往往就会得出不同的结论，因此，问题的关键并不在于"人与武器"本身，而在于在不同层次上对"人与武器关系"认识和定位上的差异。

---

* 范彬（1982～ ），男，四川南部人，空军勤务学院社会科学部讲师，南京政治学院上海校区博士研究生。主要研究方向：马克思主义、军事政治学。

① 《马克思恩格斯全集》第 21 卷，人民出版社，1995，第 352 页。
② 《马克思恩格斯选集》第 4 卷，人民出版社，1995，第 666 页。

一 宏观层次"人力制胜"的战略考察

判断所呈现出来的总是个别与一般、特殊与普遍的联系。 研究中，人们往往通过事物之间的内在联系追寻那些存在于个别现象之中的普遍性，探究"规律性"，发现事物的共同本质、普遍规律和一般价值，这不仅适用于自然界领域，同时也适用于社会历史领域。 这是最高层次的哲学思维，是世界观、方法论层次的理论思维。 马克思就曾指出，"要精确地描绘宇宙、宇宙的发展和人类的发展，以及这种发展在人们头脑中的反映，就只有用辩证的方法"。[1] 这种"辩证的方法"就是宏观层次的哲学认识方法。

把哲学思维推之军事领域，战略问题则属于最高层次。 战略学研究全面性的战争指导规律，"战略问题是研究战争全局的规律的东西"，[2]是统领性的、全局性的、左右胜败的谋略、方案和对策。 在这样的宏观层次下，往往是站在军事哲学思维的高度来研究并揭示战争规律，并力图以普遍规律来指导军事战争。 以毛泽东所作的经典篇目为例，无论是《论持久战》还是《中国革命战争的战略问题》等，都不难看出哲学思维的普遍性原则对军事学领域的直接介入。 先秦时期更是如此，这一时期是兵学的繁荣期，"百花齐放""百家争鸣"，几乎到了人人议兵的程度。 以《孙子兵法》为例，其中论述大多以军事哲学基本问题作为研究对象，并从最高层次作出传承千古的论断，因此，在很大程度上，"孙子非普通军事学书，亦非普通战术学书，其所论及者，多为战争上之基本问题。 故谓孙子为战争哲学，或军事哲学，或战争原理，均无不可"。[3] 除此以外，先秦其他的 102 部存世兵书都在原则上与之类似，这些著作作为军事思维的主要载体，都体现出宏大叙事的思维层次特征。

"马克思把存在于事物和关系中的共同内容概括为它们的最一般的思维表现，所以他的抽象只是用思维形式反映出已存在于事物中的内容。"[4]从历史的宏大叙事上看，也就是站在历史唯物主义"决定论"的高度，生产力是军事技术发展的最终决定性因素，起着根本性、基础性的作用，而人又是生产力中最活跃的因素，因此战争中胜负

---

① 《马克思恩格斯选集》第 3 卷，人民出版社，1995，第 362 页。
② 《毛泽东选集》第 1 卷，人民出版社，1991，第 175 页。
③ 陈启天：《孙子兵法校释》，中华书局，1944，第 30 页。
④ 《马克思恩格斯选集》第 4 卷，人民出版社，1995，第 666 页。

"决定的因素是人不是物"。① 军事思想家和战略家们充分看到了人的力量,充分认识到"人事"的力量与作用,例如,"天时不如地利,地利不如人和。 圣人所贵,人事而已"(《尉缭子·战威第四》),"战攻守御之具,尽在于人事"(《六韬·龙韬·农器》)等,都是在宏观战略层次上对人作用的突出强调。 毛泽东等军事家在马克思主义基础之上继承并发展了这些原则。

当然武器的重要作用在宏观的战略过程中也不容忽视,武器的每一次重要变革,都会在一定程度上改变军事形态乃至社会形态。 但需要指出的是,这种改变并非武器本身所致,而是人在其中发挥了重要作用,是"脑力"上的发展从而引起的科技革命导致的。 但在流芳千古的理论家那里,军事思维都没走出宏大叙事的藩篱,而较少涉入实际战斗的领域,这就在一定程度上造就了哲人和将军之间的区别,思想家、战略家和指挥官之间的区别。②

综观古今,纵横中外,虽然武器装备千变万化、千差万别,但是战略战术的最基本最一般的原则始终没有发生变化。 因此,站在哲学思维的高度,在宏观层次树立战略思维是可能的,也是必要的。 站在这样的高度看问题,武器因素固然有可取之处,但人的因素尤其关键。

二 微观层次"武器制胜"的战斗意义

普遍性不能完全包括特殊性,事物的具体特征远比普遍性丰富。 "在分析任何一个社会问题时,马克思主义理论的绝对要求,就是把问题提到一定的历史范围之内。"③将"人与武器"放诸微观领域,从具体的战斗、战争乃至战役的角度来看,武器在其中则起着至关重要的作用,甚至在一定的时空范围内有着决定性的意义。 例如,"在突破坚固的君士坦丁堡防御设施的战斗中……那就是通过使用技术装备进行持久不懈的攻击并采用饿降的办法,设防坚固的城市不再是不可攻破的了"。④

首先,武器的使用、发展、改进和更新,影响着战争的形态和样式。 战斗内容是

---

① 《建国以来重要文献选编》第18册,中央文献出版社,1998,第71页。
② 参阅刘戟锋《哲人与将军》,湖南教育出版社,1997。
③ 《列宁选集》第2卷,人民出版社,1995,第375页。
④ 〔美〕T. N. 杜普依:《武器和战争的演变》,李志兴等译,军事科学出版社,1985,第35页。

随着武器的发展而发展的,武器正是其中一个关键性的物质因素。 "暴力的胜利是以武器的生产为基础的,而武器生产又是以整个生产为基础,因而是以'经济力量',以'经济情况',以暴力所拥有的物质资料为基础的。"①恩格斯在 19 世纪对武器系统极为推崇,这也是站在 1848 年革命的基础上对战斗具体考察的结果。 "一旦技术上的进步可以用于军事目的并且已经用于军事目的,它们便立刻几乎强制地,而且往往是违反指挥官的意志而引起作战方式上的改变甚至变革。"②

其次,武器的使用、发展、改进和更新,在一定程度上引起了人的"异化"。 所谓"异化",就是"主体在一定的发展阶段,分裂出它的对立面,变成外在的异己的力量"。③ 在战争进程中,武器巨大威力的发挥,在人的心理上形成了巨大的威慑效应,武器这一人所发明并使用的物质性因素变成了强大的"异己力量",也就导致了战争中"人"这一主体的"异化"。 在热兵器与冷兵器对抗的时期,热兵器的威力得到了极大的发挥,"无论在物质或精神的哪一方面,火药都把中世纪的秩序炸垮了"。④进入核武器时代之后,武器更是对人的心理造成巨大震慑,而且武器的"异己"力量显得比资本更加直接和强烈,这种"心理杀伤力"在很大程度上使得武器成为一种外在于人的"崇高客体"。

最后,武器的使用、发展、改进和更新,在很大程度上直接影响着一场具体的战役战斗的成败。 在现代战争的具体战斗中,"个人的英勇敌不过机械的技术,谁能使用比较优越的兵器,谁就是比较可怕的敌人,至于他的社会地位和勇气都没有关系"。⑤在这样的情况下,战斗的成败结果往往给人以"武器制胜"的错觉,把武器数量上的多少和质量上的优劣当成了制胜的决定性因素。

但需要指出的是,武器所能达到的战术水平是有极限的。 "在发明原子弹和氢弹之前,人类历史上的所有兵器,不管它有多大杀伤力,在赢得战役或战争的胜利时都比不上掌握兵器的人那样来得重要。"⑥当然,即使在核武器时代,武器的使用和效能的发挥也不能从根本上影响和改变人的决定作用的体现和发挥。

---

① 《马克思恩格斯全集》第 20 卷,人民出版社,1971,第 181 页。
② 《马克思恩格斯全集》第 20 卷,人民出版社,1971,第 187 页。
③ 《辞海》缩印本,上海辞书出版社,1999,第 1302 页。
④ 〔英〕富勒:《西洋世界军事史》第 1 卷,钮先钟译,广西师范大学出版社,2004,第 414 页。
⑤ 〔英〕富勒:《西洋世界军事史》第 1 卷,钮先钟译,广西师范大学出版社,2004,第 414 页。
⑥ 〔美〕T. N. 杜普依:《武器和战争的演变》,李志兴等译,军事科学出版社,1985,第 385 页。

三　中观层次"人与武器"的有效结合

军事现代化理论的重要任务，是根据生产力水平和科学技术的进步，探索研究新的作战理论、原则和方法，以求在军事斗争中立于不败之地。因此在军事现代化理论研究中不能单纯追逐所谓具有整体性、普遍性的宏大叙事，因为战争的成败只能通过实践结果来检验，如果那样的话，实践结果就只能是——"中国人敌外国人不过以纸上言语，真可谓纸上王国矣"。① 同时，也不能以偏概全，以微观的个别性的经验来作为战争指导思想，其结果也只能落入机会主义的泥沼。

军事现代化发展并不单纯是军事学问题，同时也是一个哲学问题，因而对"人与武器关系"的认识既不能局限于单纯的军事学视野，也不能囿于纯粹的哲学思辨。钱学森就曾指出，"仅仅从整体性研究，只靠宏观经验，得到的认识恐怕只能是定性的，或按毛泽东的说法是感性认识。若到此为止了，也解决不了问题。如果深入下去用还原论的方法进行分解，又丢掉了系统性、整体性，所以我们说还原论的方法也不行。因此，要搞整体论和还原论的结合，这样我们才能得到定性到定量的综合集成这一唯一可行的道路"。② 放之于中观的逻辑层次，先进的人们必然掌握和使用着先进的武器装备，如何实现两者的有机结合和统一，实现战斗力的有效生成，是在实现微观和宏观的结合基础上需要解决的问题。

军事现代化涉及军事建设的方方面面。作为一个统一的有机体，一方面，它有赖于军事理论、武器装备及体制编制等方面的综合性发展，要求军事思维水平的整体性飞跃；另一方面，"要进一步实施科技强军战略，加快战斗力生成模式转变"，③ 战斗力的构成包括人、武器及人与武器的结合方式等构成要素。军事现代化的飞跃不仅依赖于人、武器的根本变革，而且更加依赖于人与武器的结合方式、内在结构和作用机制上的重建。

因此，军事现代化不是某一个方面或某一个局部的变革，不是"单项冒尖""单骑突进"，而是一项系统工程，是一场整体综合性的革命性变革。单纯武器装备的更新

---

① 何金福：《这350年》，香港新世纪出版社，1993，第41页。
② 转引自李春立《中西方军事思维尺短寸长》，《解放军报》2010年12月30日，第10版。
③ 胡锦涛：《坚持把科学发展观作为重要指导方针推动国防和军队建设又快又好地发展》，《人民日报》2006年3月12日，第1版。

或者单纯人的军事技能的跃升,虽然可以在局部得到军事效能的提升,但不能获得整个军事效能质的飞跃,战斗力的有效生成必须依赖于人与武器的有机结合。

四　小结

毛泽东认为,战争规律是客观存在的,是可以认识的。军事思维上的唯心主义和机械论的倾向,是形成一切错误军事实践的根源。通过以上分析可以得出以下结论。

第一,"人"和"武器"在不同的层次内涵和外延具有不同的表现形式,在不同的思维层次也对其有不同的理解。把握思维的层次性对理解"人与武器关系"并指导军事现代化实践具有重要意义:微观层次上的战争制胜因素,不能取代宏观层次的军事指导原则;宏观层次的军事指导原则,也不能取代微观领域的战争制胜因素。军事历史上简单沿用以往的军事指导原则或者战争制胜经验,去指导现实的军事斗争,都是以严重失误乃至失败而告终的。对于这个问题,只有站在唯物辩证法和历史辩证法的高度,才能从根本上得到解决。

第二,正确理解"人"在军事现代化中的决定地位,合理看待"武器"在军事现代化乃至整个军事活动中的作用。在军事实践中,人作为战争胜负的决定性因素不会改变,只是在军事理论上的不同思维层次中表现形式不同而已。"所谓唯武器论,是战争问题中的机械论。"[1]它的实质就是把特定思维层次下武器的关键性作用,无条件地加以扩展、夸大的结果。

总而言之,尤其是从研究角度和方法来看,宏观理论总是试图建立一个庞大的、无所不包的理论体系,具有抽象性而缺乏精确性,而微观理论则倾向于用具体的、个别的经验来突破宏观的框架,建立"有限资料范围内的特殊理论",富于具体性而缺乏普遍指导性。虽然宏观理论相对成熟和全面,但随着时代的发展,宏观理论必然受到基于经验的微观理论的巨大挑战,需要不断地调整完善。[2]但是在研究中,微观理论也容易有失偏颇,"以对文化和历史所作的片面的唯灵论因果解释来代替同样片面的唯物论解释,当然也不是我们的宗旨"。[3]因此,我们需要介于抽象综合性理论和具体经验

---

① 《毛泽东选集》第 2 卷,人民出版社,1991,第 469 页。
② 参阅〔美〕罗伯特·默顿《社会理论与社会结构》,唐少杰等译,译林出版社,2006。
③ 〔德〕马克斯·韦伯:《新教伦理与资本主义精神》,于晓等译,生活·读书·新知三联书店,1987,第 143 ~ 144 页。

性命题两者之间的"中层理论"，对于军事研究而言就是站在"中观"的思维层次中实现两者的有机结合，也就需要从思维上分为宏观、微观、中观三个层次，在这样的基础上考量军事现代化，军事现代化理论就不单单是军事历史的经验性命题，而是站在具体微观"经验"基础上而又并非"宏大叙事"的"理论"问题了。

〔责任编辑：张小健〕

The Logic of "the Relationship between Man and Weapon" in the Perspective of Military Philosophy

Fan Bin

Abstract：The scale and degree of generalization and abstraction concerning the object may be logically divided into macro, micro and medium levels. Accordingly, in the war field, there are levels of strategy, campaign and battle. The internal requirements and emphases are different. The inspection of the "Relation between man and weapon" from different level leads to different conclusions. Therefore, the key issue is not the "man and weapon" itself, but the difference of recognition and location at different levels for "relationship between man and weapon".

Keywords："The Relationship between Man and Weapon"; Military Philosophy; Thinking Logic

〔英文校译：李庄前〕

● 专论 ●

国际体系中的角色定位与新世纪
中国国家安全观

张　磊*

【摘　要】"国家角色"是理解国家安全观的重要视角。 新中国成立以来中国国家角色的定位经历了从结盟到独立自主的重大变化。 21 世纪初的中国国家角色可以定位为"和平、友好、合作的负责任地区大国"。 21 世纪初中国国家角色的转变对国家安全观念产生的影响表现为:一是新的国家角色引发内外互动下的安全观念创新,二是新的国家角色赋予军队新的历史使命。

【关键词】国家角色　新世纪　国家安全观

2005 年 12 月 22 日,国务院新闻办公室发表了《中国的和平发展道路》白皮书,明确指出"中国是多边贸易体制的积极参与者";①2006 年 3 月 14 日,温家宝总理在人民大会堂答中外记者问时指出, "中国是国际体系的参与者和维护者";同年 4 月 3日,温家宝总理在访问澳大利亚时发表了题为《坚持走和平发展道路,促进世界和平与繁荣》的演讲,再一次把中国定位为国际体系的"参与者、维护者和建设者";随后,胡锦涛主席在访美期间与小布什总统的会谈中更明确表明, "中美不仅是利益攸关方,而且应该是建设性合作者"。② 这是中国领导人关于中国国家角色定位最清晰的表达。 这表明,进入 21 世纪,中国已经对自身的国家角色定位有了清晰的战略判断,而这种判断与 21 世纪中国国家安全观的确立密切相关。

---

* 张磊(1980 ~),男,辽宁沈阳人,南京政治学院上海校区部队政治工作系讲师,法学博士,中校军衔。主要研究方向:国家安全战略。

① 《中国的和平发展道路》, 《人民日报》2005 年 12 月 23 日。

② 可分别参阅《人民日报》2006 年 4 月 3 日、《解放日报》2006 年 4 月 21 日。

一　"国家角色"：理解国家安全观的重要视角

角色（role）概念最早被广泛应用于社会学和人类学之中。"角色理论"（role theory）认为，"演员在舞台上对彼此的演出做出相应的反应，社会成员也必须调整各自的反应以适应对方……行动者由于各自不同的自我概念和角色扮演技巧而拥有独特的互动方式"。① 一般而言，行动主体在社会中扮演什么样的角色就会产生什么样的观念和行为，从而角色可以用来表明在共同规则基础之上行为者之间的相互期望和影响。而后，比较政治学运用角色概念来解释政治体系，认为政治体系是由各种政治角色即参与政治的个人或团体组成的，角色强调参与政治的个人或团体的实际行为以及个人或团体在政治体系中的心理认同，从而使政治体系中的政治活动具有了某种行为、意图和期望的规则性。② 凯尔·霍尔斯蒂（Kal Holsti）最先把角色概念用在国家对外政策领域。 他将国家角色（national role）定义为"外交决策者对于适合本国的一般性的决策、义务、规则及行为的自我确定，同时还包括了处于国际体系中的国家在持久基础上应尽职责的自我确定"。③ 他认为，政府的外交决策和外交行为最终都应该被解释为决策者们对于本国在地区和国际体系中的国家角色的构想。 斯蒂芬·沃克（Stephen Walker）进一步指出了国家角色概念运用于国际政治领域的意义。 他认为，国际体系中不同的国家代表着不同的文化，处于国际体系中不同的权力位置，面临着不同的国内和地区的不稳定因素，因而无法假定所有国家对于国际体系持有相同的看法，也不能理所当然地认为所有的国家都会以同样的方式解释和回应外部的挑战和影响。 确定各自的国家角色，增进国家行为的可预期性是十分重要的。④

国家角色由两个因素确定：第一，一国的身份（identity），也就是一个国家的地缘状况、经济水平、历史文化特点、意识形态、制度结构等；第二，一国的国际地位（status）。 地位包含了几个问题：一国在国际体系中的位置如何？ 与他国的相互关系如何？ 该国想要谋求怎样的地位？ 国际体系将对该国产生何种影响？ 地位因素既

① 〔美〕乔纳森·特纳：《社会学理论的结构》，吴曲辉等译，浙江人民出版社，1987，第430页。
② 〔美〕阿尔蒙德：《比较政治学：体系、过程和政策》，曹沛霖等译，上海译文出版社，1987。
③ Philippe G. Le Prestre, *Role Quests in the Post-Cold War Era-Foreign Policies in Transition*, McGill-Queen's University Press, 1997, p. 4.
④ Philippe G. Le Prestre, *Role Quests in the Post-Cold War Era-Foreign Policies in Transition*, McGill-Queen's University Press, 1997, p. 15.

包含了一国在国际体系中所处实际位置的客观评价,又包含了该国对未来可能的地位目标的主观界定。 国家角色分析视角包括三个层次:一是国家身份的认知;二是国家意愿的表达;三是国际体系内认同的取得。 通过国家角色分析明示国家外交政策和行为选择的偏好,增强国家间的相互预期,增加各国间合作的可能性和可靠性。①

具有一定身份和地位的国家构成国际体系中的角色。 国家角色具有相对稳定性,一旦确定不会轻易改变,从而可以确保至少是最低层次的可预期性。 在这一点上,国际体系与国内政治是相似的:处在社会关系中的个人,依据特定的角色规范自身的观念与行为,与此同时他人根据特定的角色预期个人在特定的情况之下可能会做出怎样的判断和选择、采取怎样的行动,从而减少社会交往的不确定性。 国家间持久的相互预期也是基于可被大多数国家理解和认同的角色之上的。 没有角色规范和认同的国际体系将会比无政府状态更加混乱。 国家角色的作用就在于:告诉你自己你是谁,告诉别人你是谁,告诉你别人是谁。 其宗旨在于指出一国拥有什么,要向世界表明什么,在国际体系中追求什么,并通过国家对外战略确立,最终体现在外交政策和外交行为之中。角色集中体现了国家在特定领域以及针对特定的行为者的行为选择的偏好。 从而成为一国对外战略所要达到之目标、该国在国际交往中所能产生的国际影响、获得的国际地位等现实状况的一个信号。 国际体系的参与者们在接受并认可了国家角色之后,就可以采取相应的应对措施。 国家角色的确定有助于我们加深理解一个国家如何确立自身的安全观念和安全行动的选择。

从国家角色视角分析国家安全观,目的在于进一步强调国际体系内的相互认同和国家在体系中应尽的责任对于实现国家安全的重大意义。 在不断融入全球体系的时代背景下,中国应该成为体系中安全政策可被理解、安全行为可被预期的一员,并依此确立和调整自己的国家安全观念。

二　从结盟到独立自主:新中国成立以来
国家角色的重大变化

新中国成立以来,从国家安全的角度看,中国国家角色经历了三个时期的重要

---

① 李宁豫:《国家利益与国家角色:分析中国与国际体系关系的两种视角》,《太平洋学报》2003 年第 2 期,第 83 页。

变化。

第一个时期是从 20 世纪 50 年代到 60 年代末，中国成为社会主义阵营重要一员。 新中国成立之初采取"一边倒"的外交政策使中国从安全和经济两方面获得了巨大收益。 毛泽东曾说过："苏联革命成功后遭十几国干涉，而我国革命胜利的时候，帝国主义并未干涉我们，并不是怕我国人民，主要是有苏联存在，这对我们鼓励很大。 当时若无苏联存在，美国一定要来的。 它不仅在台湾，还要到大陆来。""中国同苏联靠在一起，这个方针是正确的。""美国是不好依靠的，它可能会给你一些东西，但不会给你很多。 帝国主义怎么会给我们国家吃饱呢？""幻想处在苏联和美国之间做桥梁而有所得益，这种想法是不适当的，大工厂我们还不会设计，现在谁替我们设计呢？ 例如化学、钢铁、炼油、坦克、汽车、飞机等工厂，谁给我们设计的呢？ 没有一个帝国主义国家替我们设计过。"[1]所以，"一边倒"政策不仅使百废待兴的新中国建立了初步的工业基础，也获得了安全上的基本保障。 由于美苏为首的两大阵营对峙国际格局的客观存在，中国只能站在社会主义阵营之中。

20 世纪 60 年代中后期，中国国内大搞以"阶级斗争为纲"和"反修防修"运动，"左"的思潮甚嚣尘上，最终导致"文化大革命"的历史悲剧，从而对外交政策产生了一系列负面影响。 在"打倒帝国主义、修正主义和世界上一切反动派"的思想指导下，"文革"初期的中国外交陷入困境，中国与国际社会渐行渐远，一度成为"国际社会的孤儿"。 中国虽然提出"立足于早打、大打、打核大战"的口号，但由于内部动乱、国家贫弱，国际影响力仅局限于一些第三世界国家，而且十分有限，所以，无论是美苏两国还是其他大国，并不把中国作为对手，而只看作"好斗的公鸡"。 所以，这一时期，中国的国际影响力较小，基本处于西方国际体系之外。

第二个时期是从 20 世纪 70 年代初到 80 年代末，是中国逐步全方位融入国际体系的时期。

这一时期，中国的外交政策经历了两次重大调整：第一次是从 20 世纪 60 年代的"既反帝又反修"改变为 20 世纪 70 年代初的联美抗苏、团结第二世界、依靠广大第三世界的"一条线、一大片"政策；第二次是从"一条线、一大片"调整为 80 年代中期的"真正独立自主的和平外交政策"。 这是中国国际地位和作用日渐增强的 20 年，是中国国际角

---

① 转引自萧冬连《五十年国事纪要——外交卷》，湖南人民出版社，1999，第 4 页。

色发生重大变化的 20 年，也是两极格局走向瓦解，多极化兴起、发展的 20 年。

在这 20 年中，中国从基本游离于国际体系之外开始逐步参与国际体系。 但这时的参与还只是个别的、被动反应式的参与，主要表现在经济贸易领域和地区的开放、安全机制上的被动应对、以双边为主的活跃外交等方面。 虽然 20 世纪 80 年代中国实行了改革开放，但由于时间较短，中国的落后状况并没有发生实质性的改变。 这一时期中国的国际地位和作用有了明显的增强。 特别是到 20 世纪 80 年代上半期，由于中国调整外交战略，实行真正独立自主的和平外交政策，也由于美苏在全球范围内新一轮的激烈争夺，中国在发展同美国关系的同时，积极改善同苏联的关系，使中国在大三角关系中逐渐处在了最有利的位置，成为美苏竞相拉拢的对象，中国真正起到了四两拨千斤的作用。 中国的战略空间扩大了，战略回旋余地扩大了。 在美苏等大国眼中，中国是一个贫弱但可以借助的重要战略力量。 在这种背景下，中国的作用在某种程度上超出了其自身所拥有的实力和能力，甚至被国际社会放大。

在这 20 年中，中国的国内形势巨变，外交政策巨变，国家角色巨变，但有三个重要背景没有发生根本改变：一是国际体系仍然是两极格局，美苏矛盾是国际社会的主要矛盾，美苏互为争霸的对手，并视欧洲为战略重点地区；二是中国的落后状况没有发生根本性的改变，80 年代的改革开放是有限的，发展程度也是有限的；三是中国作为国际社会的次要角色没有根本改变，在美苏争霸的格局中，中国只是处在偏锋侧翼，几乎没有哪一个战略力量真正把中国看作主要竞争对手或威胁。

第三个时期从 20 世纪 90 年代至今，是中国在国际体系中的大国角色日益凸现。

随着苏联解体和冷战的结束，中国成为当今世界唯一的社会主义大国，被西方国家视为“共产主义的最后堡垒”，“和平演变”的主要对象；中国同以美国为首的西方国家共同抗苏的战略基础不复存在，虽然彼此间在经济贸易、地区稳定与繁荣、解决全球性问题等方面的共同利益增多，但其紧迫性大不如前，并且与此伴随的摩擦、矛盾凸显出来；特别是 1992 年以后的中国，在邓小平南方谈话的推动下，改革开放的步伐明显加快，经济持续稳定增长，综合国力大大提高。 同时，中国积极开展多边外交，全面参与国际体系，[①]在

---

① 中国参加的政府间国际组织从 1977 年的 21 个增加到 1996 年的 51 个。 在此期间，中国加入了联合国体系中几乎所有重要的政府间国际组织。 中国参加的非政府组织从 1977 年的 71 个猛增到 1996 年的 1079 个。与此同时，中国大大加快了参与国际军控体制的速度。 1970 年，中国签署了各项军备控制协议中的 10% ~20%。 到 1996 年，这个数字上升到了 85% ~90%。 参阅〔美〕伊丽莎白·埃克诺米、米歇尔·奥克森伯格《中国参与世界》，华宏勋等译，新华出版社，2001，第 50、第 105 ~106 页。

地区乃至全球事务中的作用不断增强。 在这种背景下，源于西方的"中国威胁论"产生了，并主要在中国的周边国家中盛行。

20 世纪末，"中国威胁论"呈现出三个新特征。 一是市场有所扩大。 不仅存在于发达国家，也存在于发展中国家；不仅存在于周边大国，也存在于周边中小国家。二是内涵更加广泛。 近年来，"中国威胁论"已不单指中国崛起带来的"威胁"，诸如"军事威胁论""制度威胁论""衰落威胁论""环境威胁论"等不一而足。 三是联合制华的暗流涌动。 台湾岛内的"台独"分子、国际上的反华势力联手遏制中国的图谋越来越明显，周边中小国家对中国疑虑、担心、防范的心态普遍存在，从而对中国构成了有形或无形的战略压力。

冷战结束后的 10 年里，中国作为最大的发展中国家，美国作为最大的发达国家，两者都出现了力量上升的势头，而俄罗斯在继续衰落。 日本经济长期低迷。 所以，在全球范围内，美国将中国视为主要对手的迹象越来越明显；在地区范围内，日本也将中国看作对其地区主导地位构成现实威胁的主要竞争者；在次区域范围内，印度一直把中国当成主要假想敌，东盟对中国的崛起也心存疑虑。 中国越来越处于国际社会的基本矛盾之中，处在国际斗争的前沿，中国内政外交上的任何举动都可能引发国际社会的连锁反应。

三 和平发展的大国定位与国家安全观的调整

概括起来，21 世纪初中国的国家角色发生了三个重大的也是必然的历史性转变：第一，中国由一个十分落后的发展中国家正在变成一个迅速崛起的并对地区和世界事务越来越具有重要影响力的大国；第二，中国由国际体系的反对者、旁观者正在变成一个积极参与者和改造者；第三，中国由一个过去被国际社会忽略和偶尔借重的对象正在变成一个既被重视，又被借重，同时又被防范和制约的对象。①

今天，中国的国家角色既不同于冷战时期，也不同于冷战结束后初期。 中国已由国际战略棋盘上的相对次要的角色越来越被部分大国视为主要竞争对手或潜在威胁，成为被一些国家防范和遏制的主要对象。 相反，印度、东盟等却被大国竞相拉拢，它们

---

① 孟祥青：《论中国的国际角色转换与对外安全战略的基本定位》，《世界经济与政治》2002 年第 7 期，第 13 页。

都在利用中美矛盾、中日矛盾,从中渔利。 所以,中国已不可能置身于大国矛盾之外了,而越来越成为别人可以利用的矛盾中的一方。

这种角色的转换意味着中国在外部安全上的压力增大,从而使中国的对外安全战略面临一系列两难。 例如,中国既要成为国际社会的重要成员,又要竭力避免被推到国际社会矛盾的焦点位置;既要积极参与国际体系,又要避免被体系捆住手脚而丧失独立自主地位;既要按照一定的国际规则办事,做一个负责任的大国,又要防止被西方国家"分化""西化";既要适应全球化的趋势,广泛开展国际经济和安全合作,又要避免在主权和安全上付出过高的代价。 也就是说,中国国家安全观必须考虑多种复杂因素的制约,在一系列两难中做出选择,在多重复杂矛盾中把握好平衡。

因此,中国的国家安全观既要吸取大国历史上的经验教训,又不能简单地模仿或照搬照抄别国的模式,而必须开辟符合本国国情与世情的新道路,做出新的战略选择。从更深层和更长远的角度来看,中国在 21 世纪的和平发展,有三个必然大趋势。

首先,中国将继续集中一切力量谋求自己的发展。 十六大报告把它概括为:聚精会神搞建设,一心一意谋发展。

其次,中国将继续坚定不移地在独立自主的基础上,积极参与经济全球化,更加自觉地走一条依靠国内国际两个市场、两种资源,同一切有关国家深化依存、合作共赢的道路。

最后,中国的和平发展将是在同世界文明相互交汇的进程中,在实现中华民族伟大复兴的基础上来实现。 中国的和平发展已被界定为物质文明、政治文明、精神文明与和谐社会的协调发展,界定为国民素质的提高和对内对外各方面和谐关系的构建。 而这将意味着中国社会在 21 世纪上半叶的又一次伟大变革,意味着中华民族的又一次伟大改造。①

笔者认为,"和平、友好、合作的负责任地区大国"是 21 世纪初中国在国际体系中的国家角色定位。 它表明中国希望和平,需要和平的外部环境支持国内建设;中国也需要整个世界的和平,使所有落后国家获得发展的机会。 在地区问题上,中国将以地区为立足点,坚持睦邻友好政策,发挥在地区事务中的积极作用,做各国的"好邻居"和地区事务的"协调人"。 中国具有"和为贵"的外交传统,中国始终把和平合作作为外交政策的出发点,并将倾向于选择国际合作为主导的外交政策。 西方主导下

---

① 郑必坚:《新世纪中国的三个大趋势》,《人民日报(海外版)》2005 年 11 月 11 日。

的国际体系仍将长期存在，开放的世界中谁也不能孤立其外发展经济。 中国将在独立自主的基础上积极谋求国际体系的共同战略利益，给予国际体系以尽可能多的认同，避免成为被遏制的对象。 中国将以负责任的态度对待国际制度和规则，积极地承担义务，并将根据大国的地位要求在国际组织中进一步发挥建设性作用。 中国争取自身利益的方式不是对现存国际体系的秩序采取不承认或"造反"的态度，而是在现存体系中逐步运用合法权利对有害规则进行剔除和改造。 国际体系中的中国将是"某种程度上的认同者和更大程度上的合作者而不仅仅是一个孤立的旁观者，更不会演化成现存秩序的挑战者"。①

中国仍旧是兴起中的国家，是国际体系中的新成员。 由于自身实力和特殊国情的限制，中国在国际体系中的活动将会在一定的时间、空间上保持较大的自主权。多边安全外交的开展将是全面、积极而有条件的。 合作之中有斗争，认同之中存己见。 笔者认为，21 世纪初中国国家角色的转变对国家安全观念产生的影响表现在两个方面。

第一，新的国家角色引发内外互动下的安全观念创新。 国家角色的变化使中国与外部世界的安全互动关系日趋复杂，中国安全环境越来越取决于与外部世界的互动及其结果。 正是这种角色转变，使外部环境变化和内部政策调整越来越紧密相关，日益呈现出传统安全与非传统安全相互交织、国内安全与国际安全相互交织、国家安全与人的安全相互交织的复杂趋势。 在这样一个背景下，中共中央提出"科学发展观"的新理念，并贯穿于党和国家的一切工作当中，不仅对国民经济的可持续发展意义重大，也对中国安全环境的改善和安全战略选择意义重大。 在科学发展观指导下的安全理念是一种全新的理念，它包括了"新安全观"中已经具有的内涵，也规定了新安全观所要达到的目标和方向，同时还意味着 21 世纪中国在实现安全的手段、途径和方式上将有重大调整。 与科学发展观相适应，国家安全战略理念面临新的重大飞跃，而"安全发展"则是这一飞跃的开始。

第二，新的国家角色赋予军队新的历史使命。 新的国家角色不仅使维护国家安全的手段日益向多元化和综合化的方向发展，也使军队在维护国家安全中的地位和作用有了新的提高。 中国国际新角色对军队的要求更高了，使军队的作用增强了。 胡锦涛提

---

① 郭树勇：《21 世纪前叶中国外交大战略刍议——对中国与美国国际秩序关系的重新思考》，《太平洋学报》1999 年第 2 期，第 91 页。

出，军队建设和国防建设要适应中国和平发展的安全形势，要担负新的使命和培养新的能力，实际上就是根据中国国家角色的这一转变提出的新任务，具体而言就是"三个提供和一个发挥"，即军队要为党巩固执政地位提供重要的力量保证，为维护国家发展的重要战略机遇期提供坚强的安全保障，为维护国家利益提供有力的战略支撑，为维护世界和平与促进共同发展发挥重要作用。① 这充分体现出中国国家角色转变对军队的职能任务和发展目标的新拓展、新定位。 这个总要求的核心思想有三个：一是军队始终是党执政的基石和维护国家安全的重要工具；二是军队的能力要同中国崛起的利益拓展需要相适应；三是军队的职能要为和平发展和维护战略机遇期的目标服务。 也就是说，新的国家角色规定了中国军队在新世纪所肩负的历史使命已不再是单纯的"谋打赢"一项，而是要担负起应对危机、维护和平、遏制战争、打赢战争的多重任务。 近年来，中外联合军演的新特点突出地说明了这一点。 传统的、对抗性较强、针对第三国、以维护本国军事安全为目的的军事演习越来越多地被非传统的、非对抗的、不针对第三国、以维护地区和共同军事安全为目的军事演习所取代，并集中在国际反恐、维和、海上救援、人道主义援助等领域。 与此同时，军事演习也不再像以往那样秘而不宣，公开与透明的运作模式越来越普遍。 总之，军事演习的对抗性日益减弱而协作性不断增强，不仅成为国家外交的重要补充，也成为巩固国家关系的重要一环。 上海合作组织的多边安全合作理念和联合军演模式，充分展示了中国国家角色赋予军队使命的新内涵和战略意义。

〔责任编辑：李秋发〕

On China's National Security Theory in the 21st century from the Perspective of "National Role"

Zhang Lei

Abstract："National Role" is an important perspective to understand national security theory. Since 1949, China's national security has experienced a great change from alignment to

---

① 管黎茘：《党的军事指导理论的新发展——学习胡锦涛同志关于军队工作的重要论述》，《理论导刊》2006 年第 4 期。

independence. At the beginning of the 21st century, China's national role could be defined as a "peacefully, friendly, and cooperatively responsible regional power". The change of China's national role in the beginning of 21st century has several influences. Firstly, the new national role brought new ideas to security theory along with the interaction at home and abroad; secondly, the new national role granted the military new historical mission.

Keywords：National Role；21st Century；National Security Theory

〔英文校译：郎丽璇〕

● 专论 ●

和平发展道路与中国武装
力量的内敛式发展

陆　旸[*]

【摘　要】和平发展道路是中国关于国家发展路径的战略选择，集中体现了中国对自身在国际关系体系中角色的准确定位。　中国武装力量内敛式的发展方式选择，就是中国在坚持和平发展道路的国策下，对中国军事力量的发展目标、使用方式、功能作用的科学判断和准确定位。　是由中国和谐共处的国际观、国家核心利益的坚决维护、国家发展战略的科学设定、中国历史传统的深远影响和大国角色身份的责任认同五个方面的因素决定的。

【关键词】和平发展道路　武装力量　内敛式发展

和平发展道路是中国关于国家发展路径的战略选择，集中体现了中国对自身在国际关系体系中角色的准确定位。　武装力量作为国家政权的暴力支撑和伸张国家意志的重要手段，其建设、发展和运用从本质上反映了国家对外部世界的总体看法，是国家在价值取向、历史传统、现实抉择、力量对比等方面的集中体现。　中国武装力量内敛式的发展方式选择，就是中国在坚持和平发展道路的国策下，对中国军事力量的发展目标、使用方式、功能作用的科学判断和准确定位。　具体来说，中国武装力量的内敛式发展主要是由中国和谐共处的国际观、国家核心利益的坚决维护、国家总体战略的科学谋划、中国历史传统的深远影响和大国角色身份的责任认同五个方面的因素决定的。

---

[*]　陆旸(1980 ～)，女，江苏东台人，南京政治学院上海校区部队政治工作系讲师，少校军衔。　主要研究方向：军事历史、军事政治学。

一　中国历史传统的深远影响

美国战略史研究的学者拉塞尔·F.韦格利教授指出："我们今天所确信和所从事的事情至少既受相对久远的过去形成的思维习惯的支配，也受我们昨天所确信和所从事的那些事情支配。相对久远的过去往往更易于束缚我们的思想和行动，因为与新近的过去相比，我们对相对久远的过去了解较差，或者至少回忆起来不那么清晰，然而它在我们思想上已经刻下了较深的习惯的沟纹。"①从历史传统来看，中国武装力量内敛式发展方式的选择，是与两个因素分不开的，这两个因素就是，中国传统战略文化的尚义战理念和中国近代以来屡遭侵略的悲惨历史。

尚义战是中国传统战略文化道义价值的集中体现。所谓："兵苟义，攻伐也可，救守也可。兵不义，攻伐不可，救守不可。"②中国传统战略文化历来强调在战争观念上的"义兵""义战"，强调战争的正义性和对待战争的慎战态度。所谓"兵者，不祥之器，非君子之器，不得已而用之"。③具体表现为：在战略决策上，主张兵以昭德，以义诛不义。如墨子言："义战曰诛，不义曰攻。"在战争策略上，主张师必有名，以"恭行天之罚"相号召，所谓"以义诛不义，若决江河而溉爝火，临不测而挤欲坠，其克必矣"。④在战争进程中，强调实行以"仁"为核心的军事人道主义。"兵入于敌之境……不虐五谷，不掘坟墓，不伐树木，不烧积聚，不焚室屋，不取六畜。"⑤在战争预测上，强调德不可敌，义战必胜，所谓"顺道而动，天下为响；因民而虑，天下为斗"。⑥以毛泽东为代表的中国共产党人运用历史唯物主义与辩证唯物主义的方法，继承中国传统"义兵""义战"思想，形成了中国共产党自己的战争观，明确宣告："我们是拥护正义战争反对非正义战争的。"⑦中国在处理边界争端时，始终强调军事行动的自卫性，坚决不打第一枪，以争取在军事上、政治上与道义上的主动权。

①　〔美〕拉塞尔·F.韦格利：《美国军事战略和政策史》，彭光谦等译，解放军出版社，1986，第6页。
②　《吕氏春秋·禁塞》。
③　《老子》第三十一章。
④　《三略·下略》。
⑤　《吕氏春秋·怀宠》。
⑥　《淮南子·兵略训》。
⑦　《毛泽东选集》第2卷，人民出版社1991年版，第174页。

与此同时，自 1840 年鸦片战争以来，中国屡遭西方列强侵略的惨痛经历也使中国人民强烈反对战争。 要和平不要战争，要发展不要贫穷，要合作不要对抗，就成为中国人的美好愿望。 这一深刻的社会历史心理直接反映到中国解决国际争端的态度上就是："中国主张和平解决国际争端和热点问题，反对动辄诉诸武力或以武力相威胁。"①

可以说，中国武装力量的内敛式发展既是中国基于现实政治利益的必然选择，也是中国社会历史传统深刻影响的必然要求。 习近平指出："走和平发展道路，是中华民族优秀文化传统的传承和发展，也是中国人民从近代以后苦难遭遇中得出的必然结论。 中国人民对战争带来的苦难有着刻骨铭心的记忆，对和平有着孜孜不倦的追求，十分珍惜和平安定的生活。 中国人民怕的就是动荡，求的就是稳定，盼的就是天下太平。"②

二　维护国家核心利益的坚定性

坚持走和平发展道路，并不是用牺牲国家利益换来的。 事实上，中国选择走和平发展道路与坚定维护国家利益是相互统一的。 走和平发展道路，是为了创造更好的国际国内环境，以实现和维护国家利益；坚决维护国家利益，妥善处理国际间争端，并不是说就偏离、违背或放弃了和平发展道路，而是表明中国在关涉国家利益时的根本态度和维护方式的多样化选择。

实现和维护国家利益的方式不外乎文武两途。 从文的方面来讲，主要包括谈判、磋商、调解等方式，其行为主体主要以职业外交官为代表。 从武的方面来讲，主要包括威慑、恐吓、干涉等方式，其行为主体主要以军事力量为代表。 作为维护国家利益的方法途径，文武并非截然分开，而是相辅相成、互为支撑的。 不过，在实现和维护国家利益时，如何处理外交与武力的关系以及由此决定的优先顺序，却能反映出一个国家使用军事力量的基本态度。

在"真理在大炮射程之内"的信条下，西方列强以武力解决争端或冲突的习惯与冲动，使人类社会在 20 世纪的前半叶，先后爆发了席卷全球的两次世界大战。

---

① 《深入学习贯彻党的十八大精神军队领导干部学习文件选编》，解放军出版社，2013，第 262 页。
② 《深入学习贯彻党的十八大精神军队领导干部学习文件选编》，解放军出版社，2013，第 53 页。

在战争毁灭性后果的警醒下，创制一种新的维护世界和平的集体安全机制——联合国就成为历史发展的必然选择。然后，冷战的爆发及其后长达近半个世纪的美苏争霸，使得军事力量再次成为超级大国展示"肌肉"、攫取利益的最有效途径。联合国沦为美苏两国的斗气场。而在苏联解体、冷战结束后，失去了权力制衡的美国一超独霸，为了维护其世界警察的地位，更是对联合国奉行合其利者则用之、违其意者则弃之的实用主义原则。以美国的国家利益为导向，动辄以武力威胁、干涉相关冲突国家，表现出处理国家间争端和冲突的赤裸裸的实力政治原则和对军事力量使用的无所顾忌。

新中国在维护国家领土主权完整等国家核心利益时，无论是面对强大的苏联，还是在处理与周边小国的边界争端时，都主张首先通过和平谈判的方式来化解双方的矛盾。以中国处理中缅边界划界问题为例，早在 1955 年时，中缅双方的前哨部队由于误会就发生过武装冲突事件。但是，在中国和缅甸双方的努力下，这一偶发的武装冲突事件得到了有效控制，并为后来的中缅边界谈判提供了积极的借鉴意义。周恩来指出："我国政府一贯主张，我国和其他国家之间所有悬而未决的问题，都应该通过和平协商的途径，求得公平合理的解决。中缅边界问题由来已久，问题本身也很复杂，因此，政府从着手处理这个问题的时候起，就采取了审慎从事的态度，有准备、有步骤地寻求这个问题的解决。"①

当然，外交谈判是解决边界争端的主要方式，绝非唯一手段。事实上，"中国对外使用武力的所有案例，全都与其边界与主权有关"。②中国在维护国家领土主权完整时，从来都不会以国家利益作为政治交换的筹码，军事力量向来都是中国维护国家核心利益的保底手段。这是中国维护国家利益使用军事力量的底线原则。习主席指出，国防和军队建设是国家安全的坚强后盾。没有一个巩固的国防，没有一支强大的军队，和平发展就没有保障。新中国成立以来，正是因为我们高度重视国防建设，敢于在关键时刻亮剑，才顶住了来自外部的各种压力，维护了国家的独立、自主、安全、尊严。现在，虽然维护国家安全的手段和选择增多了，我们可以灵活运用、纵横捭阖，但千万不能忘记，军事手段始终是保底的手段。③

---

① 《周恩来选集》下卷，人民出版社，1984，第 239～240 页。
② 〔美〕戴维·兰普顿：《中国力量的三面：军力、财力与智力》，姚芸竹译，新华出版社，2009，第 16 页。
③ 《深入学习贯彻党的十八大精神军队领导干部学习文件选编》，解放军出版社，2013，第 296 页。

三　国家总体战略的科学谋划

中国武装力量的内敛式发展以及中国处理边界争端时不以军事力量作为解决问题的首要方式，坚持武力使用的自我克制，从根本上来说这是由中国选择的和平发展道路决定的，是中国科学谋划国家总体战略的集中体现。

自新中国成立以来，作为一个人口众多、地域辽阔，有着大国传统的国家，其在国际政治舞台上的一举一动都备受关注。尤其是近代以来帝国主义和殖民主义为了分化、弱化中国的地区影响，给新中国与周边国家制造了许多边界遗留问题。走什么样的发展道路、选择什么样的解决方式，就成为国际社会关注的焦点。对此，从毛泽东时代开始，新中国就始终保持着清醒的认识，强调中国的发展道路是和平的，"我们绝不要别国的一寸土地"，①中国绝不会走西方国家一强就霸的老路。1960 年 5 月，英国蒙哥马利元帅来华访问。毛泽东在与蒙哥马利的谈话中，就明确回答了蒙哥马利提出的"中国未来强大后会走什么样的道路？会不会和西方国家一样，要向外侵略？"问题。蒙哥马利问："中国大概需要五十年，一切事情就办得差不多了，人民生活会大大改善，房屋问题、教育问题和建设问题都解决了，到那时候，你看中国的前途将会怎样？"毛泽东明确表示，向外侵略，就会被打回来。"外国是外国人住的地方，别人不能去，没有权利也没有理由硬挤进去"，"如果去，就要被赶走，这是历史教训"。在问及五十年以后中国成为世界上最强大的国家，它的命运会怎么样时，毛泽东以风趣的语言再次表明了中国决不称霸的决心。他说："五十年以后，中国的命运还是九百六十万平方公里。中国没有上帝，有个玉皇大帝。五十年以后，玉皇大帝管的范围还是九百六十万平方公里。如果我们占人家一寸土地，我们就是侵略者。实际上，我们是被侵略者，美国还占着我们的台湾。可是联合国却给我们一个封号，叫我们是'侵略者'。你在同一个'侵略者'说话，你知道不知道？在你对面坐着一个'侵略者'，你怕不怕？"②

总之，武装力量的"内敛式发展"和对军事力量解决国际争端的自我克制，是中国对军事力量作为国际关系体系中强制性权力作用的深刻洞察和辩证思考。习主席指

---

① 《新中国成立以来毛泽东军事文稿》下卷，军事科学出版社、中央文献出版社，2010，第 57 ~ 58 页。
② 《新中国成立以来毛泽东军事文稿》下卷，军事科学出版社、中央文献出版社，2010，第 94 ~ 95 页。

出，我们坚持走和平发展道路，决不干称王称霸的事，决不会搞侵略扩张，但如果有人要把战争强加到我们头上，我们必须能决战决胜。 我们渴望和平，但决不会因此而放弃我们的正当权益，决不会拿国家的核心利益做交易。 能战方能止战，准备打才可能不必打，越不能打越可能挨打，这就是战争与和平的辩证法。①

四　大国角色身份的责任认同

始终不渝走和平发展道路，坚定奉行独立自主的和平外交政策，坚持解决国际争端和热点问题时军事力量使用的内敛式选择，是中国作为负责任大国的政治要求。

中国作为联合国五大常任理事国之一，有义务有责任承担起维护地区和世界和平的重任。 一方面，这是联合国赋予的法定权利。 作为负责任的大国，中国始终认为，弱肉强食不是人类共存之道，穷兵黩武无法带来美好世界。 中国坚决主张要遵循联合国宪章的宗旨和原则，坚持国家不分大小、强弱、贫富一律平等，推动国际关系民主化，尊重主权，共享安全，维护世界和平稳定。 另一方面，中国国防法也赋予中国作为大国有责任维护世界的权利。 《中华人民共和国国防法》明确规定：“中华人民共和国在对外军事关系中，维护世界和平，反对侵略扩张行为。”②当然，对于还处于社会主义初级阶段的中国来说，要想发挥好维护世界和平的坚定力量的作用，首先需要解决的问题就是自身的发展问题。 只有中国真正发展起来了，世界和平才能真正得到保障。因此，“同心同德地实现四个现代化，是今后一个相当长的时期内全国人民压倒一切的中心任务，是决定祖国命运的千秋大业”。③ 作为社会主义国家，中国的发展，既符合中国人民的利益，也符合世界人民的利益。“我们提出维护世界和平不是在讲空话，是基于我们自己的需要，当然也符合世界人民的需要，特别是第三世界人民的需要。”④无论过去、现在还是将来，我国都不谋求世界或地区范围内的霸权，不参加任何军事集团，不进行任何形式的军备竞赛，不在外国派驻一兵一卒或建立军事基地，更不会发动战争去侵略别的国家。“中国反对各种形式的霸权主义和强权政治，不干涉别

---

① 《深入学习贯彻党的十八大精神军队领导干部学习文件选编》，解放军出版社，2013，第299页。
② 许江瑞、方宁：《国防法概论》，军事科学出版社，1998，第540页。
③ 《邓小平文选》第2卷，人民出版社，1994，第208页。
④ 《邓小平文选》第2卷，人民出版社，1994，第417页。

国内政,永远不称霸,永远不搞扩张。"①

但是,中国国防政策的防御性与保卫国家利益的坚定性是相统一的。 在涉及民族利益和国家主权的问题上,我们决不屈服于任何外来势力,中国决不允许任何人损害中国的主权和领土完整,不怕任何强加在中国头上的战争。 中国坚持后发制人,坚持自卫的立场,不首先挑起冲突,但一旦有人侵略中国的领土主权,中国有权采取自己认为必要的包括军事手段在内的一切手段,给予坚决的回击。 习近平强调:"在国家主权和领土完整遇到重大挑战时,我们没有退路,必须针锋相对,寸土必争。 有位老领导当年跟我说,我们执政的同志始终要把3件事放在心上:五千年的优秀文化不要搞丢了,老前辈确立的正确政治制度不要搞坏了,老祖宗留下来的地盘不要搞小了。 这确实是必须把握的几点。 我们希望周边保持稳定,在涉及国家核心利益的原则问题上,我们既要坚守底线、坚决斗争,同时又要着眼大局、管控风险,做好经略周边工作,保持周边安全稳定。"②

五 和谐共处的国际观

对国际政治的价值认知,反映了国家对既存国际政治秩序的价值判断。 新中国成立以来,始终主张国家之间应该不分大小、强弱、贫富,不分社会制度和意识形态,都应该以和平共处五项原则为基础,建立真正平等的国际政治新秩序。

1955年4月,周恩来总理代表新中国参加第一次亚非会议时,向全世界庄严宣告了中国的新主张:"根据互相尊重主权和领土完整、互不侵犯、互不干涉内政、平等互利的原则,社会制度不同的国家是可以实现和平共处的。 在保证实施这些原则的基础上,国际间的争端没有理由不能够协商解决。"③他指出,亚非国家都是从殖民主义的统治下独立起来的,并且还在继续为完全独立而奋斗。 "我们有什么理由不可以互相了解和尊重、互相同情和支持呢? 五项原则完全可以成为在我们中间建立友好合作和亲善睦邻关系的基础。"④为了消除与会代表对中国的疑虑,周恩来明确表示:"中国代表团是来求团结而不是来吵架的。 我们共产党人

---

① 《深入学习贯彻党的十八大精神军队领导干部学习文件选编》,解放军出版社,2013,第53页。
② 《深入学习贯彻党的十八大精神军队领导干部学习文件选编》,解放军出版社,2013,第220页。
③ 《周恩来选集》下卷,人民出版社,1984,第151~152页。
④ 《周恩来选集》下卷,人民出版社,1984,第155页。

从不讳言我们相信共产主义和认为社会主义制度是好的。　但是，在这个会议上用不着来宣传个人的思想意识和各国的政治制度。　中国代表团是来求团结而不是来吵架的。"①

　　自新中国成立以来，虽然迭经中苏珍宝岛冲突、中印边境冲突和中越边境自卫反击作战等边界争端，但是对军事力量的运用仍然奉行慎战慎用的态度。　无论是在解决争端前的外交谈判努力，还是在处置争端时的军事打击限度，都反映了中国对国家间关系的这种新认识、新主张。　中国承认，自近代国际政治形成以来，西方列强在国际关系中的强势地位依然保持，广大亚非拉国家在国际政治舞台上的弱势地位并没有因为独立而得到根本改变。　基于国家实力决定权力的国际政治观仍然是西方列强处理与别国关系时的根本立场。　正是对这一国际政治本质的清醒认识，从毛泽东时代开始，加强国防和军队建设就一直成为新中国的既定方针。　毛泽东指出："世界上从有历史以来，没有不搞实力地位的事情。　任何阶级、任何国家，都是要搞实力地位的。　搞实力地位，这是历史的必然趋势。"②不过，在承认旧的国际政治仍然是实力至上的同时，中国主张建立一种有别于西方列强主导的国际政治经济新秩序。　作为最早用来处理中国和印度两国在中国西藏地方关系问题时的新思路、新主张，和平共处五项原则成为中国处理同周边国家关系的首要政治主张和解决争端的主要方式。

　　可以说，以和平共处为原则，在国际关系中维护国际公平正义，推动国国际关系民主化，是中国对国际政治秩序的新的价值认知和处理国家关系的行为准则，也就成为中国武装力量内敛式发展的内在要求。　正如习主席指出的，我们的和平发展道路来之不易，是新中国成立以来特别是改革开放以来，我们党经过艰辛探索和不断实践逐步形成的。　我们党始终高举和平的旗帜，从来没有动摇过。　在长期实践中，我们提出和坚持了和平共处五项原则，确立和奉行了独立自主的和平外交政策，向世界作出了永远不称霸、永远不扩张的庄严承诺。③

〔责任编辑：李秋发〕

---

①　《周恩来选集》下卷，人民出版社，1984，第153页。

②　《新中国成立以来毛泽东军事文稿》下卷，军事科学出版社、中央文献出版社，2010，第69～70页。

③　《深入学习贯彻党的十八大精神军队领导干部学习文件选编》，解放军出版社，2013，第262页。

China's Armed Forces' Internal Restraint Development Type under the Road of Peaceful Development

Lu Yang

Abstract: The road of peaceful development is China's strategic choice on national development path, concentration reflected the Chinese for their role in the international relations system of accurate positioning. Under the policy of stick to the road of peaceful development, through the scientific judgement and accurate positioning of development target, using methods, functions of China's military power, China choose the way of the development of armed forces internal restraint type. This choice is determined by five factors, the Chinese correct cognition of the value of international politics, resolutely maintain core national interests, scientificly setting of the national development strategy, Chinese history and the profound influence of the traditional powers and the responsibility of the role identification factors.

Keywords: The Road of Peaceful Development; Armed Forces; Internal Restraint Development

〔英文校译：梅　娟〕

●专论●

美军战略领导力培育的文化向度

李丛禾[*]

【摘　要】强大的组织需要强大的文化，强大的文化孕育强大的效能。 领导力是打造高效能组织文化的关键因素。 美军相信，要在当前充满多变性、复杂性、不确定性和模糊性的战略环境中赢得 21 世纪的战争，就必须要有强大的战略领导力和高效的组织文化。 在当代组织文化语境下，美军战略领导力建设以价值观和战斗精神为核心，以法规制度为保障，以职业军事教育为基础，以提高战斗力为准绳，最终目的是培养军人的广阔视野，维持美国的军事优势，从而维护其全球领导地位和国家利益。

【关键词】美军　组织文化　战略领导力

现代战争正在成为领导力的战争，美军 21 世纪领导者培养战略指出，领导力是部队的生命线，是无形的战斗力。 当今世界新军事变革呼唤军事领导力的创新发展，领导力的强弱对战争胜负有着至关重要的影响，而战略领导力的作用尤其关键。 战略领导乃是“领导的领导”，战略领导者通过制定政策和战略、构建共识、获取和分配资源、塑造组织文化、影响外部环境等途径引领大型组织达成其战略构想。

美军认为，领导者就是按照所承担的任务和职责，激励和引导人们去实现部队目标的人，而领导力是指为履行使命和提高部队战斗力，通过明确目的、提供方向和激发动力等方式影响他人的能力。 美国组织文化研究权威沙因（Edgar H. Schein）指出，领导者所做的唯一真正重要的事情就是创建和管理组织文化。 领导者的独特才能就是理

---

* 李丛禾（1975～ ），男，山东日照人，南京政治学院上海校区部队政治工作系外军政工教研室副主任、讲师，文学博士，上校军衔。 主要研究方向：外军政治工作。

解和运用文化的能力。 组织文化与领导力就如同一枚硬币的正反两面,文化始于领导者,同时领导者也要受文化的塑造和影响。[①]

强大的组织需要强大的文化,强大的文化孕育强大的效能,军事组织亦是如此,而领导者乃是部队组织文化和风气好坏的关键因素。 部队组织文化对军事行动和军事战略有着深刻而微妙的影响,它既能激发军人出色、无私的表现,也会引起思维盲点、束缚创新能力。 处在最高层级的战略领导者通过战略愿景、政策、沟通、教育训导及以身作则等方式塑造组织风气和组织文化。

一　美军组织文化与领导力框架

组织文化。 组织文化是指一个组织内被广泛认可的价值观、深层假设、期望、共享的记忆和定义。 当组织成员在成功适应外部环境并实现内部整合之后,所形成的价值观念和行事模式就是组织文化。 在组织吸纳新成员之后,这些价值观念和行事模式就用来指导他们在组织出现问题时,如何正确地理解、思考和感知。 沙因将组织文化分为三个层次:有形事物(artifacts)、信念和价值观(espoused beliefs and values)、基本假设(underlying assumptions)。 有形事物是指用于界定一个组织的有形属性和描述,是文化中可见的事物,如组织的物理环境、语言、科技和产品、艺术创作、服饰特色、演讲风格、情感表达,以及关于组织的消息和传闻、组织公开的价值表述、可观察到的仪式和典礼等。 信念和价值观这一意识层面可以通过有形事物来反映。 基本假设是在感知和信念基础上所形成的无意识层面。 组织文化对于组织的行为,特别是组织绩效有着重要的影响。

组织风气。 与组织文化有密切关联的一种现象便是组织氛围或组织风气(organizational climate),美军也称其为指挥风气(command climate),它是成员对所在组织的切身感受,是“工作场所的氛围”。 美军领导指挥条令将组织风气界定为“组织的士气状态及其成员的满意程度”。 组织风气包括影响个人和群体行为模式的规范、价值观、期望、政策、流程等。

影响组织风气的因素很多,其中比较重要的有奖惩制度、指挥系统内的信息沟通、工作节奏、绩效期待、管理制度的公平性以及领导者的示范作用等。 组织风气与组织文化

[①]　参阅埃德加·沙因《组织文化与领导力》,马红宇等译,中国人民大学出版社,2011。

相比，更易直接评估，也更容易着手建设。组织文化相对于组织风气而言，是持续时间更长，更为复杂的共同价值观。而组织风气代表人们当前对于组织的看法，随着人员的更替，风气也会发生变化。组织文化更带有根本性，是一个历史的、传统的概念，而组织风气则是组织文化的现实呈现。只有良好的文化，才能产生良好的风气。组织风气是由现任的领导风格所形成的短期现象。组织风气的好坏直接影响着一个单位的作战效能，进而影响未来的打赢能力，从长远看也会对军事文化造成较大的影响。

组织文化塑造。沙因指出，组织文化基本上有三个来源：一是组织创建者的信念、价值观和假设；二是团体成员随着组织的发展而形成的学习经历；三是新成员和新领导所带来的新的信念、价值观和假设。领导者塑造组织文化可通过两种途径：嵌入机制（embedding mechanism）和强化机制（reinforcing mechanism）。所谓嵌入机制，就是领导者在向组织"灌输"其信念、价值观和理念时，所采取的方法、行动和手段等。该机制包括：一是在通常情况下，哪些是领导者所关注、评估和掌控的事情；二是领导者如何应对突发事件和组织危机；三是领导者如何分配资源；四是领导者树立榜样，教育和训导下属；五是领导者如何分配位置和奖励；六是领导者如何招募、选拔和解聘成员。所谓强化机制，是指为支持嵌入机制，着眼于组织的机构、体系、程序、仪式、故事、传闻等而进行的运作。嵌入机制塑造组织文化，而强化机制则用于进一步辅助、支持新组织文化的形成。具体包括六点。一是组织的设计和结构。领导者利用组织设计和结构来强化组织效能与领导者的理念；二是组织的体系和程序。领导者通过实施组织体系和程序来强化信念和理念，如日常的会议、委员会、报告及进程等。三是礼节和仪规。这是一种有力的强化工具，用以确立对塑造组织文化及其重要的某些行为仪式等。四是物理空间、外观和建筑的设计。用以强化同基本假设紧密相关的外在可见形象。五是重要事件和人物的叙述。用于教育新成员了解组织文化和领导者行为并强化组织理念。六是组织理念、信条和章程的正式表述，用于强化领导者的价值观和理念。

军事文化是军事组织的文化，是军事组织内的行事方式，是使部队充满勃勃生机、英勇善战的价值观念、思想观念和传统习俗，是军队保持战斗力的坚实基础。军事文化蕴含军人的共同准则以及有关行为标准、纪律、团队精神、忠诚、无私奉献及习俗等方面的共同期待。美国学者詹姆斯·伯克（James Burk）认为，军事文化包括四个基本要素：纪律、职业精神、仪式和礼仪、凝聚力和团队精神。[①] 美军认为，领导力是组

---

① 参阅李丛禾等《当代美军军事文化》，军事科学出版社，2011。

织文化中最强有力和最重要的元素。 自信、多能的领导者可以把作战力量的其他各要素有效整合起来,大大提高部队战斗力。 美国《陆军军官手册》号召陆军构建一种领导文化,以不断培养领导者在21世纪赢得战争胜利所需的能力和品质。

美军领导力框架。 美军条令指出,领导者应当具备"是、知、行"(be, know, do)三方面的关键素养。 "是"指领导者的品格素质,领导者应具备诚实可信、胜任本职、远见卓识、鼓舞人心的特质;"知"指领导者的专业知识素养,即具备一定知识水平,掌握人际交往、创造性思维、技术和战略战术等关键技能;"行"指领导者的行动力,要能综合运用性格特质、知识水平和实践经验,引导和带领他人及部队向目标进发并完成任务。[①]

据此,美军的领导力要求框架分为品质和核心领导力两部分。 品质就是领导者是怎样的人,即有品格、有气质、有才智的领导者。 有品格的领导者应当践行核心价值观、具备同理心和战斗精神;有气质的领导者要具备军人气质,身体健康,沉着自信,适应力强;有才智的领导者应当思维敏捷、判断准确,具备创新意识、人际策略及专业知识。 而核心领导力即领导者做怎样的事,包括实施领导、发展组织和实现目标等三方面内容。 实施领导包括领导他人、拓展影响力、以身作则实施领导及沟通交流等。发展组织包括创造良好环境、自我准备和培养他人。 实现目标即获取成效,包括提供方向、指导和重点,制订与实施计划以及善始善终完成任务等。 美军相信,领导者只有有效实施核心领导力及其相应要素,才算成功实施了领导行为。

美军领导层次。 美军将领导者分为三个相互关联的层次:直接层次(direct)、组织层次(organizational)和战略层次(strategic)。 决定一个职位的领导层次,其因素包括该职位的职权范围、其司令部的级别以及任职领导的影响范围,还包括部队或机构的规模、作战任务的类别、编制名额以及计划范围等。 大多数士官、尉官和校官以及文职领导者都属于直接领导层次;某些军士长、校官和高级文职人员属于组织领导层次;将级军官和同等级别的文职人员主要属于组织或战略领导层次。

直接领导是面对面或第一线的领导,它通常存在于小队和班、分排和排、连、炮兵连、骑兵连、营级大队和骑兵中队等单位。 直接领导着眼于小组、分队或特遣队的视角聚焦部队基层建设,其管理范围从几个到几百人不等。 直接领导主要关注三个月到一年左右的短期目标和任务。 组织领导者一般包括旅级至军级军事领导、处级至基地

---

① 参阅《美国陆军军官领导力》,解放军出版社,2009。

的军事和文职主管以及副部长级别的助理文职人员。　组织领导者基于组织和过程的视角制定政策、整合系统，其计划和任务重点一般着眼于 2～10 年。　战略领导包括联合司令部和国防部层次的军职和文职领导。　如美国陆军共有大约 600 个经授权的高级战略领导的军事和文职职位。　战略领导者着眼全球性、区域性或国家的视角谋划部队的长远发展，他们负责庞大的军事单位，管理几千甚至几万官兵。　战略领导者确定部队结构、资源调配、战略目标，并使其司令部以及整个军队为未来 5～20 年的任务做好准备。

　　美军强调，核心领导力适用于军事单位的各个层次、各个领导岗位，贯穿职业生涯的始终。　当领导者从直接领导层次提升到组织领导层次和战略领导层次，核心领导能力也会相应地呈现细微差异和复杂特征。　如作为一名直接层次的领导者，其领导行为之一是提供任务目的；到了组织领导层次，就要提出长期目标，并授权他人细化参与；而在战略领导层次上，则需着眼未来的胜利，倡导变革，并构建完整的体制。　各领导层之间的有效互动及其对核心领导力的运用，可打造富有凝聚力的团队，促进组织成功。

二　美军战略领导力养成的主要内容

　　美军战略领导力界定。　美国陆军战争学院对战略领导力做了如下的定义：战略领导力就是这样一个过程，即在一个充满多变性（volatility）、不确定性（uncertainty）、复杂性（complexity）和模糊性（ambiguity）特征以及机遇和威胁并存的全球环境中，通过塑造组织文化、分配资源、发布政策和指令以及构建共识等途径来达成共同期待的愿景。　作为"领导的领导"，战略领导不仅关注任务，还关注团队、关注人。　战略领导高瞻远瞩，为整个组织提供方向。　战略领导者既作用于部队内部又影响外部环境。　他们以身作则，知人善任，通过交流、鼓励和激发等方式间接施展领导力。

　　美军战略领导职责。　美军认为，在当今复杂多变的战略环境中，战略领导者应肩负起如下核心职责：提供远景目标；塑造组织文化；构建并影响联合、跨机构、多国及机构内部的各种关系；构建并影响国家层面的关系；代表组织；引领及管理变革。　而战略领导者必备的基本能力素质包括自我认知（identity）、思维敏捷（mental agility）、跨文化理解力（cross-cultural savvy）、人际成熟度（interpersonal maturity）、世界级战士（world-class warrior）以及职业素养（professional astuteness）等。

（一）注重以身作则，实施高效领导

制定和宣传战略构想。 战略构想即远景目标，为组织的未来发展提供方向。 制定战略构想是美国军职与文职战略领导者的首要任务。 这是制定组织未来变革计划和战略的第一步，也是塑造组织文化的重要步骤。

首先，要在综合考量诸如不断变化的未来战争面貌、新兴的威胁特点以及科技进步等因素的基础上确定未来所需作战能力。 判断影响军队发展的趋势、机遇和威胁并积极调动人才协助制定战略构想。 如美国参联会曾分别在1996年和2000年制定并发布了《2010联合构想》和《2020联合构想》，用以规划军队未来发展蓝图。 1991年美军陆军参谋长戈登·沙利文将军组建了一支24人研究小组，帮他制定未来陆军的远景目标。 在此过程中，沙利文认为共识比权威更重要。 其次，必须确保战略构想清晰易懂，有助于各参与方将作战理念转变为作战计划。 远景目标定好之后，还需要与他人分享，以赢得广泛支持，使之真正成为引领部队的指南针。 正如沙利文将军所指出的那样，"一旦明确了远景目标，进入了实施过程，某些情况下，也许各级官兵都能够立刻理解远景目标的内涵。 但另外某些情况下，针对不同对象还需要把远景目标用更恰当的语言进行阐述。 还有一些时候，设计能体现远景目标的象征物也是可行的"。 为使远景目标衍生成战略目的、方向和动机，战略领导者个人必须全力以赴，使整个部队全情投入，并坚持不懈地在组织上下宣传目标，以实现计划。

美军现任参联会主席马丁·登普西（Martin E. Dempsey）将军在参联会主页上刊载其战略构想及关注领域，指出联合部队面临三个转折点：一是从两场大规模地面战过渡到充满挑战的复杂安全环境；二是从资源充足过渡到资源紧缩；三是随着现役部队缩减，许多人员将会转业到地方，开始平民生活。 有四个重点关注领域：一是在当前冲突中实现国家目标；二是发展2020年联合部队；三是继续打造职业军队；四是持续关注军人家属。 登普西将军邀请全体官兵访问自己的博客、脸谱或推特个人主页并发表评论，以此来推进全军上下对其战略构想的认同。

拓展战略影响，构建战略共识。 战略领导者在更为广泛的社会关系中代表组织，如要定期与行政、立法及司法机构成员进行沟通；在其他联邦机构、媒体、当权者及公众面前充当组织的代言人；构建并维持信息来源网络，以了解并塑造环境。 为此，战略领导者必须熟悉国家文化、价值观、利益及政治、经济和国家军事力量，熟悉制定国家安全目标，国家军事战略以及发展、部署和使用军事力量的过程和程序。

　　首先，自始至终都要明确并强调能体现民族精神、加强部队团结的要旨。利用各种场合向官兵、国民及世界其他国家阐述军队的事务及发展方向。无论是危机阶段还是战争时期，都要通过宣传焦点信息扩大影响力赢得公众支持。例如在"沙漠盾牌行动"部署阶段，战略领导者就决定邀请当地记者到作战会场，集中报道当地社区参与部署的后备役部队。这一主题报道产生了多重效果，美国本土的老百姓得到军队部署的消息后，纷纷给参与部署的士兵们写信；士兵们深受触动，对自己和部队的自豪感油然而生。同样，在"持久自由行动"和"伊拉克自由行动"中，战略领导者也致力于促进战报分享，安排战地记者向公众传播军事文化，同时向美国及世界各国展示美军行动各阶段的成果。这些都取得了良好的宣传效果。其次，要善于主动聆听，具备良好的判断力和敏捷的反应力，利用谈判和沟通技巧赢得必要的合作和支持。最后，构建并影响联合、跨机构、多国及机构内部的各种关系。善于利用技巧达成共识，建立联盟。要发展和维持与其他军种、国家及政府机构间的联合及一体化关系。一要促使组织和国家目标被理解和接受，同时也要了解和接受其他国家力量的目标。二要维持组织瞄准未来目标所需的知识和资源基础，通过协商实现目标。艾森豪威尔于二战时建立的盟国远征军最高统帅部（SHAEP）即是联合同盟维持脆弱关系的典范。艾森豪威尔将军通过一体化指挥部和参谋机构实施影响力，尊重参战各国所作的贡献。盟国远征军最高统帅部各部门主副职均由不同国籍成员担当，充分强调了团队合作精神。

　　面向组织未来，倡导制度变革。时任美国陆军参谋长的小约翰·A. 威克姆将军（John A. Wickham Jr.）曾指出，"延续和变革是任何一支部队赖以生存和发展的重要因素……我们通过维持延续性、倡导变革来获得平衡健康的发展"。军队作为一个组织几乎始终处于变化的状态中：新人员、新任务、新科技、新装备、新信息等，所以战略领导者要不断倡导面向组织未来的扎实变革。第一，通过如下程序为变革做好准备：一是确定完成国家军事战略所需的战斗力；二是下达战略及作战任务，包括区分投入资源的轻重缓急；三是制订整个作战过程中调派军力的计划；四是创建、支持和维系组织系统，如基本的指挥、控制、通信、电脑和情报系统等；五是发展并改进战略方针及与之配套的训练方法；六是制订二级和三级变化效应计划；七是维持有效的领导者培养计划，坚持其他人力资源开发。第二，使制度改革根植于忠诚奉献而非强迫服从，向部队各级成员不断强调奉献精神。为使改革措施取得长效成果，通过如下步骤引导部队变革：一是展示变革的利好性及必要性，营造积极氛围；二是成立联合指导小组，逐步将变革从观念转为实施；三是与联合指导小组一起制订未来远景目标及实施战略；

四是在机构或部队内部明确宣传未来远景目标；五是授权各级下属寻求广泛的、共同的支持；六是制订短期成功计划，验证主要方案的正确性，以及远景目标的可靠性；七是巩固已有的项目，推进新的变革；八是确保变革得到文化意义上的支持。

（二）着眼长远，谋划组织发展

战略领导者应着眼长远，以开拓创新的勇气建设部队，在发展组织及其下属部队、培养人才的过程中，不断权衡眼前利益与长远发展。 借助于广泛的外交、信息、军事和经济手段等方面的知识储备，也要依赖自身的品德、能力和信心来开展工作。 依靠情报资源以及智囊网络，集思广益，共同谋划，使组织保持健康发展。

首先，必须确保价值观和"战斗精神"始终作为部队组织文化的核心要素，运用组织文化来支持战略构想。 通过设立制度、政策和规章，以及机构主导价值体系，完善军队的习俗与传统。 可采取如下步骤塑造组织文化、支持和促进战略构想的实施：一要确保组织文化适合未来环境要求并且基于其他领导者和成员共同认可的价值观；二要确保组织的价值观根植于共同的基本理念，使组织保持未来的竞争优势；三要确保组织价值观与战略构想一致，在组织内广为宣传并内化为组织成员的思想；四要在组织内达成共识，赢得支持，以达成目标。

时任陆军参谋长的埃里克·幸赛克（Eric Shinseki）将军曾多次强调军人的"战斗精神"培育，他指出，每个军事单位都有其内部的文化和精神。 真正的"战斗精神"必须能够巩固陆军的持久传统和价值观……用基于道义的"战斗精神"武装头脑的官兵无疑象征了陆军对国家的坚定承诺。 陆军一直以来都拥护这种精神，但是不断变革的需求要求我们采取更新的手段以确保所有官兵都能够真正领悟和践行这种"战斗精神"。 美国《2015 年目标军力》白皮书也指出，基本的价值观、伦理观、作战理论和道德准则将依然把陆军凝成一体。 领导者要营造组织氛围，鼓励主动性、创新精神和冒险精神。 院校和指挥官应训练和培养具有直觉感、思维敏捷、富有创新精神和严守纪律的领导者。

美陆军训练与条令司令部曾于 2009 年 7 月发起了一场旨在审视及思考陆军军事职业及文化的学习活动。 为提高官兵对军事职业道德及军事文化重要性的认知，美军进行了自上而下的宣传造势活动，如在全军发起军事职业道德论文竞赛活动，《军事评论》杂志出版军事职业道德专刊，专门刊登获奖优秀论文。 训练与条令司令部司令凯西将军自 2009 年起陆续在《陆军杂志》上发表系列文章，阐述宣传这项活动的重要性及主要内容。 同时训练与条令司令部将 2010 年定为美国陆军年以及军事职业年，将 2011 年定为军事职业道德年。 2010 年 10 月，训练与条令司令部还出版了《2011 陆军军事职业》一书，同年 12 月又出版了《陆军军事职业白皮书》，两本书对陆军军事职业、军事文化、职业道德、价值观及军政关系等方面做了全面扼要的阐述。 这两本书被挂在全军各大网站，供官兵下载学习。 所有的宣战活动都注意引导官兵思考作为一名职业军人要为何而战、如何使用武力、如何处理军政关系等，强调陆军正致力于打造学习型机构，增强部队适应性，满足国家的战略需求，确保领导者培养战略实施等。

其次，精通战略艺术，拓展文化和地缘政治领域知识，完美融合杰出战略家的三种角色：战略领导者、战略执行者、战略理论家。 运用自身无形的领导力素质，制定、协调和运用各种目标、方法和手段来提升和捍卫国家利益。 战略领导者更多地关注部队如何适应国防部要求以及在国际舞台上扮演怎样的角色。 例如，要思考诸如外部各机构间的关系如何，部队所处的广泛政治和社会体系是什么等宏观问题。 了解这些问题，有助于战略领导者为国家以及部队内部的系统计划、体制和人员做出正确的抉择。 如美军在长期持续的非传统战争、反恐战争、平叛行动及维稳行动与重建行动实践中逐渐认识到，现代战争中军人能否快速适应陌生的、充满不确定性的文化环境，是影响战争胜负的一个重要因素。 为此，美军提出了"文化中心战"（culture-centric war）的理念，以此推动军事文化转型。 该理念强调，文化是影响战争胜负的深层次因素。 美军将着力培养军人的文化感知及语言能力，使其能够有效应对不同文化环境并具备较强的跨文化适应力。

再次，1990 年夏天，美国陆军曾经遭遇过一次战略和制度上的重大挑战。 当时美国陆军正处在有史以来计划最周密的裁军过程之中，时任陆军参谋长卡尔·乌诺（Carl E. Vuono）将军受命在保持其他战场足够兵力的同时，动员、调动、部署必要的兵力应对迫在眉睫的海湾危机。 乌诺将军审时度势，放慢裁军进程以应对突发危机。 在成功完成沙漠盾牌和沙漠风暴两次行动后，他于 1991 年重新部署了陆军第三军，遣散后备役部队，恢复裁军，使陆军成为 20 世纪 30 年代以来最精简的作战部队。 卡尔·乌诺将军在万分危急的情势之下确保了战斗力，顺利完成了任务，充分展示了精湛的战略艺术。

最后，战略领导者也是保障人员，要以身作则打造高效能组织，培养下一代领导者，激励部属，寻求机遇推进组织目标。 一是致力于将军队变成一个学习型组织，鼓励军中所有人员终身学习。 二是培养他人，建立领导团队，为未来储备人才。 从不同背景的军职和文职人员中吸收诚实能干的人才,建立一支由果敢、诚实、能干的人员构成的高效参谋机构和领导团队。 三是通过指导,提供政策和资源,以分享视角和经验来培养下属,致力于将今日的下属培养为下一代的战略领导者。 正如时任陆军参谋长沙利文将军所说,"伟大的领导者能培养出优秀的部属,这些优秀的部属又会在他们的时代成长为伟大的领导者。 陆军确立了这种优良的传统。 斯科特(Winfield Scott)将军培养了新一代的出色将领:格兰特(Ulysses S. Grant)、李(Robert E. Lee)、谢尔曼(William T. Sherman)及杰克逊(Thomas Jackson)等。 马歇尔从潘兴(John Pershing)将军那里学到领导能力,而马歇尔的追随者也成为伟大的指挥官,如艾森豪威尔、布莱德雷(Omar N. Bradley)、巴顿(George Patton, Jr.)及李奇微(Mattew B. Ridgway)等。 斯科特、潘兴与马歇尔不但传授部属专业知识,更重要的是,提供给他们成长的空间"。

(三)扎实有效,实现组织目标

战略领导者通过提供方向、指导和清晰的远景目标,为部队每个成员提供终极意义上的目的、方向和动机。 这是制订具体目标和计划的起点,评估部队工作进程的准绳,检验部队价值观的标准。

培养文化敏感性和地缘政治意识。 战略领导者善于正确配置资源,利用联合、跨部门和多国资源,在多元文化背景下取得行动的成功。 军队中大部分四星上将都服务于联合部门或多国部门,将近一半的中将在参联会联合参谋部,国防部或作战指挥部任职,其他单一兵种部(如各军种司令部、陆军训练与条令司令部、陆军器材司令部等)的领导也经常在军种系统外工作。 这种联合和跨部门环境具有双重复杂性。 不同国籍的参与者有不同的利益诉求、不同文化和语言,与之交流互动涉及许多复杂因素。 即使同属美国,不同军种的文化和行话也有差异。 在联合和跨部门环境中,"下属"的含义与单纯军种内部的"下属"也有不同。 战略领导者及其部属需要听从国际行动指挥部的指挥,但同时也要保持对本国指挥官的忠诚和服从。 如在"持久自由行动"和"伊拉克自由行动"中,联合国和北约下辖部队、联合国执行部队(IFOR),以及北约成员国或多国部队之间的协作行动,就充分体现了合作的复杂性。

构建并影响国家层面的关系。 战略领导者的主要职责之一就是应对组织与国家政策机构之间的关系。 利用国内和国际参照体系来影响舆论,实现组织的任务和目标。具体而言,一是在国家政策论坛上提供军事建议;二是解释国家政策的指导方针和方向；三是规划和发展在联合、一体化及跨机构行动中实现国家政策所需的军事能力；四是提出部队的资源及能力需求；五是设计支持国家目标的战略；六是在作为国家战略一部分的政治决策和执行这些决策的个人以及组织之间构筑起桥梁。　换言之，要制定组织项目和政策指示以反映国家安全目标，使组织各成员都能理解并正确实施。　以美国国防部为例，它是由国防部长办公室、军事部门参谋长联席会议、国防部所属各局和专业机构及各作战司令部组成，其主要职责包括：根据美国的国家政策和利益，制定全军统一的防务政策和军事战略，并通过参谋长联席会议对全军实施指挥；制定国防预算和全军兵力规划；统一领导全军国防科学技术的研究和后勤供应工作；对外负责军事谈判、派遣军事顾问团、培训外国军人和监督军事援助的使用等。

在国家安全战略与国家军事战略指导下规划部队未来。　应力求使组织的战略目标与外部环境、同盟目标、国家安全战略、国家防务战略、国家军事战略保持一致。　从冷战到地区冲突再到反恐战争的转变，战争的特点在不断发生变化。　战略领导者必须随时了解瞬息万变的战略环境，及时掌握新信息，以决定部队的未来发展方向。　战略领导者必须考虑诸如下一个威胁在何处，是孤军作战还是与盟军合作，未来的国家目标和军事目标是什么，其退出战略将是什么等战略问题。　美国的战略文件通常分为四个层次，一是政府每隔几年发布的《国家安全战略》，最近一份是 2010 年 5 月份发布；二是国防部每四年一次的《四年一度防务评估》，最近一份是 2012 年 1 月发布，题为《维持美国的全球领导地位：21 世纪的优先任务》；三是参联会发布的《美国国家军事战略》，最近一份于 2011 年 2 月发布；四是各军种部根据以上文件精神制定的军种战略规划。　如美国陆军于 2012 年 4 月颁布了新的战略规划指南，对陆军未来建设和转型进行了规划和部署。

借助有效的反馈系统。　设法定期评估各种环境因素，全面了解情况，以保证政策和行动的成功。　美军注重开发执行记录系统，以监控资源利用、下属培养、工作效率、压力与疲劳影响、军心士气、道德因素及任务完成情况等。　领导者定期与各级指挥官交流情况，检测现有系统和程序如何平衡纪律规章、组织培训、资源分配、领导教育、人力资源及设备等方方面面的关系。　比如，美国战略与国际研究中心（CSIS）经过为期两年的实地调查，于 2000 年 2 月发表了研究报告《21 世纪的美国军事文化》，对美国军事文化进行了一个全景式的扫描，较为详尽地探讨了美国军事文化的现状、问题和对策。　1986 年美陆军出版了《部队风气概览》（*Unit Climate Profile*），作为陆军部第 600 ~ 669 号手册，一直沿用至今。　该手册的 82 个问题衡量了领导者的易接近程度、创新性、反馈、承担风险、信任等方面。 1998 年其升级版本《指挥风气调查》（*Command Climate Survey*）出版，其中包含 20 个相关的风气问题，如团队精神、领导者关心及垂范作用、上下级之间的沟通对话、工作的意义、公平性、设施装备、训练质量、社会环境、压力、性骚扰、奖惩制度、任务的明确性和轻重主次、任务的可预测性、学习机会、士气等。 2002 年颁布的陆军条令 AR600～620 规定应在连级指挥官履职 90 天内实施组织风气调查，以后每年实施一次，用于调查单位战备、种族及性骚扰、领导力、凝聚力、士气等因素。 另外，军官评估报告（officer evaluation report）是美陆军主要的军官评估工具。 该报告基于陆军领导力条令，对军官的履职和潜力进行评估，包含 21 项内容，如价值观、特质、技能、行为等。

此外，战略领导者也要进行自我评估，包括领导风格、个人优缺点、专业领域知识等。 最近在陆军知识在线系统（Army Knowledge Online）开设自我发展栏目，提供领导者个人反馈工具，支持战略领导的自我发展，领导者可借此了解来自上级、同事及下属对于其领导行为的坦率反馈。 为保证反馈的真实可靠，反馈结果保密，匿名发表意见，所有这些意见评估都存储在领导发展公文包内，为领导者长期自我发展提供参考。其他的学习工具还包括文化意识、个性认知、批判性思维工具及辅导者日志等。 这些举措通过提高领导者自我认知，增强其适应性，促进其职业发展。

〔责任编辑：李秋发〕

The Cultural Dimension of U. S. Military Strategic Leadership

Li Conghe

Abstract：A strong organization needs a strong culture which in turn produces strong effectiveness. Leadership is key to building a highly effective organizational culture. The U. S. military believes that it is imperative to nurture an influential strategic leadership and effective organizational culture to win the war in the 21st century in a strategic context characterized by volatility, uncertainty, complexity as well as ambiguity. Under the context of contemporary organizational culture, U. S. military strategic leadership builds on values and warrior ethos, guaranteed by legal system, based on professional military education, aimed at enhancing combat effectiveness with the ultimate objective of broadening the servicemen's horizon, maintaining the military edge and sustaining American global leadership and national interests.

Keywords: U. S. Military; Organizational Culture; Strategic Leadership

〔英文校译：张小健〕

● 专论 ●

奥巴马政府的亚太军事战略探析

顾　伟　刘盛捷[*]

【摘　要】奥巴马政府亚太军事战略是以"地区防务战略"为理论指导,在对国家安全威胁重点进行再判断的基础之上推出的。 在战略目标上强调保持亚太地区的绝对军事优势,在战略途径上强调综合运用多种"军事领导方式",在军事力量建设上强调优先发展"作战介入"能力。 奥巴马政府的新版亚太军事战略遏制中国的意图非常明显,其持续推进必将对我国整体安全环境和中美关系带来深远影响。

【关键词】奥巴马政府　美国亚太军事战略

无论是奥巴马政府推出的全球战略,还是其中包括的军事战略,均已将亚太地区作为关注的重点,并且在战略的具体实施层面,美国已经打出了一整套涉及军事、外交和经济手段的"组合拳"。 同以往的战略实施类似,军事手段再次成为若干战略手段中优先发展并使用的手段,安全领域也再次成为美国介入地区事务时优先"涉足"和重点关注的领域。 本文旨在进一步理清美国现行亚太军事战略推出的背景和基本框架,思考其未来走向及可能的影响。

一　奥巴马政府的亚太军事战略
形成的军事因素

一般认为,奥巴马政府亚太军事战略推出的背景无外乎涉及其全球战略调整的

---

* 顾伟(1974~),男,上海市人,南京政治学院上海校区部队政治工作系教授、硕士生导师,军事学博士,上校军衔。 主要研究方向:美国军事战略、中国国家安全战略。 刘盛捷(1986~),男,上海市人,南京政治学院上海校区硕士研究生。 主要研究方向:美国军事思想。

必然要求,应对中国快速发展的必然选择,以及伊拉克和阿富汗战争结束后的现实调整等方面。 除了以上显见的背景外,奥巴马政府的亚太军事战略实际上是在对老布什政府"地区防务战略"继承的基础之上,依据其基本思想,对当前国家安全威胁进行再判断之后推出的,在战略目标确定及战略途径和手段的选择上有着较强的延续性。

(一)冷战后提出的"地区防务战略"是其形成的理论基础

老布什政府时期,美国面临的世界格局和战略环境发生了二战结束后最深刻的变化。 正如1991年版的美国《国家安全战略》中指出的那样,苏联作为与美国同等级的超级大国,地位在持续了40多年后已发生根本性变化,世界迎来了一个由美国领导的全新时代。[1] 可见,冷战结束后,美国的国家战略目标已从与苏联争夺全球领导权调整为长期维持并强化美国的全球唯一领导地位。 为了支撑这一国家战略目标的实现,老布什政府随即着手对美国国防战略和军事战略进行调整,在此背景下,"地区防务战略"应运而生。

"地区防务战略"是老布什总统于1990年8月2日在科罗拉多州阿斯彭的讲话中首次提出的,其较为完整的表述则在1992年2月由美国国防部部长切尼向国会提交的1993财政年度《国防报告》中。 其核心思想是通过强化美军在关键地区的主导权来支撑其领导全球战略目标。 具体来说,在威胁判断上,"地区防务战略"强调苏联解体后,没有一个国家具有对美国发起全球挑战的能力,而地区危机和地区冲突将成为美国今后一个时期面临的主要威胁,某些敌对国家和非民主国家将试图挑战美国对利益攸关地区的领导权,这些地区包括欧洲、亚洲、西南亚和拉丁美洲等。 相应的,在战略目标上,"地区防务战略"强调必须充分利用美国在全球范围内的绝对军事优势,确保其他国家不能支配世界上的关键地区,进而防止这些国家形成更加严重的全球威胁;在战略途径和手段的选择与运用上,"地区防务战略"强调充分利用并发展美国的联盟战略,保持并进一步强化美国在军事技术发展方面的领先地位,通过前沿军事存在和持久的危机反应能力,阻止潜在的侵略者挑起地区军备竞赛、制造地区紧张局势或控制关键地区。[2]

---

[1] National Security Council, *The National Security Strategy of the United States of America*, August 1991, http://history. defense. gov/resources/nss1991. pdf.

[2] 依据1993财年《国防报告》整理, Department of Defense [US], *FY 1993: Annual Defense Department Report*, http://history. defense. gov/resources/1993_DoD_AR. pdf.

　　稳定性是战略的基本特性之一。　"地区防务战略"是以冷战后美国最深刻、最广泛的国家战略调整为背景,确定了"后冷战时代"美国国防战略和军事战略的主基调。后续克林顿、小布什和奥巴马政府的军事战略在很大程度上继承了"地区防务战略"的思想内核。　这些思想包括在强调威胁多样化发展的同时,将关键地区敌对国家造成的威胁作为主要威胁;在强调多种手段、途径综合运用的同时,将保持关键地区压倒性军事优势作为主导地区事务的前提和条件;将强化对关键地区的军事介入和控制能力作为军事能力发展的重点;将深化并发展联盟战略作为重要的战略支撑等。　以上思想具有很强的传承性,得到了后任历届美国政府的反复确认。　如在克林顿政府时期推出的1997 年版《四年防务评估报告》中强调美国将继续面临许多地区性威胁,主要涉及的地区包括中东、东亚和欧洲等;①在小布什政府时期的 2001 年版《四年防务评估报告》中强调要防止敌对力量主宰关键地区,特别是控制欧洲、东北亚、东亚滨海区(指从日本以南到澳大利亚,再到孟加拉湾这一地区)、中东和西南亚地区。② 奥巴马上任后,在对国家安全形势认真研判的基础上,赋予了"地区防务战略"新的内涵,突出的变化就是将亚太地区作为美国优先关注的关键地区,无论是军事能力发展、军事部署调整和军事合作方式转变等,均全面向亚太聚焦。

（二）对国家安全威胁重点的再判断是其发展的根本动因

　　威胁判断是制定战略的前提和依据,主要现实威胁的判定不但决定着当前战略的主要方向,还决定着未来军事力量建设规划与实施的目标指向。　冷战结束后,美国对其国家安全面临威胁种类的判断变化不大,概括起来大致包括以下几类:一是新兴国家、敌对国家、"无赖国家(非民主国家,如伊拉克、伊朗、朝鲜和利比亚等国)"和"失败国家(处在无政府状态的国家,如阿富汗和索马里等国)"等带来的地区性安全威胁;二是以恐怖势力为代表的"非国家行为体"造成的威胁;三是疾病蔓延、自然灾害频发等人类发展共同面临的威胁。　此外,大规模杀伤武器与新兴军事技术的快速发展和扩散,使威胁样式日益增多,关联性和破坏力急剧增长。

　　然而,冷战后,美国历届政府对于其安全威胁程度和紧迫性的判断却差别较大。克林顿政府时期,美国认为其主要面临地区性威胁、先进技术扩散带来的威胁、以恐怖

---

① Department of Defense [US], *Quadrennial Defense Review Report*, May 1997, www. Defenselink. mil.

② Department of Defense [US], *Quadrennial Defense Review Report*, September 30, 2001, http://www. defense. gov/pubs/pdfs/qdr 2001. pdf.

主义为代表的跨国性威胁和大规模杀伤性武器的威胁等四大威胁，并同时指出 2015 年前，美军完全有能力保持全球和关键地区的压倒性军事优势，而在 2015 年后，俄罗斯和中国等国有可能具备在军事领域挑战美国领先地位的能力。① 总体来说，克林顿政府对威胁程度的判断相对比较均衡，并且对地区性大国或全球势均力敌对手可能出现的时间估计相对比较乐观，紧迫性不是很强。 对于小布什政府时期，美国认为其主要面临传统威胁、非常规威胁、灾难性威胁和破坏性威胁四种威胁，②与前任相比，虽然表述方式有所变化，具体内容却大同小异。 但从战略的具体实施来看，其重点明显与克林顿政府差别较大，强调优先应对"无赖国家"和"失败国家"对全球安全带来的威胁，并先后发动了阿富汗和伊拉克战争，造成了大量的资源占用和消耗，客观上导致美军对其他威胁关注程度的相对弱化。

奥巴马上任后，美国推出的各类战略报告中，均十分鲜明地将"确保其全球唯一的领导地位"确定为美国当前的首要目标。 在 2010 年版的《美国国家安全战略》中强调"必须重塑美国的领导地位"，2011 年版的《美国国家军事战略》更是以"重新定义美国的军事领导力"作为标题，类似的，2012 年初美国推出的以《防务战略》为标题的报告重点强调"维持美国的全球领导地位"。 究其原因，无非是奥巴马政府认为美国的全球领导地位在冷战后遭到了空前的挑战，并将这种挑战作为其面临的最现实、最严重威胁。 具体来说，奥巴马政府强调，"中国和印度的崛起正在改变全球的政治、经济、军事力量分布，并使之分散化，这将重塑整个国际秩序"。③ "中国将会从各个方面影响美国经济、安全的长期利益。"④"亚太地区的军事实力随着其所占全球财富份额的增大而增强，正在迅速改变地区安全机制，将直接挑战美国的安全和领导地位。 因此，美国的战略关切和利益将不断向亚太地区聚焦。"⑤可见，相对于小布

---

① 依据 1997 年《四年防务评估报告》整理，参见 Department of Defense ［US］，*Quadrennial Defense Review Report*，May 1997，www. Defenselink. mil。

② Department of Defense ［US］，*National Defense Strategy*，March 2005，http://history. defense. gov/resources/2005_NDS. pdf.

③ Department of Defense，*Quadrennial Defense Review Report*，February 2010，http://www. defense. gov/QDR/images/QDR_as_of_12Feb10_1000. pdf.

④ Department of Defense，*Sustaining U. S. Global Leadership*：*Priorities for 21st Century Defense*，January 3,2012，http://www. defense. gov/news/Defense_Strategic_Guidance. pdf.

⑤ Joint Chiefs of Staff，*United States of America*：*The National Military Strategy 2011 Redefining America's Military Leadership*，February 2011，http://www. jcs. mil/content/files/2011 – 02/020811084800_2011_NMS_ – _08_FEB_ 2011. pdf.

什时期，奥巴马政府对于主要威胁的判断明显发生了变化，一是将亚太地区的力量失衡作为美国当前面临的突出挑战；二是将以中国为代表的新兴国家的快速崛起，尤其是军事力量的快速发展作为其主要威胁。 基于此，美国强调"在继续为世界安全作贡献的同时，必须对亚太地区的防务态势进行再平衡"，①重点是"针对中国军力的现代化做好准备，以避免国家利益、地区性与全球性盟友受到负面影响"。②

二　奥巴马政府亚太军事战略的基本框架

奥巴马政府并未出台专门的亚太军事战略，但亚太地区无疑是当前美国关注的重点地区，也是其战略类报告涉及的重点内容。 通过对美国近期领导人讲话和出台的《国家安全战略》、《军事战略》和《四年防务评估报告》等文件的梳理和分析，可以对其亚太军事战略的基本框架进行初步的总结。

（一）战略目标旨在保持亚太地区的绝对军事优势

奥巴马上任后不久，美国就意识到亚太地区力量格局变化明显提速，美国在亚太地区的力量优势正在迅速削弱。 为了改变这一局面，美国推出了"重返亚太"战略，目标直指强化其在亚太地区的领导地位。 正如美国前国务卿希拉里在 2010 年 10 月题为《美国与亚太的接触》的演讲中曾指出的，在亚太，我们的总体目标是保持和加强美国在亚洲太平洋地区的领导能力，改善安全，扩大繁荣，促进美国的价值观。③ 并在之后的《美国的太平洋世纪》中进一步强调，将战略重心转向亚太地区，在理念上与我们确保和维护美国全球领导地位的整体努力是一致的。④ 可见，确保在亚太地区的领导地位不仅是美国亚太战略的首要战略目标，也是美国全球战

---

① Department of Defense, *Sustaining U. S. Global Leadership*：*Priorities for 21st Century Defense*, January 3,2012, http：//www. defense. gov/news/Defense_Strategic_Guidance. pdf.

② National Security Council, *The National Security Strategy of the United States of America*, May 2010，http：//www. whitehouse. gov/sites/default/files/rss_viewer/national_security_strategy. pdf.

③ Hillary Rodham Clinton ［US］, "America's Engagement in the Asia-Pacific", October 28, 2010, http：//www. state. gov/secretary/rm/2010/10/150141. htm.

④ Hillary Rodham Clinton ［US］, "America's Pacific Century", November 2011,http：//www. state. gov/secretary/rm/2011/11/176999. htm.

略的重点目标。

　　将保持压倒性军事优势作为确保其全球领导地位的核心支柱，是美国一以贯之的重要指导思想。　如在美国国防部出台的 1997 年版《四年防务评估报告》和 1999 财政年度《国防报告》中均曾指出，美国是唯一能够在全球范围内投送压倒性军事力量，在远离国土的情况下实施大规模军事行动的国家，也是唯一能够对大规模地区性威胁进行有效军事反应的国家，而这种军事能力是美国维持全球领导地位和保证关键地区安全与稳定的基石。① 类似的，在美国 2011 版《国家军事战略》中指出，在这个多极的世界里，军事力量将使美国的领导地位更加有力。②

　　美国认为其在亚太地区的军事优势正受到严峻挑战，突出表现为"相关国家"正积极发展反介入和区域拒止能力，试图阻止美军向亚太地区投送力量，并限制美军在亚太地区的军事行动自由。　具体来说，美军认为在过去的数十年中，其兵力投送行动从未遭遇到过真正的挑战，包括在"沙漠风暴""持久自由""自由伊拉克"等行动中，美军均可以自由地向阿富汗和伊拉克投送军事力量。③ 然而，当前中国人民解放军正加速推进"军事现代化"，积极寻求以非对称方式对抗美国的力量投送能力。④ 包括通过加速发展中程弹道和巡航导弹、新型攻击型潜艇、远程防空系统、电子战和计算机网络攻击能力、先进战斗机以及空间对抗系统，⑤初步具备了使用导弹、特种作战部队和非正规部队，甚至大规模杀伤性武器攻击美国的前沿基地的能力；具备了攻击美国的指挥控制和通信系统，包括太空系统和网络空间的能力；具备了攻击美军运输线路上的固定基地或薄弱环节，或是通过网络攻击瘫痪美军后勤的指挥控制系统等一系列非对称能力和手段。⑥这将给美国向亚太地区投送力量带来重重风险，甚至使其付出高昂代价。　因此，美军

①　Department of Defense ［US］, *FY 1999: Annual Defense Department Report*, http://history. defense. gov/resources/1999_DoD_AR. pdf.

②　Joint Chiefs of Staff ［US］, *United States of America: The National Military Strategy 2011 Redefining America's Military Leadership*, February 2011, http://www. jcs. mil/content/files/2011 - 02/020811084800_2011_NMS_ - - 08_FEB_2011. pdf.

③　Joint Chiefs of Staff, *Operational Access Concept* （JOAC Version 1.0）, http://www. defense. gov/pubs/pdfs/JOAC_Jan% 202012_Signed. pdf.

④　Center for Strategic and Budgetary Assessments, "AirSea Battle: A Point-of-Departure Operational Concept", May 18, 2010, http://www. csbaonline. org/wp - content/uploads/2010/05/2010. 05. 18 - AirSea - Battle - Slides. pdf.

⑤　Department of Defense, *Quadrennial Defense Review Report*, February 2010, http://www. defense. gov/QDR/images/QDR_as_of_12Feb10_1000. pdf.

⑥　Joint Chiefs of Staff, Operational Access Concept （JOAC Version 1.0）, http://www. defense. gov/pubs/pdfs/JOAC_Jan% 202012_Signed. pdf.

必须有能力维持亚太地区的军事平衡,以抵消中国人民解放军快速提升的反介入和区域拒止能力。①

(二)战略途径突出运用多种"军事领导方式"

奥巴马政府认为,小布什时期"过分突出军事手段"和"单边主义"的倾向为美国当前在全球的军事行动和态势塑造带来诸多不利影响。 在对此进行深刻反思的基础上,美军强调必须"对军事领导力进行重新定义",以适应当前纷繁复杂的战略环境。所谓重新定义军事领导力,是指"如何运用其全谱军事力量来全方位捍卫美国的国家利益,并推动国际安全与稳定的方式"。② 具体来说,美军强调将综合运用全方位的直接和间接军事领导方式,要充当推进者、赋能者、召集者和保证者——有时可能兼而有之。 推进者是指美军将运用军事能力和前沿存在的优势,为推进美国政府和其他组织拓展国家利益提供支持;赋能者是指美军将帮助相关国家实现其安全目标,以维护共同的安全利益;召集者是指美军将充分发挥其影响力,将大家召集起来,加深彼此间的安全关系,共同迎接安全挑战;保证者是指美军必须有能力独自或与其他国家一起,慑止和击败侵略行径。③

可见,美军重新定义军事领导力,实质上是强调要进一步丰富和拓展达成战略目标的途径。 首先,是要进一步寻求扩大战略资源的整合范围。 通常资源整合的范围在很大程度上决定着资源的使用效率和达成目标的方式和方法。 美军强调综合运用包括军方、联邦政府和民间的力量,以及盟国和利益相关国的各种力量,即"团结一切可以团结的力量,调动一切可以调动的资源",共同为美国达成战略目标服务。 其次,是要进一步强化对多种战略手段的综合使用。 美军认为,确保其在亚太地区和全球的长期军事优势,不可能只依靠军事手段,必然要求外交、经济、法律和文化等手段与军事手段的综合运用。 同时,所谓"推进者、赋能者、召集者和保证者"等角色的集成与灵

---

① Center for Strategic and Budgetary Assessments, "AirSea Battle: A Point-of-Departure Operational Concept", May 18,2010,http://www.csbaonline.org/wp-content/uploads/2010/05/2010.05.18-AirSea-Battle-Slides.pdf.

② 依据2011军事战略整理,参阅 Joint Chiefs of Staff, *United States of America: The National Military Strategy* 2011 *Redefining America's Military Leadership*, February 2011, http://www.jcs.mil/content/files/2011-02/020811084800_2011_NMS_-_08_FEB_2011.pdf.

③ 依据2011军事战略整理,参阅 Joint Chiefs of Staff, *United States of America: The National Military Strategy* 2011 *Redefining America's Military Leadership*, February 2011, http://www.jcs.mil/content/files/2011-02/020811084800_2011_NMS_-_08_FEB_2011.pdf.

活转化，也同样需要其他非军事手段的支持，这实质上可看成是"联合作战"思想向非军事领域的延伸。

（三）战略手段优先强化"作战介入"能力

作战介入能力①与反介入和区域拒止威胁"针锋相对"。美军认为确保具备向全球任何地区投送兵力的可靠能力是支撑国家利益的基本条件，也是军队作为国家力量存在的基本价值体现。② 2011 年底，在"空海一体战"相关理论的基础上，美参联会正式推出了《联合作战介入概念》（JOAC），此举标志着美军作战介入能力建设进入了实质性推进阶段。

1. 以"跨领域协同"概念引领军队建设全面转型

美军认为在信息化条件下，任何军事能力的建设必须以军事概念的创新为先导。军事概念通过回答"打什么样的仗，如何打仗，以及需要哪些具体军事能力"等问题，通过层层"追问"，完成对军事能力建设的"需求分析"。 具体到作战介入能力建设，美军提出了以"跨领域协同"为核心军事概念，并在 2012 年版的《联合作战顶层概念》中将其进一步确立为"所有联合作战行动中的核心概念"。③ "跨领域协同"概念不仅追求某单一领域，如空中、海上、陆地、太空和网络等领域的局部优势，更是强调充分发挥美军对多种作战力量和复杂作战行动的指挥、控制和协调优势，将单一军兵种、单一领域和单一作战行动中的局部优势进行高度整合，以形成全新的非对称压倒性军事优势。 其目的是在更低的战术层次上，推进联合作战向更深层次发展，以实现对各军事力量和要素单元的一体化运用。

《联合作战介入概念》报告是"跨领域协同"概念的重要载体，也是规划美军整体联合作战介入能力建设的纲领性文件。 报告以"跨领域协同"概念为基础，明确了实施作战介入行动应遵守的 11 项基本原则，并进一步针对指挥与控制、情报、火力、机动、保护和维持 6 大联合作战职能领域，进行了具体的军事能力需求分解，确定了包括

---

① 作战介入是在获得行动自由的前提下向作战领域投送兵力以完成任务的能力，参阅 Joint Chiefs of Staff, *Operational Access Concept*（JOAC Version 1.0）, http://www. defense. gov/pubs/pdfs/JOAC _ Jan% 202012 _ Signed. pdf。

② Department of Defense, *Quadrennial Defense Review Report*, February 2010, http://www. defense. gov/QDR/ images/QDR_as_of_12Feb10_1000. pdf.

③ Joint Chiefs of Staff, *Capstone Concept for Joint Operations：Joint Force 2020*, 10 September 2012, http:// www. jcs. mil/content/files/2012 - 09/092812122654_CCJO_JF2020_FINAL. pdf.

跨领域全源情报融合能力、网络防御能力和太空防御与进攻能力等 30 种美军重点建设的能力或能力领域。① 2012 年 3 月，美陆军和海军陆战队以《联合作战介入概念》报告为基础推出了《实现并保持介入：美国陆军与海军陆战队联合概念》；之后，美军"空海一体战"办公室又专门推出《"空海一体战"作战概念》。② 这两份文件的推出标志着美军的作战介入能力建设已经成为各军种关注的重点，开始将"跨领域协同"概念直接与各军种的具体建设项目挂钩，这意味着美军作战介入能力正在逐步从"构想"变为"现实"。

2. 采用更有效和更富弹性的军事存在方式

美军认为作战介入行动能否顺利实施在很大程度上取决于前期的军事存在能否创造良好的条件。③ 从总体上说，强化美军在亚太地区的军事存在态势无疑是美国亚太军事战略实施的重要目标。 在资源相对有限的前提下，如何更合理和更灵活地配置资源将成为美军近期关注的重点。

为此，美军"双管齐下"。 一方面将全球军事资源的配置进一步向亚太地区倾斜。 如在 2012 年 6 月，为强化亚太地区军事部署，国防部部长帕内塔宣布三项计划，一是在 2020 年之前，美国海军在太平洋和大西洋之间力量分配将由当前的 5∶5 调整为 6∶4，届时亚太地区将部署 6 艘航空母舰，及美海军大部分的巡洋舰、驱逐舰、濒海战斗舰和潜艇等装备；二是在新型装备部署上，如第五代战斗机、新型的电子战装备、通信装备和精确制导武器等，将以亚太地区为优先；三是有针对性地加强与作战介入行动相关的装备，包括新型轰炸机、海上巡逻舰和反潜作战飞机等的研发。④ 时隔一年，美现任国防部部长哈格尔又对这一趋势进行了强化，宣布在 2020 年之前，将美国驻海外空军力量的 60% 集中到亚太地区，还包括相同比例的太空和网络作战力量。⑤

---

① Joint Chiefs of Staff, *Operational Access Concept* (JOAC Version 1.0), http://www.defense. gov/pubs/pdfs/JOAC_Jan%202012_Signed. pdf.

② 之前美国智库战略与预算评估中心推出的《为什么是"空海一体战"》与《"空海一体战"：作战概念的起点》仅属于作战构想的范畴，其地位和作用与此份军事概念有本质的区别。

③ Joint Chiefs of Staff, *Operational Access Concept* (JOAC Version 1.0), http://www.defense. gov/pubs/pdfs/JOAC_Jan%202012_Signed. pdf.

④ Leon E. Panetta, Shangri-La Security Dialogue, June 2, 2012, http://www.defense. gov/speeches/speech. aspx? speechid = 1681.

⑤ Chuck Hagel, Shangri-La Security Dialogue, June 1, 2013, http://www.defense. gov/speeches/speech. aspx? speechid = 1785.

另一方面对军事部署和军事存在的方式进行创新，增强亚太军事力量的适用性和灵活性。主要举措有三个。一是推进亚太地区军事部署向"分散化高效能"的方向发展。总体思路是削减一线兵力，加强二线兵力，并推进在亚太地区的分散化部署。具体如美军计划将原先部署在冲绳的第3海军陆战队远征队（总兵力约18000人）中的8000人从冲绳迁出，其中，4000人部署至关岛，其余人员将在澳大利亚、菲律宾、夏威夷等基地轮流部署。这一调整目的是将"拳头"收回，在避免开战初期巨大损失的基础上，积蓄力量，提供从多个二线基地同时向多个目标投送力量可能性。二是积极拓展可供使用基地的数量和种类。美军在强化前沿永久基地防护的同时，强调采用更加分散化的基地设立和使用方式，积极拓展小型基地、临时基地和海上基地的数量，包括使用较为偏远或废弃的基地、机场、港口和其他军用或民用设施。[1] 三是增加"柔性军事存在"。美军认为军事存在不一定必须采用固定基地、永久部署的方式，而应以"不为我所有，但为我所用"的理念为支撑，在避免承担固定基地的庞大开支前提下，利用轮换部署、联合军演、提供军事顾问、军舰访问与签订临时驻泊、维修和补给协定等方式，实质性地强化对亚太地区的军事存在。

3. 增强盟国和伙伴国与美军的联合作战能力

注重发挥盟国和伙伴国的作用是奥巴马政府全球战略和亚太军事战略的突出特点，几乎美国近年出台的所有战略类报告均会将此作为重点。如在2012年初美国推出的《维持美国的全球领导地位：21世纪的防务重点》中指出，"美国与亚洲盟友和重要伙伴之间的关系，对该地区未来的稳定与发展至关重要"。并进一步指出，"美国将与盟友和伙伴共同行动，通过保持相关的和互通的军事能力，保证'全球公域'的准入权和使用权"。[2] 以此思想为指导，为了推进与盟友的一体化作战能力发展，美军除了采用了加大军售、军援力度等传统方式外，突出了"赋能者"作用的发挥，重点强化了盟国和伙伴国与美军的联合作战能力。

一是以多样化、高密度的联合军事演习为依托，进一步增强了参演国之间军事行动的一致性和协调性，为未来多国联合作战的顺利实施积累经验。近年来美军在亚太地区联合军演的频率明显增加，据不完全统计，美军2011年在亚太地区的联合军事演习

① Joint Chiefs of Staff, *Operational Access Concept*（JOAC Version 1. 0），http：//www. defense. gov/pubs/pdfs/JOAC_Jan% 202012_Signed. pdf.

② Department of Defense, *Sustaining U. S. Global Leadership：Priorities for 21st Century Defense*，January 3,2012，http：//www. defense. gov/news/Defense_Strategic_Guidance. pdf.

竟高达 172 次，①几乎每两天就举行一次新的演习。 并且与盟友，如日本和菲律宾等国，演习的针对性明显增强，通常会涉及联合指挥控制、防空反导、对地打击、登陆作战和空降作战等科目，大多与提升"作战介入"能力直接相关，演习的实战色彩浓厚，指向明确。 此外，在参演国家数量上也有了新的拓展，以往未曾出现过的国家，如柬埔寨、缅甸和越南等国，开始成为美军主导下军事演习的正式成员或观察员。

二是以信息系统的发展与整合为重点，加强了盟友与伙伴国的侦察监视能力，及与美军信息系统的互通和互联能力。 信息系统是信息化军队的最重要物质基础，依据信息在战场上流动的四个环节，具体可分为信息获取、传输、处理和运用系统。 美军近年对亚太盟友"军事赋能"的重点是强化信息获取和信息传输能力的建设，即为其亚洲盟友和伙伴国打造"一双会说话的眼睛"，至于其他军事能力的需求对美军来说并不迫切。 如在 2012 年 9 月初，向菲律宾交付了一套综合海岸监视雷达系统，用以加强菲律宾对其西部和北部海域的监视能力；②计划向日本出售"全球鹰"高空无人侦察机等。

三　奥巴马政府亚太军事战略评析

（一）其实质是冷战思维的继续，违背历史发展的潮流

"冷战思维"是一种思维模式或认识框架，即是指冷战期间，美苏相互以意识形态作为区分敌友的标准，强调以军事联盟为支撑，以对抗作为处理国际事务的主要方式，旨在全面"遏制"对方的扩张，谋求对世界的绝对领导地位。 冷战虽早已结束，但冷战思维远未消除，有的国家依然"停留在殖民扩张的旧时代里，停留在冷战思维、零和博弈老框框内"。③

奥巴马政府推行的亚太军事战略以维持美国在亚太地区的主导地位为最终目标，强调形成更广泛的军事联盟，强调军事手段的优先使用，强调保持亚太地区的绝对军事优势等，均体现了美国战略一贯坚持的逻辑主线，即在国家利益层面追求排他性的绝对利益，在国家安全层面追求自身的绝对安全，在军队建设层面追求领先一代的绝对优势，

---

① 李莉：《美国重返亚太战略及对中国的影响》，《铁军》2013 年第 1 期。

② 《菲律宾获得美国雷达用于海岸监视》，http://www.dsti.net/Information/News/77746。

③ 习近平：《顺应时代前进潮流 促进世界和平发展》，2013 年 3 月 23 日，http://news.xinhuanet.com/world/2013－03/24/c_124495576.htm。

这仍然具有较强的冷战色彩。 然而，正如基辛格曾指出的那样，一个国家对绝对安全的追求，就意味着所有其他国家的绝对不安全。[①] 因为美国一旦拥有了绝对安全，在对外使用武力时将变得更加肆无忌惮、为所欲为。 不仅如此，其他国家的绝对不安全，最终将导致最初追求绝对安全的国家不可能得到真正的安全。 因此，必须面对国际形势的深刻变化和世界各国同舟共济的客观要求，各国应该共同推动建立以合作共赢为核心的新型国际关系，各国人民应该一起来维护世界和平、促进共同发展。[②]

（二）其后果是将加深有关国家对美的军事依赖，恶化亚太地区整体安全环境

首先，美国实施亚太军事战略，十分注重为盟友和伙伴国进行"赋能"，以使这些国家有能力"当先锋，打头阵"。 此举必将促进亚太地区军费开支整体的快速增长，并加剧这一地区的军备竞赛。 据美国《航空与空间技术周刊》网站 2013 年 7 月 22 日报道，预计 2013~2018 年，澳大利亚、印度、印度尼西亚、日本、马来西亚、巴基斯坦、新加坡、韩国、中国台湾地区和泰国的军事开支将达 1.4 万亿美元左右，比 2008~2012 年的 9195 亿美元激增 50% 以上。[③] 即便这样，以上国家单凭自身实力仍无法构建一套完备的信息化作战体系。 信息化军队突出强调军事体系构成的完整性，各种作战要素、作战单元缺一不可，而构建完备的信息化作战体系，必须有每年高达数千亿美元的军费开支作为支撑，当今世界只有美国有此能力。 因此，美国的亚太盟国和伙伴国只能将自身的军事系统纳入美军的全球作战体系中才能真正发挥作用，并且随着美国对亚太军售和军事系统整合的力度逐步加大，这些国家必然会面临"越建设，就越依赖"的尴尬局面。

其次，有危机，才会有介入的借口，美国实施亚太军事战略，将会利用亚太地区现有的危机和矛盾，积极寻求并扩大与亚太盟国和伙伴国之间所谓的"共同安全关切"，并以此为美军强化军事存在、深度介入亚太地区安全事务制造借口。 这客观上将使亚太地区原先"隐而不发"的矛盾进一步激化成危机，甚至演化为局部的地区冲突。 此外，亚太各国之间，包括美国的亚太盟国和伙伴国之间，美国与其所有利益相关国之间的利益诉求绝不可能完全重叠，原有的矛盾也不可能会随着美国亚太军事战略的实施而

---

① Henry Kissinger, *A World Restored: Metternich, Castlereagh, and the Problem of the Peace, 1812 – 1822*, Sentry Edition, Houghton Mifflin Company, 1957, pp. 1 – 2.
② 李莉：《美国重返亚太战略及对中国的影响》，《铁军》2013 年第 1 期。
③ 《美媒：美国盟友军费剧增加剧亚太紧张》，http://mil. cankaoxiaoxi. com/2013/0727/245974. shtml。

化解。 反而,随着亚太地区整体"军事因素"的上升,包括相关国家对军事实力的盲目追求,极易导致将军事手段作为解决争端优先选项的不良倾向,这无疑增大了维护亚太地区的和平与稳定的难度。

(三)目标过大与实力有限之间的矛盾将持续加剧,亚太地区机遇与挑战并存

回顾美军冷战后推出的各种报告,充斥着"军事手段几乎可以解决国家安全与发展中存在的各种问题,而科技创新几乎可以解决军事能力建设中存在的各种问题"的思想倾向。 军事手段和科技支撑固然重要,然而"真理向前迈进一步便成为谬误",如果战略目标与战略手段的支撑脱节,必将导致战略体系的整体"崩塌"。 分析美国的亚太军事战略,其文化基点是对美国式价值观的"充分自信",不仅将价值观确定为国家利益的重要构成部分,更将在世界范围内推广美国式的民主模式和价值观作为国家利益重要部分,一再宣称其倡导的是一种最终使全世界受益的民主模式,所代表的也是人类文明的终极价值等。

首先,以追求美国国家利益为根本。 从根本上说,是将美国利益作为全球利益和亚太利益的代表,打着维护全球利益和亚太利益的旗号,自私地追求美国自身的国家利益,并为其不合理的对外政策和对外行为提供"合理"的解释。 其次,这种思维必将对军事能力发展提出过分的、不应有的要求。 翻开美军近期出台的各种报告,"全面主导""全谱优势""全能军队"等已然成为军事能力发展的"关键词"。 然而,如果让军队去承担其不该承担的任务,发挥其不该发挥的作用,军队的表现只能是差强人意。 美军在经历了伊拉克战争后,有一位中校曾尖锐地批评,"快速决定性作战白皮书(指导美军作战的重要理论)为快速决定性作战洒下了一个包罗万象却又构造拙劣的天罗地网,呈现在我们面前的是寓言中那头能产奶、能下蛋、又能产羊毛的无所不能的猪"。① 最后,从军队建设的具体实施来看,由于受限于国防开支和科技创新能力等因素的制约。 近年来,美军许多大型武器装备项目发展却遭遇困境,纷纷延期甚至下马。 其中典型代表有FCS未来作战系统、濒海战斗舰、DDG-1000"朱姆沃尔特"级驱逐舰、GIG全球信息栅格、联合战术无线电系统、天基红外系统等。 这些项目大多

---

① 詹姆斯·伯宁:《快速决定性作战:现代作战的皇帝新衣》,《快速决定性作战构想》,军事科学出版社,2005,第406页。

为美军建设的支撑性项目，有些项目甚至直接关系军事能力建设的全局，这种情况在美军发展史上是罕见的，充分说明美亚太军事战略国际与手段之间的矛盾日益凸现。

〔责任编辑：李秋发〕

On America's Asia-Pacific Military Strategy after President Obama Took Office

Gu Wei，*Liu Shengjie*

Abstract：Obama administration promotes its military strategy in Asia-Pacific guided by the theory of regional defense strategy and based on the judgments of key threats to the national security. This strategy emphasizes the absolute military superiority in the Asia-Pacific region on the strategic target，the integrated use of a variety of military leadership on the strategic approach and the priority to the development of combat intervention ability on the military construction. The intention of containing the rise of China is obvious from the new version of the Asia-Pacific military strategy issued by the Obama administration. No doubt the continuous progress would have profound influence on the overall security of our country environment and Sino − US relations.

Keywords：Obama Administration；America's Asia-Pacific Military Strategy

〔英文校译：张小健〕

● 专论 ●

军队意识形态的结构与政治传播

刘明涛[*]

【摘　要】军队作为阶级统治的工具，天然存在并进行着政治传播活动。"主义"与"武力"通过不同形式结合起来，既确保了统治阶级对武装力量的控制，又通过武力运用推广、维护了统治阶级政治思想。军队意识形态结构的形成和发展深刻反映了军队政治传播的过程和功能。

【关键词】军队　政治传播　意识形态

政治传播是一个"具有交互性（例如，它包括两个或两个以上的人在一个环境中的互动）和象征性（例如，在各种抽象意义上传播交往'象征'着其他事物）的过程"，[①]包含着、也主要体现为政治信息的流动和政治意义的互动。表面上，政治信息流动是客观的运动现象，但政治信息的传播者和接受者具有能动性的思维意识。在各种主体有目的支配下，政治传播被赋予了意义，具有巨大的作用和广泛的影响。军队为阶级利益服务，受统治阶级掌握，是带有政治性的武装力量组织。由于客观条件的制约和传播者有目的的活动，政治信息和政治意义在军队流动的过程中，逐渐形成相对稳定的军队意识形态结构，进而产生了与结构相对应的政治传播功能，并影响着传播的效果和效益。

一　"主义"与"武力"的结合

从一定角度来看，近现代军队与传统军队一个非常本质的区别在于：这支军队是忠于个人，还是忠于一种"主义"。古代忠君思想指向个人和集团，军队中实施忠君教

* 刘明涛（1978～ ），男，宁夏中宁人，武警政治学院政工研究所副教授，法学博士，武警中校警衔。主要研究方向：军队政治工作、军事政治学。

① 〔美〕凯瑟琳·米勒：《组织传播》，袁军等译，华夏出版社，2000，第 1 页。

育实质上是为了塑造"家军";现代政治思想指向的是阶级和国家,军队中贯彻政治思想实质上是为了塑造忠诚于国家和主义的军队。 现代政治思想与武力相结合,催生和发展了现代军队,也促进了现代意义的军队政治传播。 "主义"与"武力"结合有三种主要形式:一是将"主义"融入"武力",其直接目的是为提升武力;二是以"主义"掌握"武力",从而提高"武力"的忠诚度;三是以"武力"推广"主义",从而使该种"主义"成为有强力支撑的意识形态,并加速其在社会层面的传播。

中国近代以来,真正将"主义"与"武力"结合创建新型军队,起源于黄埔军校。辛亥革命之后,胜利的果实被北洋军阀窃取,究其原因,是因为革命的政党没能取得军队的领导权,并以革命的思想改造军队。 在苏联和中国共产党的辅助下,孙中山吸取经验教训,在组建黄埔军校和以后的国民革命军的过程中,实行"军事与政治并重、理论与实践相结合"的方针,广泛地引入革命理论。 当时,黄埔军校在党代表的训令中明确规定,"社会主义、共产主义、马克思主义等书籍,本校学生皆可阅读",努力使黄埔学员以及之后组建的军队"不仅知道枪是怎样放法,而且知道枪要向什么人放"。① 使"主义"融入"武力",极大地提升了武力,并成为一种有效的掌握部队的辅助工具。

中国共产党领导的军队,也十分重视"主义"与"武力"的结合。 "四一二"反革命政变后,中国共产党面临着巨大的生存危机,并逐步认识到独立掌握军队的重要性,开始通过举行武装起义,组建自己的部队,以武力维持政党的生存,达成政党的政治目的。 随着生存条件的恶化,红军面临着瓦解的危险,为牢牢把持住这个生存发展和实现政治理想的基本工具,共产党对红军进行了前所未有的改造——三湾改编。 三湾改编提出"支部建在连上",要求"每连建设一个支部,每班建设一个小组,这是军中党的组织的重要原则之一"。② 将党的影响力以行政的手段渗透到红军的基层,并在各级建立党的组织,以党的基层组织为"战斗堡垒",让广大党员成为传播党的理论、思想和主张的"旗手",从而实现了"主义"掌握"武力"的目标。这意味着军队不单是"统治"的工具,而且在真正意义上成为了"政治"的工具;同

---

① 杨其纲:《本校之概况》(原载 1927 年 3 月 1 日《黄埔日刊》),参阅广东革命博物馆编《黄埔军校史料》,第 86 页,转引自姜思毅《中国共产党军队政治工作七十年史》第 1 卷,解放军出版社,1991,第 39~40 页。
② 参阅《中国共产党红军第四军第九次代表大会议案》,《军队政治工作经典文献》(内部资料),南京政治学院上海分院,2003,第 11 页。

时也意味着军队领导方式的深刻变革，主流政治传播成为了一种重要的，而不是辅助的控制手段。

以"武力"传播"主义"是马克思主义在中国传播、发展的独特路径。 使中国人民信仰马克思主义，并团结在共产党周围，共同为建立无产阶级政权，实现社会主义、共产主义的政治理想而奋斗，是共产党的政治目标。 革命时期，军队是中国共产党掌握的基本力量，它成为马克思主义政治思想最为重要的接受群体和最大、最有力的传播者群体是一个必然的逻辑。 中国共产党以马克思主义武装军队，有效地维持着军队的稳定，提升军队的战斗力，并借革命军人与人民群众的天然联系，通过军队向社会传播马克思主义；另外，中国共产党以军队的形象、战争的结果来暗示不同军队所代表的政治思想的优劣，从而赋予军队的军事活动以传播马克思主义的功能和意义。 借"武力"传播"主义"是军队社会功能的扩大和潜在功能的显现。

二　政治信息在军队中的流通形式

军队中传播的政治信息极为复杂，根据来源不同，可以简单地将这些政治信息分为主流信息和非主流信息。 所谓主流信息是指军队当局、政党、国家等体制性主体出于控制军队、稳定军心、激励士气、提高战力等目的而传播的信息。 所谓非主流信息是指其他传播主体通过一定渠道向军队传递（或军人个体通过某种非常规途径得到）的信息。 主流信息主要通过军队的科层体制、特殊的传播机制（如美军的牧师制度、我军的政治工作制度、日本自卫队的服务保障制度等）、正规的或受控的媒介传递，并对军队具有积极意义；非主流信息通常通过一些非正规的或受控性较弱的途径和形式传播，比如网络、电信、流言等。 传播技术的发展使政治信息传播成为高度动态的过程，大量政治信息很难甄别，特别是对于非主流信息需要辩证分析。 有的非主流信息也许是从某些渠道传播出来的正确消息，有些信息通过一定引导，可以发挥积极的作用，有些信息的流通则需要严格防范。 因此，这种区分方法仅提供了一个相对静态的分析框架。 当然，也可以根据政治信息的性质或可能产生的效果分为正面信息和负面信息。 这两种区分方法具有一定的相关性。 军队主流政治传播的效果，可以看作主流信息和非主流信息，或正面信息和负面信息的对抗与竞争之后的综合结果。

政治信息在军队内部、军地之间流通，其传播形式可以从多个角度进行划分。 比如，可以按通行的划分标准区分为人际传播、组织传播、大众传播。　也可以从传播的向度上进行探讨，将其区分为垂直传播、水平传播、交叉传播（古典学派称之为结构性跳板或法约尔之桥）、向心传播和发散传播。　垂直传播一般指同一职能体系中从上而下的指令性传播和从下而上的反馈性传播。　在军队政治传播中，军队主流政治信息多是通过组织程序层层传达，因此，垂直传播的形式是主流。　水平传播多是指同一层次间的政治传播，如在个体之间点对点或点对面的人际传播，较高层次的水平传播主要体现在协调性传播，如部门与部门之间、系统与系统之间，也可能是军地之间、各军队之间。　交叉传播是指不同层次之间的政治传播。　交叉传播在军队政治传播中主要体现为非正式传播（电话、短信、谣言）。　其形式、途径等均具有一定的隐蔽性，并且具有较强的互动性。　向心传播是指针对某一主体进行的汇聚性传播。　比如，军队政治信息的收集、针对某人的思想政治工作等。　发散传播是指从同一传播源向不同体系的各个层次进行的传播。　发散传播主要表现为军地媒体（报刊、网络等）传播、会议、军队院校培训等形式。

三　军队中政治意识的"凝结"

从政治文化的角度分析，可以将军队政治传播视作个体、小团体的政治意识和组织系统的政治文化的形成、转变、维护和巩固过程。　人是政治动物，在这一点上，历史上许多思想家们都有相近的认识。　亚里士多德认为："人类自然是趋向于城邦生活的动物（人类在本性上，也正是一个政治动物）。"[1]阿奎那认为："人天然是个社会的和政治的动物，注定比其他一切动物要过更多的合群生活。"[2]马克思也认为，"人的本质不是单个人所固有的抽象物，在其现实性上，它是一切社会关系的总和"。[3] 列宁认为，马克思、恩格斯的基本思想是把社会关系分成物质关系和思想关系。　思想关系只是不以人们的意志和意识为转移而形成的物质关系的上层建筑，而物质关系是人们维持生存的活动的形式（结果）。[4] 人总是与周围的环境发生着不间断的联系，交换着物质、信息和思想意识。

---

① 〔古希腊〕亚里士多德：《政治学》，吴寿彭译，商务印书馆，1983，第7页。
② 〔意〕《阿奎那政治著作选》，马清槐译，商务印书馆，1982，第44页。
③ 《马克思恩格斯选集》第1卷，人民出版社，1995，第56页。
④ 参阅《列宁选集》第1卷，人民出版社，1984，第121页。

军人也是政治人，每个军人在成长的过程中，受到各方面的政治思想的影响，都会逐步形成其独特的、显性的或潜在的关于政治的认识，也即政治观。 传播者通过各种手段和途径，有目的地、有选择地传递政治信息，努力影响并转变受众的政治意识和立场，从而为其政治目的和利益服务。 在这个过程中，包含着政治意义的信息被受众接收，内化为政治意识，从而使政治立场得以强化或转变。 传者与受众通过互动，拓宽彼此"共通的意义空间"，从而达成共识，并将这个过程延续下去。

传播主体可以是个体，也可以是组织和团体。 随着传播的深入和发展，个体的政治意识逐步上升，并凝结为团体的政治诉求和军队的政治文化。 这个过程是：政治信息被军人个体吸收，从而凝结为军人的政治意识。 籍贯、部职别、习惯、爱好、认识等相近的军人相互交流，可能形成一定的小群体。 如果是政治性的群体，那么其成员可能分享相近的政治观，形成某种团体性的政治诉求。 出于某种目的，他们在政治行为或政治认识上相互影响的程度更为深刻。 这种小团体可能是正式的，也可能是非正式的。 如果这种小团体是非正式的，它也具有潜在的规范性，他们在政治上的相互影响一般来讲是无意识的，多出于利益、思想认识和被排除于团体之外的担心。 一旦他们在政治上的影响变成有意识的行为，他们的联系可能更为紧密。 一般来讲，政治小团体对军队的政治稳定具有极大的危害性。

军人个体、军队内部的政治小团体相互博弈、共同作用，在整个军队内部或军队的一部分形成自发的政治意识。 除此之外，每支军队都有一个外来的处于指导性地位的意识形态，这种指导思想是控制军队的阶级、政党或集团的意识形态，如果处于国家统治地位的意识形态就是国家意识形态。 军队自发的政治意识与指导意识之间可能存在一定的冲突。 一般来讲，在和平时期，军队指导意识是社会的主流意识形态，其他流行的社会思潮也通过各种渠道对军队产生一定的影响。 主流意识形态与其他社会思潮之间存在着一定的冲突和竞争。 在以上各种因素长时期的共同作用下，一些被逐步认可，特别是符合统治阶级利益和军队实际的思想上升到制度文化层面，经过时间的考验，不断汇聚、沉淀、淘汰和更新，形成了军队政治文化。 另一些则被防范、过滤、排斥，尽量减少其对军队思想政治领域的渗透。 从一定意义上讲，以上各层次的政治意识相互作用，相互影响，构成了军队的丰富而复杂的政治传播。 这些政治意识的形成及其相互作用遵循着"平行四边形矢量合成法则"。

四　军队意识领域的几种形态

与军队相关的意识形态是一个有机的体系，并且具有一定的层次性。　层次之内、层次之间的不同政治意识彼此相互影响、相互作用，决定着军队主流政治传播的各项功能的发挥。　从某种角度讲，军队政治传播可以分为各种传播主体政治意识的"凝结"与不同层次政治意识相互影响两个过程。　我们可以把政治"信息流"和"影响流"在军队内部以及军队与社会之间的互动关系用结构图进行表示。　（见图1）

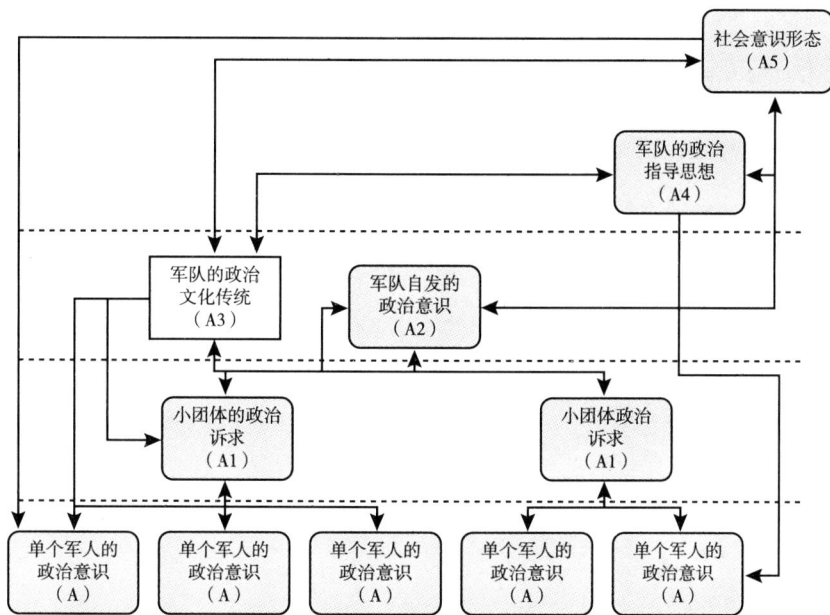

图1　军队政治传播层次—功能模型

如图1所示，与军队相关的政治意识从高到低大概可以分为四个层次。　第一层次：军人个体的政治意识；第二层次：军队中的小团体的政治诉求；第三层次：军队自发的政治意识和军队的政治文化传统；第四层次：社会意识形态和军队的政治指导思想。　第一、二、三层次的政治意识是军队内生的政治意识（当然，也广泛地受到社会意识形态的影响），第四层次属于社会意识形态。　层次之内、层次之间的不同政治意识相互影响、相互作用形成了复杂的军队政治传播的范畴。　其中A表示单个军人的政治意识；A1 表示军队中的小团体政治诉求；A2 表示军队自发的政治意识；A3 表示军队的政治文化传统；A4 表示军队的政治指导思想；A5 表示社会意识形态。 多个军人个体政治意识（A）在军人小团体政治诉求（A1）、军队自发的政治意识（A2）、军队的政治文化传统（A3）、军队的政治指导思想（A4）、社会意识形态（A5）以及其他因素的作用下，按平行四边形法则合成军人小团体政治意识（A1）、军队自发的政治意识（A2）；军队的政治文化传统（A3）作为长时期作用的结果，是其他因素相互博弈后经过历史沉淀而形成的制度文化体系。 当军队的政治文化传统（A3）形成后，它规范着军人个体政治意识（A）和军人小团体政治意识（A1），同时也影响着军队自发的政治意识（A2）和军队的政治指导思想（A4），乃至社会意识形态（A5）。 它们之间是一个相互影响、互相塑造的关系。

理论上，与军队相关的政治形态系统有一个理想的状态，这也是军队政治传播的理想形态。 在理想的状态下，军人个体呈现出原子化、均质化的状态，他们分享并接受相同的政治思想，或者形成与其他个体不会发生冲突、完全符合统治者要求的政治意识，也没有小团体政治意识的存在。 他们的思想的合成是数量上的求和或是力量上的倍数关系，其思想内核不会发生质的改变。 军人个体的政治意识（A）完全包容于军队自发的政治意识（A2）和军队的政治文化传统（A3），且 A2 和 A3 是相等的关系。它们同时包含于军队的政治指导思想（A4）之中，属于社会主流意识形态的一部分。这种状态可以用公式来表示：

1. $\sum an/n = a1 = a2 = \cdots = an = A$（其中 n 为自然数，a 表示特定军人个体的政治意识）；

2. $A \leqslant A2 = A3 \leqslant A4 < A5$；

3. $A1 = 0$；

4. $A4 \in AZ$（AZ 表示社会主流意识形态）。

这种理想状态是从统治阶级的角度出发认识军队政治意识形态的，一个隐藏的预设前提是统治阶级在何种情况下才能最省力、最牢固地掌握军队。 作为一个目标性的状态，一般的军队都向这个状态的条件 2 与条件 3 的方向努力，但这个状态的条件 1 是不可能达到的。 使军人成为原子化或均质化个体的理想与军人政治社会化的要求和现实有着根本的冲突。 理性地分析，这个状态也不是最佳状态。 这种状态下，军队与军人都没有相对独立的品格，军队和军人完全工具化。 它抹杀了军队的能动性和创造性，也从根本上抹杀了军人的"人性"。

　　实际上，在和平状态下，军人个体的政治意识取向基本一致，并符合统治阶级的要求。 在军人个体之间，有可能存在某部分军人的政治意识基本相同，并在某种诱因下（如权、利、人情等）相互影响、相互作用，从而形成一定的小团体政治意识；但这些小团体的政治意识基本上不会超越军队自发的政治意识、军队政治文化传统和军队的政治指导的范围；在一般常态下，军队的政治指导思想始终属于社会的主流意识形态。用数学公式可以表达为：

　　1. $a1 \approx a2 \approx \cdots \approx an$；

　　2. $A < A2 \leqslant A3 \leqslant A4 \leqslant A5$；

　　3. $A1 \neq 0$；

　　4. $A4 \in AZ$（AZ 表示社会主流意识形态）。

　　在一般形态的四个条件中，条件 2 与条件 4 是前提性的，只有始终保持社会主流意识形态对军队的有效影响，才能维持军队与社会的稳定状态；而条件 1 与条件 3 是控制性的，当军人之间的政治意识差异过大时，很可能会导致小团体政治意识，不利于军队的稳定。 比如，苏联解体和东欧剧变很重要的一个原因在于当局失去了对军队的控制。 如果按这种思路分析，当时的苏联军队已经失去了条件 2 和条件 4 的约束。 因此，通常情况下，统治阶级都努力地使军人个体的政治意识最大限度地符合军队的政治指导思想，并极力控制小团体政治意识的形成和扩散。 在一般形态下，军队自发的政治意识、军队的政治文化传统和军队的政治指导思想有紧密的关联性，它们相互影响，但有一定的差异，这种差异使军队政治传播变得更为多彩。

　　军队不同层次政治意识的形成、发展，以及它们之间的相互关系在一定意义上决定着军队的性质、社会的状态和变迁；自然地，也影响着作为其基本组织单元的个体军人。 这个过程，实质就是军队政治传播的过程。 在相对和平时期，军队主流政治传播的一个重要目的是为了保持军队意识形态系统的相对稳定，防止军队意识形态的变异，并促使其向理想形态发展。

　　另外还需说明：第一,这个图形表示的是一个连续的动态过程中的片断,这一系列问题必须在发展变化中观察；第二,军队中政治小团体的政治诉求（A1）和军队自发的政治意识（A2）是客观存在的，但不论在何时,统治阶级和军队当局都极力消除或阻止这些政治意识形态的产生；第三,社会意识形态（A5）可区分为主流的意识形态和非主流意识形态。 军队的政治指导思想（A4）是主流意识形态的一部分,但不论主流还是非主流的社会意识形态,都在军队的意识形态体系及其运作的过程中,起着至关重要的作用。 特别是在通信技术高度发达的信息社会,军人接收信息的途径多元化、接收信息自主化、实时化,更要充分重视非主流社会意识形态对军人的影响。

〔责任编辑:李秋发〕

The Structure and Political Communication of Military Ideology

Liu Mingtao

Abstract:As the tool of class rule, the military has the inherent role of political communication. "-ism" and "force" integrate in many different ways, not only ensuring the ruling class'control over the armed forces, but also popularizing and safeguarding the political ideas of the ruling class. The formation and development of the military ideology structure is a profound relection of the process and function of the military political communication.

Keywords:The Military; Political Communication; Ideology

〔英文校译:郎丽璇〕

●专论●

我军思想政治教育话语
发展环境分析及对策

吴　彬*

【摘　要】时代的进步影响着我军政治工作目标任务的确立和方法途径的选择，思想政治教育话语如何快速适应外部环境，找准创新的切入点，完成从顶层设计到实践运用的全方位立体化的创新，首先要做的就是对当前的境遇进行深入的分析。研究如何有效应对挑战，抓住发展机遇，正确看待挑战与机遇之间的内在关联，如何将挑战与机遇化为军队思想政治教育话语创新的着力点，为军队思想政治教育发挥更大的作用。

【关键词】思想政治教育　话语研究　中国军队

一　外部环境变化使我军思想政治教育
话语面临新的挑战

在整个社会转型的大背景下，经济全球化的发展正逐步影响到政治全球化、文化全球化、信息全球化、网络全球化等全方位的历史进程，在信息化、网络化与全球化等快速发展的环境中，军队思想政治教育话语不可避免地又一次站在了历史的潮头，面临着社会上价值多元、文化多元、自由主义、极端个人主义、民主社会主义、享乐主义等良莠不齐的社会思潮的冲击，面临渗透与反渗透、多元与主导、建构与解构之间的不断较量，在与这些思潮较量的过程中，迎来了新的挑战。

---

* 吴彬（1982~ ），女，安徽安庆人，武警安徽总队政治部干事，南京政治学院上海校区博士研究生，武警上尉警衔。主要研究方向：军队政治工作基本原理、军队思想政治教育。

（一）市场化思维方式催生了新的话语表达方式

社会主义市场经济的建立，给我国社会主义建设带来了新的发展契机，在新老体系转变重组的过程中，人们的价值观念也有了新的变化，社会大众关注的热点已从政治问题向经济发展的方向转移。 价值取向的转换带来了新的话语表达方式，计划经济体制下思想政治教育的一些话语模式已无法满足人们新的表达需要，社会呼唤思想政治教育能够有新的突破，希望"从旧的准社会学式的思想方法和话语结构中突围出去"。① 市场化条件下流行的一套话语虽然有利于市场经济建设和国家的发展，但在市场化时代条件下军队中，思想政治教育话语在其中应起到什么样的作用？ 如何解决这种军营价值观与社会上某些偏离了主流价值观的极端市场化准则的不相适应？ 当市场化的价值观与军队价值观相冲突时，用什么样的思想政治教育话语解释利益与奉献，纪律与自由，等级与平等，交换与牺牲等的关系？ 怎样通过有效的表述来增强吸引力、解释力和说服力？ 这些无疑都是摆在思想政治工作者面前亟待解决的问题，都对思想政治教育话语发展提出了极大的挑战。

（二）多元化社会思潮对主流话语表达带来了新的冲击

20 世纪 80 年代中后期以来，随着国内国际形势的变幻，我国经济体制变革、社会结构变动、利益格局调整、思想观念变化，人们的价值观呈现出复杂多变的特征。 网络和各种新媒体的出现，使得人们可以接触到的价值观念不仅多样化，还具有多变化的特点。 在多元化社会思潮冲击、干扰下，影响官兵思想的因素和渠道呈多样化趋势，官兵本身思维活动的差异性和自主性也愈加明显，在教育者与受教育者之间的共情难以取得较为一致的情境下，受教育者就会缺乏对思想政治教育话语的兴趣，甚至产生抵触情绪。 改革开放后，随着全球化进程迅猛发展，社会思潮多样化、资讯渠道多源化、社会分层多样化，越来越多的博客、论坛等平台愈加凸显了官兵作为个体话语权的重要性，也把话语权还给了个体，虽然在表面上官兵的思想政治教育活动还是处于传统的体制控制下，但是其影响力显然已经日渐式微。

---

① 戴锦华：《犹在镜中——戴锦华访谈录》，知识出版社，1999，第 4 页。

（三）虚拟化交往方式对话语体系建设提出新课题

随着社会的全球化、数字化、信息化、网络化发展，网络已经广泛渗透到社会生活的各个领域。 官兵的交往方式也不断通过网络空间、虚拟社会、数字社会拓展到了一个全新的领域，军队思想政治教育由此被推入一个信息化的平台，根据一项对 2011 年新入伍战士的调查显示，100% 的新兵在入伍前接触、使用过互联网，50% 以上平均每天上网时间超过 2 小时。① 现代官兵更加倾向于通过虚拟化的交往方式实现交往主体的沟通。 构建网络思想政治教育话语体系，一方面应适应官兵虚拟化交往方式的需求；另一方面应使思想政治教育话语向微观领域延伸；同时，在虚拟化的网络交往方式中约束和规范官兵的网络话语，使之朝着健康向上的方向发展，正成为一个迫在眉睫且充满挑战的新课题。

（四）西方话语霸权挤占了军队思想政治教育话语空间

在全球化的进程中，一些西方发达国家把互联网作为谋求 21 世纪战略优势的政治工具，在所谓信息自由流通的原则下，利用其对网络高技术占有的垄断地位强势推销其政治观价值观道德观，逐步萌生了一些蕴涵着贸易自由、国际接轨、生态主义等各种看似非意识形态的话语，实则渗透着包含其国家利益的意识形态性双重性质的"普世"的价值观，相对于我们传统使用的思想政治教育话语更具迷惑性与杀伤力，企图用这种所谓"普世价值观"对非西方意识形态国家实现思想的征服。 美国主导世界话语权的首要原因在于其国力的强大和宣传的积累，其在各个领域的权威地位是他国无法挑战的；同时不论是早期的报纸杂志还是现在的网站、手机，美国都掌握着信息宣传的尖端科技，在各个领域有着最强的话语权，全球化更是加剧了美国文化意识对各国的影响和冲击，全球化几乎成了"美国化"，因此各国都习惯于以美国的标准来衡量。 掌控了话语权，就能轻而易举地把人们导向某种特定的思维定式，人们会在这种定式中去寻找思考问题、分析问题、看待问题的依据，那结果当然是被美国主流媒体所掌控。 我军思想政治教育话语如何应对西方话语霸权，形成自己的话语权利，关系到民族振兴、国家富强和中国特色社会主义事业的前途和命运。

---

① 陈岸然：《军队网络思想政治教育研究述要》，《军队政治工作学进展》第 4 卷，解放军出版社，2012，第 398 页。

二　发展滞后成为制约我军思想政治教育
话语有效发挥作用的内在"瓶颈"

思想政治教育话语如果不能跟随时代的步伐,在思想政治教育活动中就非常容易陷入一种曲高和寡的尴尬状态。 然而,囿于话语本身的一些桎梏,军队思想政治教育话语发展往往难以跟上军队快速发展的步伐,导致在思想政治教育活动中难以适应新要求,常常会产生一种无力感,出现"失语、失效"的尴尬局面。①

(一)传统思想政治教育话语模式受到挑战

由于传统经济基础和政治体制的稳定性,一些思想政治教育话语在长期的运用过程中,出现了程式化倾向,在思想政治教育实践中普遍存在的"主体—客体"两极化模式热衷于意向灌输和行政强制,而相对忽略了经济文化生活和个人日常生活,作为文化重要组成部分之一的道德规范体系相应地被过度意识形态化,思想政治教育由此丧失了为真正的经济文化生活及个人生活立言的必要性与可能性,被全面异化为一种脱离社会生活实际和受教育者思想实际的空洞说教。② 一些思想政治教育工作者习惯于"打'官腔',念'套话',掺'假话'",导致"言者谆谆,听者藐藐"的尴尬,思想政治教育实效大打折扣。 这种固化的话语模式所使用的一些语汇已然失去了其最初语境下的意义,脱离了时代感,其表达的内涵出现异化的现象,无法适应现实的环境,造成了思想政治教育语言中所承载思想政治教育信息形式大于内容,思想政治教育内容难以通过适当的话语被传达和输送给受教育者,降低了思想政治教育话语的效能,导致话语对受教育者的教育功能弱化,令思想政治教育目标的完美落实只能停留在理想的层面而在实际层面中被不断抑制。

(二)极端的一元化评价标准难以适应时代的发展

传统思想政治教育话语倾向于对方向性的注重,过于理想化而忽视了时代性和生动性,过于强调思想政治教育的理想化目标,如"资本主义是腐朽的没落的,是必然会消亡的"而忽视了官兵尤其是在全球化环境下成长起来的青年官兵从一出生就受到了西方

---

① 王卫东等深入研究了这种现象,称之为"集体失语状态"。 参阅王卫东《当代语境中的思想政治教育》,湖南人民出版社,2004,第 1 页。

② 郭毅然:《交往更改与思想政治教育话语的更新》,《思想政治工作》2007 年第 1 期,第 144 页。

意识形态全方位的渗透，他们乐于接受西方国家凭借技术优势向全世界推行的影视、游戏、书籍等各种文化消费品，津津乐道于西方国家的生活方式，热衷于学习西方国家的语言文化，刻板僵化的传统思想政治教育话语在这场长期的博弈中显得暗淡而缺乏说服力。　一些思想政治教育话语脱离了现实生活，对现实生活中有争议的热点难点问题，对为什么要"甘于牺牲、甘于奉献""个人利益无条件服从集体利益"说服力不够，对一些别有用心的人抛出的"军队国家化""军队非党化"等看似时髦的反动政治观点解释力不强，对贪腐现象、民生热点问题或者避而不谈，或者浅尝辄止，有过度封闭化倾向，造成了教育内容无法真正内化到受教育者身心，教育内容与现实生活反差巨大，造成受教育者无法接受、产生疑问。　这迫切要求我们立足于现实境遇，通过思想政治教育话语的描述、概括、总结、提炼，从现实问题出发，再回到现实问题当中，顺应时代的潮流，准确把握全球化的脉搏，切合当前官兵实际的思想需要，从而摆脱传统的思想政治教育话语往往浮于表面、难以深入的窘境。

（三）我军思想政治教育话语的理论研究滞后

当前学界对思想政治教育话语理论关注度还很不够。　当前的军队思想政治教育话语体系部分或全部地保留了深刻的革命战争年代和计划经济时代特征的话语模式痕迹，大量的政治化语言、制式"套话"、权力话语充斥在思想政治教育活动中，例如有些在当时十分贴切，现在却显得过时的话语符号，脱离了当下现实社会的境遇，滞后于军队面临的新问题与新情境，使得军队思想政治教育话语创新发展异常艰难而缓慢。　由于缺乏生动形象、富有感染力的表现形式，军队思想政治教育话语在思想政治教育活动中传递教育信息的实效性大大降低。　在思想政治教育实践活动中，经常会出现将政治教育代替思想政治教育，用政治话语、文件话语和权力话语代替思想政治教育话语的现象，一些过时刻板的话语形式使得受教育者不仅没有理解、接受和内化，而且容易引起接受阻滞，形成思想政治教育负向效应，以权力话语、政治话语和文件话语为思想政治教育话语的主体，忽视了官兵作为人的个体的需求。　一些思想政治教育工作者在运用思想政治教育话语进行教育活动时，不能够把握受教育者的年龄、成长背景、情感情绪等身心特点，营造出与之相匹配的话语环境，在方法上更多地又体现为一种说服教育，因此面对教育对象时出现了难以沟通的尴尬局面。　基于这种状态下的思想政治教育话语的说服力、解释力和影响力显然就会受到较大限制，传统思想政治教育的影响力在逐步消解，这就使思想政治教育在新时期受到了巨大挑战。

三　化挑战为机遇，不断推动我军思想
政治教育话语创新发展

思想政治教育话语并不是一成不变的，而是必须随着环境的变化而做出适当调整的，我军思想政治教育话语的发展历程表明，作为军队思想政治教育体系中认知的符号体系，作为沟通思想政治教育实践活动的重要载体，作为思想政治教育实效和目的得以实现的指向终端，作为独具中国军队风格与气派的话语体系，作为担负着我党我军主流意识形态的传播与灌输媒介，我军思想政治教育话语一直在挑战中抓住机遇，始终随着我军政治工作和思想政治教育的不断发展而进步，不断进行着话语的改革与创新。

（一）党的创新理论始终是军队思想政治教育话语创新的根本依据

改革开放以来，我们党在全面推进社会主义经济、政治、文化、社会建设和党的建设的同时，不断推进党的理论创新，创立形成了包括邓小平理论和"三个代表"重要思想和科学发展观、社会主义核心价值体系等重大战略思想在内的中国特色社会主义理论体系，"这一理论体系围绕什么是马克思主义、怎样对待马克思主义，什么是社会主义、怎样建设社会主义，建设什么样的党、怎样建设党，实现什么样的发展、怎样发展等重大问题，做出了创造性的阐述与回答"，①为党和国家各项事业发展提供了科学的理论指导和强有力的思想保证。它是对共产党执政规律、社会主义建设规律、人类社会发展规律的重大认识的深化和表达，是对马克思列宁主义、毛泽东思想的继承和发展，是马克思主义中国化的最新成果。作为党绝对领导下的人民军队和执行党的政治任务的武装集团，我军必须深入坚持运用党的创新理论武装官兵，模范地贯彻执行党的路线方针政策。从这个意义上讲，军队思想政治教育必须紧跟党的理论创新的步伐，与时俱进地运用其创新理论完善和发展军队思想政治教育话语体系，这既是 80 余年来我军思想政治教育话语发展得出的宝贵经验，也是当下推进思想政治工作创新的根本要求。党的创新理论体系给军队思想政治教育话语提供了理论指导，创造了发展空间，指明了发展方向，特别是科学发展和以人为本的理念更加符合时代发展要求，契合官兵实际，为当下思想政治教育话语创新提供了新的思路与方法。

---

① 《划清"四个重大界限"学习读本》，学习出版社，2010，第 15～16 页。

（二）着力构建与社会发展同步的军队思想政治教育话语体系

军队思想政治教育话语不是独立、封闭的自我言说，它既需要加大在社会中的传播力度，扩大话语存在空间，赢得更多人的理解和认同，也需要汲取各种思想政治教育话语的建设经验，建构出更多适于时代发展和社会需要的话语。随着时代的前行和社会的变迁，军队思想政治教育逐渐从传统的充满政治化色彩的以斗争为主题的话语体系中游离出来，以社会为基准，从大量的富有时代特色的以现代社会为脚本的话语中，汲取思想政治教育话语的新内容，其内涵不断地拓展到极具时代性的社会话语，开始走向兼容并包，与社会话语接轨是军队思想政治教育话语发展的必然趋向。对军队而言，多元化的社会话语并不会从根本上动摇马克思主义一元化的主导地位，相反，多元话语的存在恰好反映了官兵个体间差异存在的客观性和主体的真实性，印证出发展话语之必要。因此，无论是代表主流意识形态的政治话语还是日常生活中的网络大众话语，在一定程度上都会给军队思想政治教育话语的创新带来新的养分。军队思想政治教育要坚持以核心价值观为基础、努力开拓多样化、多形态的思想政治教育话语，不断引领官兵适应新的社会变化，进行有针对性和有实效的思想政治教育，这也对军队思想政治教育话语提出了新的要求，带来了良好的创新契机。

（三）不断完善新军事变革背景下的军队思想政治教育话语体系

军事信息化发展的时代主题为思想政治教育话语体系完善提供了新方向，军队思想政治教育话语体系的创新发展迎来了构建社会主义和谐社会的新机遇。军队思想政治教育一方面要围绕当前的军事训练、战备进行言说，大力开展"当兵打仗、练兵打仗""能打胜仗"的军队职能和军人职责教育、国际国内形势政策教育，以及信息化条件下的战斗精神教育、心理教育、高科技战争知识教育等，切实强化官兵的忠诚、奉献和服务意识，让官兵懂得"在军人眼里，只有战争与准备战争"，以及"信息化条件下军事训练更要强化军事体能、技能训练强度"等道理，不断激发官兵的训练热情。另一方面，随着我军维护国家主权与领土完整的核心军事任务的迫切需要，"中华民族伟大复兴""人民根本利益""祖国统一""坚决反对外国势力干涉"等必将成为思想政治教育的关键词汇。通过此类话语的教育，帮助官兵树牢敢打必胜的信心和为国牺牲奉献的革命精神。此外，我军还积极参与国际维和、远洋护航、联演联训和国内抢险救灾、支援重大任务等多样化军事任务，"和平之师""人道主义援助""中国军队和军人形象""子弟兵""鱼水情"等话语为军队思想政治教育话语发展补充资源，也为展现我军良好形象提供了良好机遇。 经过 30 余年的发展，思想政治教育理论体系日益成熟完善，对思想政治教育本质、目的、对象、范式等方面的认识均有突破性的进展，现代思想政治教育在心理咨询、信息传播、思维认知等方面取得的理论研究成果，也为军队思想政治教育话语发展提供了参考和借鉴。

（四）努力推动军队网络思想政治教育话语创新

　　网络的高度普及使得网络话语成为一种新兴的话语力量，也为思想政治教育话语体系发展注入了新的血液，成为重要的话语资源，各种运用虚拟网络媒介开展思想政治教育的形式逐步发展与成熟，网络思想政治教育的开展创新的工作载体，丰富了教育方式，已成为思想政治工作的重要手段，网络已成大国博弈的决定性战场，我们必须坚守思想文化的制高点，同时展开有力反击。 在思想文化领域展开全面清理和扫荡，夺回网络舆论的主导权。 思想政治教育者必须正视话语权转移、教育者话语权威不断受到挑战等现实情况，摆正立场，打破常规，跳出固定思维的藩篱，从意识和实际行动上对军队思想政治教育话语进行研究和创新，运用与时俱进的话语开展思想政治教育工作以增强军队思想政治教育工作的实效性。 教育者一方面可以从生活中收集官兵使用的流行"网语"，将健康、积极的，甚至是中性的话语融入思想政治教育内容，并在新的语境中赋予其新的含义；另一方面可以根据网语建构的方法和原则，在工作实践中创造内含教育意义的网络话语，通过树立"舆论领袖"权威、强化媒体传播等方式来提高网络言论的"点击率"和"关注度"，使之在官兵中传播流行。

　　建设一支革命化现代化正规化的军队是我军新时期建设的总目标，而革命化建设的核心是思想政治建设，军队思想政治教育话语的发展始终围绕这一核心展开。 在新的历史条件下，要增强思想政治教育实效性，就要大力推进思想政治教育话语的创新发展。 因此，对我军思想政治教育话语发展环境分析及对策问题的专门研究对思想政治教育的创新发展具有开创性的意义。

〔责任编辑：李秋发〕

On the Environment of Discourse Development and Countermeasures of PLA's Ideological and Political Education

Wu Bin

Abstract：The progress of the times influences the goal and methods of PLA political work. Ideological and political education discourse should adapt to the times and find a cut-in point to complete the full range of innovation from top-level design to practice. The first step is to make an in-depth analysis on the current situation. To effectively cope with challenges and seize the opportunities for development, we should promote research on the inner relationship between challenges and opportunities and seek the key point of discourse innovation, which will play a greater role in the ideological and political education in the army.

Keywords：Ideological Political Education；Discourse Studies；PLA

〔英文校译：郎丽璇〕

● 专论 ●

新形势下军队政治民主的创新思考

朱纯辉*

【摘　要】在新的历史条件下，人民民主的快速发展、党内民主的日益完善，官兵民主需求的不断增强，给军队内部政治民主提出了新的要求。 军队政治民主只有把创新着力点放在以政治平等为核心的民主范围拓展、以人格平等为核心民主的理念更新、以权利平等为核心的民主内容深化、以机会平等为核心的民主实践升华上，才能不断适应社会主义民主政治建设的要求，使军队民主始终充满生机活力。

【关键词】人民军队　政治民主　创新发展

进入 21 世纪以来，世界多极化、经济全球化、政治民主化、文化多元化、社会信息化已经成为人类社会发展不可阻挡的历史潮流。 无论是从人类政治文明发展的角度看，还是从发展市场经济对政治民主的需求看，不断完善我国社会主义民主政治，健全社会主义法制，不仅是建设中国特色社会主义的本质要求，也是中国共产党永葆先进性本色、不断提高执政能力的现实需要。 党的十八大报告把人民民主视为党始终高扬的光辉旗帜，强调必须继续稳妥推进政治体制改革，发展更加广泛、更加充分、更加健全的人民民主。 实际上，改革开放以来，无论西方敌对势力如何诋毁社会主义民主政治、如何干涉我国的民主政治，具有中国特色的社会主义民主政治制度始终没有停止发展的脚步。 同样，作为人民民主重要内容、国家政治文明重要标志的人民军队内部政治民主，不仅要面对"军队非党化""军队非政治化""军队国家化"等错误思想的侵蚀，还要面对西方"人权高于主权""民主无国界"等民主、自由、人权价值观的考

---

* 朱纯辉（1965～ ），男，陕西户县人，南京政治学院上海校区部队政治工作系副主任，副教授、博士生导师，军事学博士，大校军衔。 主要研究方向：军队政治工作学。

验；不仅要面对人民民主日益发展的新要求，还要结合军队特殊性要求，确保民主建设的正确方向；不仅要满足官兵日益增长的民主需要，还要加强军队纪律教育，确保部队的高度集中统一。　军队政治民主，只有积极应对挑战，不断改革创新，努力适应社会主义民主政治建设的要求，才能始终充满生机活力。

一

与革命战争年代军队政治民主所处的环境相比，今天军队政治民主所处的时代、所面临的环境、所遇到的问题与过去有了很大的不同。　基于当时中国社会国情、军情以及军队特点所反映的政治民主思想和民主生活方式，在当今时代必然会遇到诸多的不适应，因而研究新时期军队政治民主的创新，有必要首先了解政治民主遇到的新情况新问题，并在分析研究这些问题的基础上，紧贴时代发展和部队思想政治建设要求，改革创新，使政治民主始终保持正确的发展方向。

（一）人民民主的快速发展给军队政治民主提出新的要求

马克思主义认为，社会主义民主是人类历史上最高类型的民主，只有在社会主义民主制度下，才能真正实现一切权力属于人民，才能真正实现人民当家做主。　然而，新中国成立后，受封建专制思想影响和林彪、"四人帮"的干扰破坏，长期以来我国的人民民主制度没有得到充分发挥，社会主义民主政治建设一直在徘徊中前进。　自 1978 年改革开放以后，特别是进入新世纪新阶段以后，国家民主政治建设发展驶入了快车道。　一是普遍建立和完善了人民代表大会制度，人大已经走出了"橡皮图章"的阴影。　二是从村民自治到县乡人大换届直选，从基层组织的民主选举、民主决策、民主管理、民主监督，到村务公开、政务公开等民主制度的确立，我国的基层民主建设有了实质性进展。　三是从建立和完善社会主义法制体系到依法治国方略的提出，从有法可依、有法必依、执法必严、违法必究，到司法独立办案和涉及司法公正的一系列制度出台，社会主义民主法制建设日趋完善。　四是从一个声音、一元文化、一种价值，到多个声音、多样文化、多种价值追求共存，从"官本位"到"以人为本"，人民群众在和谐社会架构下享受到前所未有的言论和发展自由，人民当家做主的意识和能力不断增强。

相反，今天军队内部的政治民主还仍然抱守着许多战争年代的观念。　一是把政治民主的基点仍然定格在官兵实行政治平等、士兵有开会说话的自由上；二是把官兵的民主权利仅仅理解为有权选举各级人民代表大会的代表，有权参与部队各级组织开展的民主生活，有权对干部和单位各项工作提出批评建议，有权对部队的各项领导活动实行民主监督等；三是官兵政治民主权利经常受到各种人为因素的干扰。 在以农民为主要成分的红军中，把官兵的政治平等作为军队民主的首要和最基本的任务，要求官长不打士兵，让士兵有开会说话的自由，在当时的情况下深受官兵的欢迎，可到了社会主义建设时期，国家普遍建立了平等关系和民主制度，每名军人是作为国家的主人和平等的社会成员进入军营的，他们不可能满足于过去那种"开会说话"自由和参与连队管理权利，而是要求建立更加完善的民主制度，以保证他们平等的政治地位和民主权利不再受到时间、场合和人为因素的影响限制。 特别是伴随着人民民主的快速发展和完善，军队内部政治民主能否适应社会主义民主政治发展的需要，尊重和保护官兵的公民权利和军人权利，同时又符合军队民主建设特殊性要求，有利于部队的团结和巩固，这些新情况新问题无疑给军队政治民主建设带来了新挑战，给军队政治民主创新提出了新要求。

（二）党内民主日益完善给军队政治民主提出新的要求

党内民主，是指党内生活中党员有平等地直接或间接决定和管理党内一切事务的权利。 正如列宁所说的："党内的一切事务是由全体党员直接或者通过代表，在一律平等和毫无例外的条件下来处理的；并且，党的所有负责人员、所有领导成员、所有机构都是选举产生的，必须向党员报告工作，并可以撤换。"[①]党内民主始终是共产党人高举的旗帜，是党的生命所系、力量所在。 党的十七大报告指出："党内民主是增强党的创新活力、巩固党的团结统一的重要保证。 要以扩大党内民主带动人民民主，以增进党内和谐促进社会和谐。"[②]在社会主义中国，无论是人民民主还是军队内部三大民主，都是以不断健全发展的党内民主生活为前提的。 历史的经验已经证明，什么时候有了党内民主，党领导的事业就会充满生机活力；什么时候党内民主受到削弱和破坏，党就会失去活力，党的事业就会受到严重挫折。 党的十一届三中全会以后，随着党的指导思想的拨乱反正，很长一段时间闭口不谈的党内民主制度开始得到重新恢复，党内民主意识逐步得到增强。 正如邓小平1979年3月在党的理论工作务虚会上所说的："在民主的实践方面，我们过去做得不够，并犯过错误。""现在我们已经坚决纠正了

---

① 《列宁全集》第 14 卷，人民出版社，1988，第 249 页。
② 《十七大报告学习辅导百问》，学习出版社，2007，第 47 页。

过去的错误，并且采取各种措施继续努力扩大党内民主和人民民主。"①进入新世纪新阶段，党内民主生活的制度化、规范化不断增强，党代会常任制试点、党内监督条例、党纪处分条例、党员权利保障条例等一系列涉及党员民主权利的党内法规文件相继颁布实施；党务公开、党内巡视、述职述廉、任前公示、任职回避、财产申报、重大事项报告及常委会、全委会实行票决制等旨在扩大和完善党内民主选举、民主决策和民主监督的各项政策制度相继出台，给党内民主带来了巨大的发展空间，使党内民主建设呈现出前所未有的发展势头。

全党民主建设的快速发展，给军队的党内民主建设带来了机遇也提出了挑战。尽管军队党内民主建设不可能像地方党内民主建设那样，呈现全方位的改革势头，但是军队党的建设的地位和作用决定了新的历史条件下，军队党内民主的发展必须与全党民主建设发展相同步、相适应。正是在这种机遇与挑战并存的情况下，近年来，军队内部党的民主建设也在不断探索中稳步前进。如为了保障党员的知情权，2007年8月四总部颁发了《军队旅团级单位加强民主监督有关事务办事公开的规定（试行）》；一些部队进一步发挥全委会作用，在决定重大问题和干部任用上实行集体票决制；各级党委不断扩大干部任用工作中的民主，坚持民主推荐、民主测评和民主评议干部，认真落实领导干部述职述廉、干部任前公示、机关与基层双向讲评等制度，确保广大官兵的知情权、参与权、选择权和监督权。与日益扩大的军队党内民主相适应，军队内部传统的政治民主不仅需要从组织形式和活动内容上创新发展，而且在民主的内涵上也应不断充实完善，基层官兵作为军队党员队伍的主体和部队建设的主体，完善军队党内民主和创新军队三大民主，都离不开官兵主体作用的发挥，许多情况下军队党内民主建设内容同样也是军队三大民主建设的重要内容，所以，实现军队党内民主与官兵政治民主的有机融合，无疑成为新时期军队政治民主创新发展的重要途径。

（三）官兵民主需求增强给军队政治民主提出新的要求

在封建军阀思想浓厚的早期红军队伍中，禁止官长打骂士兵，废除肉刑，让士兵有开会说话的自由，消除对抗的阶级关系，实现官兵的政治平等和人格平等，这对于深受阶级压迫和军阀主义影响的士兵来说，无疑是一场伟大的精神解放运动，从而焕发出极大革命热情和战斗热忱，对于红军的发展壮大起到了不可估量的作用。然而，军队传

---

① 　《邓小平文选》第2卷，人民出版社，1994，第168页。

统的政治民主内容对于成长在新中国的人来说，特别是对于今天的年轻官兵来说，已经远远不能满足他们的民主需求，正如粟裕大将在其回忆录中指出的："也许现在的青年人不能体会到官兵平等、废止肉刑这些基本制度所产生的强大威力，因为他们是在人与人的平等关系中成长起来的。　而当时，这些基本制度，唤醒了被压迫者长期被压抑着的人的尊严，激发出对未来美好的无限希望，成为大家为共产主义事业奋斗牺牲的强大力量。"①所以，与传统的官兵民主需求相比，今天官兵的民主愿望和民主需求已经远远不是传统政治民主内容所能容纳和满足的，传统政治民主遇到了前所未有的挑战。

官兵对于政治民主的需求层次不断提升。　在改革开放环境中成长起来的"80 后""90 后"青年官兵，既没有经受旧社会阶级压迫的切肤之痛，也没有经历"文革"期间思想和言论"左"的禁锢，有生以来就生活在平等、自由的阳光之下，所以他们更多关注的不是有无说话的自由和平等的政治地位，而是个人自我价值的实现和自身合法权益的保护。　他们期望在军营民主生活中能够畅所欲言，保持个性；希望通过自己自觉自愿地参与行为，充分发掘和展示自己的潜能，满足和实现群体和个人的利益需要，以获得自我存在的价值体验。　相应的，军队内部政治民主建设应当不断提高层次，更多地关注和满足官兵自我实现的需要。

官兵对于政治民主需求范围不断扩大。　在物质匮乏、信息闭塞的年代，官兵们日常能关注到的都是自己生活周围的人和事，主要的民主诉求也局限于基层营连范围内与自己紧密相关的事务，而对于与己无关的军事活动则显得民主参与的意识不够强。　随着社会主义市场经济的深入发展，社会物质生活条件日益改善，信息传递日益便捷，特别是民主教育的日益普及，使得今天的官兵民主意识明显增强，从过去积极参与连队事务，到今天积极关注部队全面建设、党和国家整体建设；从过去较多地关注个人人身权益，到今天更多地希望实现个人和集体的政治权利；从过去较多地关注以军人身份参与部队的民主生活，到今天更多地希望以公民身份参与国家的民主生活，与之相适应，也要求部队内部政治民主建设不断拓展内容，满足官兵日益增长的民主需求。

官兵对于政治民主需求意识不断增强。　民主问题既是一个政治问题，也是一个敏感话题。　鉴于中国传统文化中缺少民主的成分和以官为本的封建专制思想影响，在计划经济时代，人们对于民主的诉求历来也忌讳莫深，对于群众正常的民主需求，一些人常常视其为"资产阶级自由化"思想，特别是部队内部信息相对闭塞，民主观念滞后，

---

①　《粟裕战争回忆录》，解放军出版社，1988，第 69 页。

一些主动的民主参与被认为是"逞能""出风头"，一些正当的民主需求，也往往以"个人主义思想作怪"被压制和打击。　进入改革开放和发展社会主义市场经济新时代，随着经济结构的调整，社会日益呈现出"四个多样化"，官兵的思想观念也日趋多元，民主参与意识日趋强烈，参与能力不断提高。　同时，各种传媒资讯高度发展，交通网络四通八达，信息交流更加方便快速，人与人之间联系的时间和距离大大缩短，这使得部队内部利益表达的实现以及利益要求的维护都有了更加便捷的条件。　在这些因素的相互作用下，官兵的民主需求逐渐实现了被动需求向主动需求、隐性需求向显性需求的转变，官兵的民主参与也相应实现了从"动员式参与"向"主动式参与"的转变。这一变化要求部队内部的政治民主应不断创造更多的方式方法，以满足官兵主动参与民主的需要。

二

面对新的历史条件下不断发展的人民民主、日益完善的党内民主，军队内部政治民主要想与人民民主相协调，与党内民主相一致，与普遍增强的官兵民主需求相适应，以便在军队有效履行使命任务中、在实现"强军梦"征程中继续发挥其强大的思想武器作用，就必须着眼中国国情、军情实际，特别是思想政治建设实际，在确保政治民主不变色的情况下，不断与时俱进、创新发展。

（一）以政治平等为核心的民主范围拓展

官兵政治平等是军队内部政治民主的基本要义。　长期以来，军队内部政治民主的发展始终是围绕着政治平等这个核心不断地拓展的。　如井冈山斗争时期的士兵有开会说话的自由，有权批评、监督甚至处罚军官；抗日战争时期的反对军阀主义，普遍召开民主大会检讨官兵关系，开展尊干爱兵运动；解放战争时期的新式整军运动，开展评功评过、评伤亡、评技术、评党员、评干部；新中国成立后大力开展谈心活动和经常性的政治民主活动等，都是人民军队官兵政治平等思想的具体反映，即部队内部不管职务和分工有何不同，政治上一律平等。　新的历史条件下，政治民主的创新也应以政治平等为核心，不断在拓展民主的范围上下功夫。

不断向国家政治民主生活领域拓展。　受革命战争年代军队内部政治民主传统思维和党一直从事武装斗争还未取得国家政权的影响，新中国成立以后一段时间内，军队内部官兵的政治民主生活，常常局限于部队内部事务，官兵合法权利的维护也是针对部队内部涉及官兵切身利益的敏感问题而言，军人以"国家主人"身份参与国家民主政治活动、享受公民政治民主权利还体现得不是十分明显，如通过各级人民代表大会制度、政治协商制度和其他途径参与国家政治生活、管理国家事务的政治民主权利，常常因顾及党和军队的形象及军政军民关系而不愿有所作为。　尽管由于军队的特殊性，军人的公民权利有所限制，但宪法和法律及军队条令条例赋予的军人政治民主权利应该依法认真履行。　特别是在涉及国防和军队建设、保护军人合法权益方面，不能委曲求全，把自己当作局外人。　在国家和地方重大事项的决策中要有军队的声音，这不仅是军人行使政治民主权利的需要，也是有效履行军队使命任务的需要。　为了更好地体现军人与公民在国家政治生活中的政治平等，一方面需要在国家和地方人大、政协、妇联等组织选举中增加军队代表的席位，在决定国家或地方重大事项中要有军人参加，在涉及军队和官兵切身利益问题事项中要向军队公开信息；另一方面，对涉及军队及军人政治地位、政治荣誉、政治权利等事项，国家和地方应依法予以保护，对侵犯军人政治权利和人身权利的不法行为要依法追究。

不断向军队党内民主生活领域拓展。　在军队内部，官兵平等的政治地位决定了他们都是军队的真正主人，都享有参与军队教育和管理的平等权利。　由于军队的特殊性，不可能由官兵直接选举军队的指挥员和管理者，部队的一切军事要务也不可能由官兵集体研究决定，必须由他们中的先进分子来代行其职。　作为无产阶级先锋队的中国共产党，是无产阶级军队官兵利益的忠实代表，是他们实现阶级利益的"代言人"。　因而，在日常民主生活中，官兵的主体地位需要通过党组织来实现，官兵享有的主人权益也需要通过党的领导来维护，官兵的政治民主也必须向军队党内民主延伸。　因此，加强军队政治民主建设，保障官兵主体地位和民主权利，还须进一步提高广大官兵对党内事务的参与度，通过推进党务公开、军务公开，扩大党委决策的群众基础，注重选人用人的公信度，自觉维护官兵的知情权、建议权、推荐权和监督权、维护权等。

不断向官兵日常学习工作生活领域拓展。　官兵在政治上的平等地位，反映在部队日常生活中，官与兵之间、职务高与职务低的同志、年龄大与年纪小的同志在政治上一律平等。　这种平等，一是体现在日常学习中，任何官兵都有权了解党的路线方针政策，学习和贯彻党的路线方针政策，同一切违反党的路线方针政策和破坏国家、军队法律制度的行为作斗争；二是体现在日常工作中，任何人都不能享有职权和政策法律规定以外的政治权益，把自己凌驾于组织和他人之上，自视高人一等，如搞个人崇拜、不经选举捞取政治荣誉、以权谋私、以势压人等；三是体现在日常生活中，任何人在履行职务行为之外，都有接受组织和他人批评监督的义务，特别是士兵有权批评和监督军官。如果在部队日常学习、工作、生活中，由于职务不同，官兵政治待遇也有所不同，存在各种特权现象，那就根本谈不上政治平等。

（二）以人格平等为核心的民主理念更新

军队内部政治民主中所包含的人格平等思想，在红军时期主要是军官不得打骂体罚士兵，不得侮辱士兵的人格，即便对待俘虏兵，也不打不骂，不搜腰包，受伤给治疗。 新时期官兵的人格平等不仅体现在官兵一致、军官不得打骂体罚士兵上，而且体现在以人为本、尊重官兵人格、促进官兵全面发展上。 如果说政治平等是军队政治民主本质要求，那么人格平等则是政治民主的具体表现。 时代的发展使得政治平等不再成为政治民主创新的焦点，相比之下，以人格平等为核心的政治民主则在新时代更具有创新价值。

官兵的人格权不容侵犯。 维护官兵的人格权是官兵人格平等的最主要体现。 无论是战争年代还是和平建设时期，官兵只有职务分工，没有人格高低贵贱之分，在部队内部不管以何种借口，恣意侮辱官兵的人格尊严和打骂体罚战士的行为都是不允许的。 特别是不得以部队集中统一为借口，随意侵犯官兵个人的隐私和基本的人身权利。 如以了解官兵思想情况为由私拆他人信件；以物资点验为由，随意搜查官兵身体和个人私人用品；以新闻报道或典型宣传为由，随意透露别人的隐私；以严格管理和集中统一为由随意侵犯战士的休假权、个人自由时间支配权等。 为了使各级干部更好地掌握部队执行任务和严格管理与官兵个人人格权益维护的是非界限，建议出台军人人身权益保障条例，将官兵个人人格权利和义务以法律形式固定下来，便于各级执行和维护。

尊重官兵的个性和风俗习惯。 个性独立是人格平等的前提和基础。 伴随着"80后""90后"官兵逐渐成为军队基层官兵的主体，传统部队生活中的"清一色"方式已经被丰富多彩的生活方式所取代。 在不影响部队集中统一和执行任务的前提下，允许官兵有个人生活小空间，这种空间不一定仅存于物理层面上，更多的时候是精神层面的。 允许战士对党的路线方针政策，对部队的教育管理活动及上级指示要求有提出个人意见建议的权利，不能把平时意见多、个性强、喜欢独立思考，不盲目服从的战士视为思想落后的"后进分子"。 允许战士保留个人生活和风俗习惯，当然这种生活习惯以不影响部队集体生活为前提，以不违反部队条令条例为原则，特别是要尊重少数民族官兵的风俗习惯，正确区分部队官兵不得从事宗教活动与官兵个人民族习性的关系，彻底纠正传统观念中只讲组织纪律不讲个人自觉自由的"左"的思想束缚，把铁的纪律建立在官兵自觉自愿的基础上，营造"一个又有集中又有民主，又有纪律又有自由，又有统一意志又有个人心情舒畅、生动活泼，那样一种政治局面"。①

坚持以人为本，促进官兵的全面发展。 进入新的历史时期，部队贯彻落实科学发展观要求，坚持以人为本，促进官兵的全面发展，一个重要的方面就是真正把官兵作为部队建设的主体，尊重他们的人格，承认他们的创造力，保证他们应有的各项权益，这些权益既有现实的物质利益、精神利益，又有长远的个人价值实现和自我完善等。 促进官兵全面发展，需要解决好部队需求与个人追求的关系，组织需要与发挥特长的关系，牺牲奉献与获取实惠的关系。 同时，促进官兵的全面发展，体现在民主生活中，就是要研究官兵的发展趋势、尊重官兵的发展需求，解决官兵的发展问题，营造官兵发展的良好环境，提高官兵的发展质量。 其中，公开公正处理涉及官兵切身利益的敏感问题，营造风正气顺、和谐宽松的学习、工作和生活环境，既是促进部队全面建设的需要，也是促进官兵全面发展的需要，更是部队政治民主创新发展的需要。

（三）以权利平等为核心的民主内容深化

官兵平等的政治地位决定了人人享有参与军队教育和管理的平等权利，都应发挥好主人翁作用。 在社会主义市场经济条件下，国家民主政治生活逐步走向法制化轨道，军队传统的政治民主内容需要进一步深化细化，以适应部队官兵不断增强的民主需求和国家民主政治建设不断发展的形势需要。 党的十七大报告指出："要健全民主制度，丰富民主形式，拓宽民主渠道，依法实行民主选举、民主决策、民主管理、民主监督，保障人民的知情权、参与权、表达权、监督权。"②党的十八大报告强调："保障人民知情权、参与权、表达权与监督权，是权力正确运行的重要保证。"③知情权、参与权、表达权与监督权，既是人民民主最重要的权利，也是党员民主权利的重要组成部分，更是军队政治民主权利的重要内容。

---

① 《毛泽东著作选读》下册，人民出版社，1986，第 819 页。
② 《十七大报告学习辅导百问》，学习出版社，2007，第 27 页。
③ 《十八大报告学习辅导百问》，学习出版社，2012，第 25 页。

不断扩大官兵的知情权。　熟悉和了解评议对象是官兵正确行使民主权利的基础。尽管从理论上讲官兵在政治上的权利是平等的，不会因职务的高低而有所不同，而实际上部队毕竟不是一个松散的社会组织，也不是一个完整的社会生活单元，而是一个执行政治任务的武装集团，是阶级社会开展阶级斗争的工具，其内部有着严格的组织和纪律，也有着严格的上下级关系和指挥关系，这使得军队中每一个成员在参与民主生活的时机和范围程度上有较大差别，加之受传统等级观念的影响和保密纪律的约束，无论是广大党员还是广大官兵，对于部队党内事务和军队行政事务，特别是高级机关党的事务和军队行政事务的熟悉了解掌握有限，从而导致官兵"参政议政"的能力大打折扣。所以，维护官兵政治上的权利平等，需要转变目前军队在学习传达文件和通报信息中一贯的先党内后党外，先上级后下级，层层传达、层层过滤的做法，积极推行党务公开、军务公开、情况通报和党员领导干部个人重要事项报告等制度，并以法律法规的形式明确公开的内容、时机和范围，除确因保密或其他需要不便公开的外，任何人、任何单位不得以各种借口搞假公开或不公开，切实维护官兵对党内事务的知情权、对部队建设的知情权、对领导干部活动的知情权。

不断扩大官兵的参与权。　在军队传统政治民主生活中，官兵的民主权利常常限制在基层，即表现为基层官兵对连队事务的知情权和参与权等。　随着官兵民主意识和民主需求增长，今天的官兵不仅关注基层连队的事务，同时还关注上级机关甚至军委高层有关部队建设全局的事情。　所以，尊重官兵的基本权利，就是要让更多的官兵有机会了解和参与上级领导机关有关部队建设重大问题的决策和贯彻落实情况，特别在涉及官兵切身利益而基层又无权决策的敏感问题上，更应该让广大官兵积极参与，而不能把官兵的参与权仅仅限制在基层连队发发牢骚、提提意见，在真正能够决定他们前途命运的事情上他们又无能为力，还是上级机关少数人说了算。　同时，传统的政治民主很多时候体现的是一种会议决策式民主，既然广大基层官兵是部队的主人，那么对于部队建设的全部事务，如《军队基层建设纲要》规定的八项经常性工作，人人都应有平等的参与权，即军事工作参与权、政治工作参与权、后勤和装备保障工作参与权等，权利平等不仅渗透到官兵日常生活的方方面面，还应涉及部队工作的各个领域。　从政治民主创新角度看，除了传统的决策参与权外，还应有党团组织建设参与权、思想教育和文化工作参与权、行政管理参与权等。

不断扩大官兵的表达权。　表达权是由言论自由发展而来的，是指"公民依法享有的，由法律确认、受法律保障和限制，通过一定方式公开发表和传递思想、意见、主张、观点等内容,而不受他人或社会组织非法干涉和侵犯的权利"。① 表达自由被认为是公民"最根本的权利",是其他自由的条件。 马克思主义认为,"发表意见的自由,是一切自由中最神圣的,因为它是一切的基础"。② 美国人科恩认为,"言论自由是民主的法制条件","只要这一条件受到限制或损害,它所要求的民主也受到限制或损害"。③ 表达权是人类社会首要的基本人权。 所以,军队内部政治民主一开始就强调"士兵有开会说话的自由",④到了1943年,谭政提出,"允许军队中一切人员凡是有意见的受过压制的,都可以写信或当面陈述的方式向上级报告,甚至越级报告,都是允许的"。⑤ 官兵的表达权,从形式上通常可分为语言表达、行为表达和沉默表达三种;从内容上可分为思想表达、利益表达和情感意志表达等。 长期以来,军队官兵的表达权存在着"越位、错位、缺位和虚位"⑥等问题。 扩大官兵的表达权,一是要扩大言论自由,允许官兵发表不同意见,防止借用"政治纪律"来限制官兵的思想表达;二是在处理敏感问题、重要问题、难点问题上要虚心听取广大官兵的意见建议,特别是在干部选拔任用等问题上要实行民主评议,注重群众公论;三是要注重维护官兵的申诉权、控告权,不得打击报复;四是通过灵活多样的方法途径扩大普通官兵的表达权,转变领导机关作风,营造良好的意见表达氛围。

不断扩大官兵的监督权。 政治、法律意义上的监督是指一部分社会组织或个人依照法律规定的职责、权力、程序对另一部分社会组织或个人的行为所进行的监察、督导活动,其实质是政治权力的运行控制机制,即权力的拥有者当其不便或不能直接行使权力,而把权力委托给他人行使以后,控制后者按照自己的意志和利益行使权力的制度安排和行为过程。 监督说到底是一种权利,称为监督权,它与决策权、执行权相对应,在权力运行过程中三者相互配合,共同完成权力设定的目的。 监督权是权力运行过程中不可或缺的保障性机制,也是民主政治的一项重要内容。 按照监督主体的不同划分,我国现有的监督权通常分为7种不同性质的类型,即人民代表大会及其常务委员会的监督权、中国共产党的监督权、人民监察院的监督权、中国人民政治协商会议的监督权、新闻单位的监督权、行政部门的监督权和公民的监督权。 军队官兵的监督权是公

---

① 章舜钦:《和谐社会公民表达权的法治保障》,《法治论丛》2007年第7期。
② 俞可平:《民主与陀螺》,北京大学出版社,2006,第24页。
③ 〔美〕科恩:《论民主》,聂崇信、朱秀贤译,商务印书馆,1988,第128页。
④ 《毛泽东选集》第1卷,人民出版社,1991,第65页。
⑤ 陈舟:《中国人民解放军民主制度的理论与实践》,军事科学出版社,1993,第27页。
⑥ 姚望:《维护人民的表达权》,《党政论坛》2008年第8期。

民监督权在军队的延伸和体现，主要包括批评权、建议权、申诉权、控告权及运用舆论工具进行监督的权利等。　任何一种权力必须受到监督，不受监督的权力必然导致腐败。　军队虽然是暴力集团，需要权力的高度集中统一，但军队的干部特别是领导干部属于国家公职人员，手中掌握着国家和军队的诸多资源，如果没有对其进行必要的权力监督，同样也会滋生腐败。　目前在军队内部无论是党内纪检监督，还是官兵的民主监督，都存在着"弱监""虚监"等现象。　一是官兵自觉监督的意识不强，由于缺少必要的保障机制，监督过程中"怕"字当头，担心遭到打击报复，普遍存在着"多一事不如少一事"心理。　二是监督的信息受限。　任何监督行为都要建立在足够的信息之上才能做到有效的监督，由于种种原因，军队的党务、军务活动往往透明度不高，官兵缺少知情权，所以存在着想监不能监的问题。　三是监督的渠道不畅。　尽管国家或军队的各种文件赋予了官兵的监督权，但如何监督，怎样实施，很多官兵不甚了解，表面上看似畅通的渠道，如会议、信件、报纸、组织等渠道，由于很多时候仅仅是一种摆设，往往难以赢得官兵的真正信任。　扩大官兵的民主监督权，首先要解决信息公开透明问题，通过党务、军务和各种制度规定公开，特别是完善干部任前公示、领导干部个人重要事项报告制度，使官兵对军队建设及领导活动能够了解掌握。　其次要通过建立群众举报制度，设立举报电话，开设网上渠道等方法，确保官兵的意见建议能上通下达。最后是健全监督保障机制。　通过设立严格的信访制度，保护举报人；通过及时通报意见建议处理结果，做到对官兵反映的问题件件有落实、事事有回音；通过完善领导干部的述职述廉和民主评议制度，营造浓厚的民主监督氛围；通过报纸杂志等的军事新闻宣传，反映基层官兵呼声，发挥好舆论监督作用。

（四）以机会平等为核心的民主实践升华

机会，按照《辞海》的解释为行事的际遇或时机，现代社会引申为社会成员生存与发展的可能性空间和余地。　机会平等①是指每个社会成员在社会活动过程中，都享有同等的实现利益、取得财富的可能性。　从理论上讲，军队内部官兵人人享有平等的政治民主权利，但是，这种平等的政治权利要想变成一种现实，还必须依靠有利的社会条件，即平等的机会。　所以美国人约翰·罗尔斯在其《正义论》中，

①　在人们的习惯用语中，通常用"机会均等"代替"机会平等"，但若仔细推敲就会发现，"机会均等"不同于"机会平等"，前者容易使人们联系到平均主义或极端平等主义的所说的"均匀等分"，而"机会平等"则更多地体现为一种公平。　显然，在研究领域使用"机会平等"更为准确一些。

将机会平等视为"将法律上规定的权利和实现该权利的社会条件融为一体的'民族精神'"。① 实践证明，没有平等的机会，便没有平等的权利。 而在今天的现实生活中，军队内部官兵之间还存在着诸多事实上的不平等现象，封建主义的影响还广泛存在，权力过分集中形成的不平等现象还比较普遍，特权思想、等级观念还制约着军队政治民主中权利平等的实现，影响着军队民主生活的质量。 军队内部的民主平等并不否认人们之间的差别，而是在承认官兵之间存在一定差别的基础上追求机会平等、规则平等，也只有实现了机会平等，军队民主制度中规定的官兵平等的政治权利才有可能真正实现。 新形势下部队政治民主创新，一个重要方面就是围绕机会平等不断探索官兵政治民主权利实现的路径。

以公开促公正，确保官兵发展起点公平。 与革命战争年代相比，新时期部队官兵的成分结构发生了很大变化，无论是学历、经历还是家庭背景、人际关系、贫富程度、能力素质都出现了明显的分化。 单就学历来看，既有初中生、高中生，还有大学生、研究生，不同的学历层次决定了官兵对于同一问题的认识会有所不同，也决定了官兵之间各自有不同的需求。 机会平等原则告诉我们，凡是具有同样潜能的社会成员应当拥有同样的起点，以便争取同样的前景。 换句话说，"那些具有同样能力和志向的人的期望，不应当受到他们的社会出身的影响"。② 在部队内部讲权利平等，一个重要的方面就是官兵生存与发展权的平等。 由于现实生活中每个官兵的气质天赋、家庭背景、教育程度、职务分工有所不同，而这种差异往往会影响到官兵实际机会上的不平等，最终导致他们权利地位上的不平等。 新时期政治民主创新，就是要给官兵创造一个平等的参与机会和竞争机会，使他们的发展不受外界环境条件的影响。 所以，以公开促公正，在涉及官兵切身利益的敏感问题上，必须做到条件、标准、程序、结果公开，引入公平竞争机制，防止"暗箱操作"和不正之风的影响。 需要说明的是，条件和标准的设立除了工作岗位特殊需求外，不能过多地掺杂"身份"的背景和有意附加的条件，致使一些无"背景"的官兵在起点上就失去与他人平等竞争的机会。 这也是当前影响和制约军队内部团结稳定、促进官兵关系和谐、提升民主建设质量的一个瓶颈问题。

以规范促公正，确保官兵发展过程公平。 起点的平等固然很重要，但如果仅限于起点则远远不够，机会的实现过程对于最终能否实现机会平等、权利平等更具有重要意

---

① 王瑞起：《论现代法治的一个重要原则——机会平等》，《中央政法干部管理学院学报》1998 年第 5 期。
② 〔美〕约翰·罗尔斯：《正义论》，何怀宏等译，中国社会科学出版社，1988，第 69 页。

义。　在部队现实生活中，原则、标准很好，而实际落实走样的现象屡见不鲜。　如，军队《政治工作条例》明文规定旅团单位每年召开一次军人代表会议，但调查发现，许多单位基本没有落实，有的单位甚至把军人代表大会变成了领导的工作布置会或工作讲评会。　至于在干部任用、士官选改、士兵考学等敏感问题上，一些单位也不同程度存在着假民主、假测评、假公开的现象，这些问题势必会影响官兵机会平等的实现。　所以，军队政治民主的创新，还需要着力在规范决策程序、严格制度规定、加强民主监督方面下功夫，通过在涉及官兵切身利益和涉及部队全局利益问题上加强对工作过程的规范监督，消除影响官兵平等竞争发展的人为障碍，反对任何形式的以权谋私和个人特权，坚持做到制度规则面前人人平等，把官兵形式上的机会平等变成真正的实际的机会平等。

以尊重促公正，确保官兵发展结果公平。　由于每个人的自然禀赋存在着许多先天性的差异，具体表现在智力、体能、健康及性格等方面的不同，"这种自然的差异对于人们的发展潜力以及把握不同层次机会的能力有一定的影响"，①从而导致人们在相同的起点和相同的过程下，最终得到不同的结果，但只要这种不平等的结果保持在合理和可容忍的范围内就是公正的。　机会平等原则的内涵之一就是尊重和承认这种差别以及由此带来的某些实际结果的不平等。　革命战争年代，由于受现实斗争环境和部队内部官兵成分结构影响，使得军队官兵在政治、经济民主权利方面更多地注重了结果的平等，主要体现在官兵吃一样的饭菜、穿一样的衣服、发一样的零用钱上。　这种平均主义的机会均等观念，并不是军队民主精神和平等思想的核心，而是基于当时加强内部团结、废除封建等级制度、实现阶级平等、体现干部以身作则的一种特殊形式。　军队民主所体现的平等精神不否认人们之间的差别，并主张实现"按劳分配"意义上的平等。　毛泽东一再强调，绝对平均主义思想的性质是"反动的、落后的、倒退的"。②刘少奇也曾说过："人们的文化程度不同，能力不同，承担的责任不同，贡献不同，各人有各人的特殊性。　所以有职务上的不同，待遇上的不同……要不然，倒是不平等了。"③新时期军队政治民主创新很重要的一个方面，就是为有所差别的官兵个体发展提供合理的机会空间，创造一些有助于官兵实现机会平等所需的"平等"条件，即通过一些补偿性的制度和政策倾斜，使更多普通官兵真正享受到实

①　吴忠民：《论机会平等》，《江海学刊》2001 年第 1 期，第 54 页。
②　《毛泽东选集》第 4 卷，人民出版社，1991，第 1314 页。
③　陈舟：《中国人民解放军民主制度的理论与实践》，军事科学出版社，1993，第 80 页。

际的机会平等和权利平等，尽管每个官兵的发展结果不同，但只要做到了"人尽其才、才尽其用"，这种发展就是对每个人的最大尊重，因为它既尊重了官兵的差别，又促进了官兵的全面发展。

〔责任编辑：李秋发〕

On the Innovation of the Military Political Democracy in the New Situation

Zhu Chunhui

Abstract：In the new historical situation, the people's democracy is developing fast. The inner-party democracy is greatly improved, and servicemen's need for democracy is increasing. All this puts a new demand on the political democracy in the military. As to the innovative development of political democracy, importance should be attached to its extension focused on political equality, the updating of its ideas focused on personality equality, the deepening of its content focused on equality of rights and the enhancement of its practice focused on equality of opportunity. Only in this way can it be energetic and adapt better to the construction of socialist democracy.

Keywords：The People's Army; Political Democracy; Innovative Development

〔英文校译：郎丽璇〕

● 专论 ●

论抗美援朝战争初期我党的
战争指导艺术

时　刚*

【摘　要】抗美援朝战争初期，在朝鲜战局即将倾覆的最危急时刻，在敌我双方装备技术水平差距最大的阶段，党中央、中央军委和毛泽东以高超的战争指导艺术，以弱敌强，以劣胜优，有力地稳定了战局，为赢得战争最终胜利奠定了坚实的基础。 抗美援朝战争初期我党的战争指导艺术，对于我军打赢未来信息化战争依然具有重要借鉴意义。

【关键词】抗美援朝战争　战争初期　战争指导艺术

抗美援朝战争初期，中国人民志愿军在国力贫弱、武器装备极端落后的情况下，在朝鲜战局即将倾覆的危急时刻，迎难而上，力挽狂澜，击败了以美军为首的"联合国军"，有力地稳定了战局和人心，为赢得战争最终胜利奠定了坚实的基础。 深入研究抗美援朝战争初期我党的战争指导艺术，揭示战争指导的一般规律，对我军打赢未来信息化战争具有重要的借鉴与启示意义。

一　抗美援朝战争初期阶段的界定

战争初期，是战争进程中极其重要的阶段，往往起着决定战争胜负的作用。 人们对它的基本认知是：从战争爆发到完成第一步战略任务的那段时间。 它对战争进程和

---

* 时刚（1969~ ），男，河南信阳人，南京政治学院上海校区部队政治工作系主任，教授、博士生导师，军事学博士，大校军衔。 主要研究方向：中国军事史、中国近现代史。

结局有重要影响,有时甚至是决定性影响。① 由此可见,判断一个时段是否为战争初期,主要应考察在这一时段内,是否完成了政治集团规定的第一步战略任务;是否形成了一个完整的阶段,从而对战争的进程和结局产生了重要影响。 基于此,笔者认为,从战争爆发起到第三次战役结束止,可作为抗美援朝战争的初期阶段,理由如下。

一是从完成战略任务上看。 当志愿军出兵朝鲜时,"联合国军"已经逼近中朝界河鸭绿江畔,世界舆论一致认为朝鲜战争行将结束,"联合国军"总司令麦克阿瑟向杜鲁门总统作出了"朝鲜战争将在感恩节前全部结束"的乐观保证。② 此时,面对气势汹汹的"联合国军",党中央、中央军委、毛泽东实事求是地规定了第一步的战略任务,指示志愿军"从稳当的基点出发,不做办不到的事","在稳当可靠的基础上争取一切可能的胜利",解决"站稳脚跟"的问题。③ 经过第一、第二和第三次战役,志愿军突破三八线,占领汉城,逼近三七线,基本稳定了战局,圆满完成了规定的第一步战略任务。

二是从对后续作战任务影响上看。 第一、第二、第三次战役,在时间上基本没有间隔,志愿军乘敌狂傲之机对敌实施突然攻击,以美军为首的"联合国军"猝不及防,惊慌失措,在前两次战役遭到重大打击后,方对志愿军意图、参战兵力有所了解,但由于来不及组织有力抵抗,在我发起第三次战役时,遂趁我后勤补给上的不力急速后撤,以空间换取时间。 这样,志愿军连续通过三次进攻战役,完成了初期作战任务,为下一阶段作战打下了坚实的基础,而美军也开始重整旗鼓,准备再战。

三是从国家完成平战状态转换上看。 由于志愿军采取秘密出兵的方式,国内平战转换经历了比较长的时间,到第三次战役结束,国内战争动员才由初期的秘密、局部、粗浅逐步发展到公开、全国、深入的程度,政治、经济、军事、外交等全方位动员展开。 同时,美国也已经基本明了中国政府的战略决心,对志愿军的规模、作战能力有了清醒判断。

综上可见,将从战争爆发起到第三次战役结束止这一时段作为抗美援朝战争初期是比较恰当的。

二 抗美援朝战争初期我党高超的指导艺术

抗美援朝战争初期,志愿军面临的作战困难极大,在相当差的物质条件下,党中

① 《中国人民解放军军语》,军事科学出版社,2011,第 49 页。
② 《抗美援朝战争史》第 2 卷,军事科学出版社,2000,第 5 页。
③ 《抗美援朝战争史》第 2 卷,军事科学出版社,2000,第 14 页。

央、中央军委、毛泽东以高超的战争指导艺术，充分发挥了主观能动作用，指引着志愿军从一个胜利走向另一个胜利，圆满完成了作战任务。

（一）放眼世界，打军事政治仗、政治军事仗

新中国成立前，我党尚未掌握全国政权，虽有国际因素影响战争，但并不大，我党通常只需埋头于国内政治、经济、军事形势的研究，便可应对战争。　新中国成立后，我党掌握了全国政权，成为世界上人口最多、对世界政治格局有着重要影响、国土面积最大的贫穷国家的领导者，此时指导战争便需放眼世界，以国家大战略的视野指导战争，如此才能更好地实现政治目的和维护国家利益。　因此，朝鲜战场虽然有十几万平方公里，但党中央、中央军委指导战争的视野不能局限于此，必须十分开阔，需要站在世界政治斗争的高度考察战争双方的政治、经济、外交形势，使政治、外交与军事行动密切配合，整体联动，在世界政治舞台上与对手打一场军事政治仗、政治军事仗。

第一次战役后，美国纠集一些国家向联合国安理会控诉中国，把中国政府反对美国侵略朝鲜、援助朝鲜人民反抗外国占领军的正义行为，诬蔑为中国"干涉"朝鲜。[①]对美国颠倒是非、混淆黑白的无耻行径，中国政府向世界庄严发表声明，予以严正驳斥，从而赢得了世界舆论的同情和支持。　第二次战役胜利后，美国颜面丧失，借台湾问题要挟中国，企图影响中国人民抗美援朝战争的决心。　为粉碎美国以台湾问题制约中国、影响朝鲜战场局势的阴谋，中国政府在联合国大会上与美国针锋相对，痛斥美国违反国际法武装侵略中国台湾的行径，新中国在外交战线上取得了重大胜利。同时，帝国主义阵营一片混乱，美国于是假装谈判来加紧政治攻势。　毛泽东审时度势，要求志愿军克服一切艰难困苦，越过三八线，又从军事上粉碎敌人的政治图谋。第三次战役胜利结束后，美国当局因战场失利陷入困境，面对美国总统杜鲁门的核恫吓和玩弄"停火"阴谋，中国政府针锋相对，向联合国秘书长和第一委员会表明了中国政府的主张，揭露了美国"先停火后谈判"以及妄图在联合国大会指责中国为"侵略者"的阴谋。

面对霸权主义的美国，中国在国际政治、外交、舆论、法律交锋中丝毫不放松，积极配合朝鲜战场上志愿军的军事行动，有力地推动了战争朝着有利于我的方向发展。

[①]　《抗美援朝战争史》第2卷，军事科学出版社，2000，第61页。

（二）高瞻远瞩，牢牢把握战略全局

抗美援朝战争初期，由于敌我国力和装备技术水平对比过于悬殊，志愿军的每一步重大作战行动都必须周密筹划、稳妥实施；否则，在强大的敌人面前就可能"一着不慎，满盘皆输"。鉴于此，党中央、毛泽东十分关注战争，为从根本上扭转战局，加强了对战争全局的战略指导。

关于作战方向问题。由于军事地理上的原因，朝鲜战场分为东线与西线两个战场，地理条件也决定了双方都必须把西线作为战争主要方向。有鉴于此，党中央、毛泽东确立了"以西为主，以东辅西，东西配合"的战略方针，这一指导方针在战争初期发挥了重大的作用。在第一次战役中，东线美军企图北攻中朝边境后，转而西进江界，与西线美军会合，围歼朝鲜人民军。我志愿军部队迅速赶至黄草岭、赴战岭，阻敌北上西进，有力保障了志愿军主力在西线攻击美军部队，对夺取战役胜利作出了重要贡献。在第二次战役中，东线志愿军在缺衣少粮少弹的艰苦条件下，血战长津湖，对西线志愿军围歼美军的作战行动起到了至关重要的支援作用。

关于攻防进止问题。战争初期，鉴于敌人力量强大，党中央、毛泽东对攻防进止问题思考很深，攻防进止，得其所宜。刚入朝时，作出了先行防御再谋攻击的作战方针。但由于敌人进展迅速，志愿军无法赶至预定地区实施防御，此时敌人轻敌分兵冒进，又给我以可乘之机，毛泽东果断作出在运动中各个歼灭敌人的作战方针。敌人遭受打击后，并未收敛其狂傲之气，我实施诱敌深入、各个歼灭的方针，攻击再次奏效。第二次战役后，我后勤保障上的困难很多，已经难以再有效发动进攻。但毛泽东基于国际政治考虑，同时认为敌人比我困难更大，作出了实施第三次战役的决定，我军一举占领汉城，逼近三七线。

关于作战对象问题。敌人貌似强大，但总有破绽可寻。就作战能力而言，南朝鲜军队是敌人的短板。"攻坚则韧，乘瑕则神。攻坚则瑕者坚，攻瑕则坚者瑕。"为打开战争初期局面，党中央、毛泽东总是把作战对象首先指向南朝鲜军，先从南朝鲜军打开缺口，再行发动进攻，实现战役目的。这一招，打得南朝鲜军队闻风丧胆，震慑了"联合国军"的心理和斗志。

（三）慎重求是，科学制订作战指导方针

在朝鲜战场上，面对强大的敌人，党中央、毛泽东根据当时的战场情况和敌我力量

对比，积极稳妥，应时而变，既实事求是又极其慎重地制订了战争初期指导方针，在作战指导上胜敌一筹。

志愿军刚入朝时，为克敌制胜，在现代战争条件下以劣势装备战胜优势装备之敌，党中央、毛泽东经过深入研究，制订了"第一个时期只打防御战，歼灭小股敌人"[1]的作战指导方针。这个作战设想总体上是符合敌我双方力量实际状况的，但由于不了解敌军作战能力的具体情况，没有将美军和南朝鲜军区别对待。彭德怀到达朝鲜战场后，与邓华深入考察朝鲜战局的情况，补充完善了先期作战设想，提出了"集中兵力歼灭一二个或二三个完整的南朝鲜军师"[2]以影响和改变战局的设想。但朝鲜战场情况瞬息万变，为迅速结束战争，"联合国军"和南朝鲜军队加快了进军速度，致使其兵力东西隔离、分散冒进、各自为战，特别是南朝鲜部队，急于邀功，态势突出，与美军部队脱离了联系。这就给了志愿军在运动中各个歼灭敌人的极好机会。毛泽东审时度势，敏锐地抓住这一战机，根据战场情况的变化，当机立断决定志愿军放弃原定的在平壤、元山一线以北，德川、宁远公路线以南地区实行防御作战的设想，立即改取在运动中各个歼敌的作战方针。按照这一方针，志愿军取得了第一次战役的胜利。

第一次战役结束后，尽管歼敌不少，但敌人并未伤筋动骨，依然没有解决"站稳脚跟"的问题。鉴于敌人依旧狂妄自大，有可乘之机，为继续完成"站稳脚跟"战略任务，毛泽东、彭德怀适时提出了"内线作战，诱敌深入，各个击破和歼灭敌人"[3]的方针，经过奋力作战，志愿军顺利取得了第二次战役的胜利，基本解决了"站稳脚跟"的问题。

（四）施计用谋，灵活机动实施指挥

在朝鲜战场上特别是在战争初期，志愿军的装备技术水平远逊于敌，"剑不如人，剑法高于人"，志愿军在初期作战中注重运用谋略，表现了高超的战争指挥艺术。

隐蔽待机，突然歼敌。战争初期，美国摸不清我是否参战、多少兵力参战的信息，分兵冒进，各个部队孤军深入。为达成战役突然性，毛泽东指示："要伪装成朝鲜人民军，而不要称为中国人民志愿军，借以迷惑敌人。"[4]据此，志愿军根据敌情变

① 《抗美援朝战争史》第1卷，军事科学出版社，2000，第195页。
② 《抗美援朝战争史》第1卷，军事科学出版社，2000，第196页。
③ 《抗美援朝战争史》第2卷，军事科学出版社，2000，第80页。
④ 《抗美援朝战争史》第2卷，军事科学出版社，2000，第18页。

化，不断调整部署，隐蔽战略战役企图，由准备打防御战改为在运动中各个歼灭敌人，取得了第一次战役的胜利。

示敌以弱，诱敌深入。 第一次战役，志愿军已经重兵作战，然而美国各种情报机构获取的信息并不一致，对志愿军的规模、意图不甚明了，政军两界大多数领导人轻视中国政府和军队，认为中国人不敢和美国作战。 麦克阿瑟勒令东西两线美军大胆北进，积极进攻，务必在圣诞节前结束战争。 由于敌人前线部队受到第一次战役的沉重打击，所以在攻击过程中，表现在心理上，既胆怯又傲气十足，轻视志愿军；在行动上，既谨慎又心存侥幸，希图速进中朝边境，结束战争。 鉴于此，毛泽东决定"以诱敌深入寻机各个歼敌为方针"，根本改变战场形势，站稳脚跟，使志愿军掌握战略上的主动。 据此志愿军主力后撤，以逸待劳，小部兵力与敌接触，故意示弱，通过释放战俘、两军脱离接触、遗弃装备物资等假象迷惑骄纵敌人，诱敌深入至预定地区，然后突然反击，沉重打击了敌人，取得了第二次战役的胜利。

三　几点启示

战争初期的理论和实践，是机械化战争时代军事理论研究的一个重要内容。 抗美援朝战争初期的实践表明，加强对未来信息化战争初期理论的研究和实施正确的战争指导，仍具有重要的意义。

一是战争初期仍然是信息时代重要的理论研究课题。 信息化条件下的战争与抗美援朝战争为代表的机械化战争相比较，战场侦察、识别、跟踪、指挥、打击和毁伤评估的时间明显缩短，作战节奏大大加快，进而加速了战争进程。 然而，这种加快并不能证明未来战争就不存在战争初期阶段。 在近期几场高技术局部战争中，失败方之所以迅速溃败，固然有实力悬殊的原因，但政策失当、战略指导失误等也是极其重要的原因。 现在看来，阿富汗战争和伊拉克战争中尽管美军迅速取得了主要军事行动的胜利，但战争并未彻底结束，美军遭遇了比主要军事行动期间还要激烈和有效的抵抗，人员死伤不断。 在信息化时代，军事理论家和战略指导者仍然需要高度关注战争初期的理论与实践。

二是信息时代的战争初期将更加复杂多变。 战争是交战双方综合国力的竞赛。 战争初期的出现，应当是多种力量要素综合作用的结果。 机械化战争时代，各国实力固然有强弱之分，然而由于武器装备技术水平的限制，作战的胜利主要体现在夺取、控制和占领对方的土地上。 因此，只要交战一方的政府深得民心，战略战术灵活，人民坚决抵抗等，就会给另一方以重大打击，战争初期出现的可能性就很大。 这也是战争初期问题引起当时各国及军队广泛关注的重要原因。 信息时代，随着战争目的有限性和宽泛性的增加，交战双方特别是发起战争一方往往不再追求攻城略地、占领对方领土、全歼对方军队、使之彻底屈服等"终极目标"，而多是利用其武器装备上的优势，采取非接触、非线式、非对称作战等方式，攻击对方的要害目标，迫使对方接受自己的政治条件，这样就使被进攻一方难以调动和发挥自身的战争潜力，给敌人以持续和有效的抗击。 在此情况下，战争初期的问题无疑会变得更加复杂且多变。 比如，与抗美援朝战争时期相比，战争初期的地位作用会进一步增大，延续时间会相对缩短，实施方式也会发生变化，等等。

三是未来信息化战争更需要我军高度重视战争初期对策研究。 历史上，我军对战争初期问题的研究和准备曾给予了充分重视，也取得了十分丰硕的理论和实践成果，抗美援朝战争就是其中典型一例。 时至今日，在战争初期仍可能存在且发生一系列深刻变化的情况下，如何在我军转型建设、军事斗争准备任务繁重，且没有高技术战争的直接经验可以借鉴的情况下，扎实搞好战争初期问题的研究和准备，无疑是摆在我军面前一个重大而现实的战略课题。 因此，加强战争初期问题的系列理论与实践研究，真正做到未雨绸缪，是打赢未来信息化条件下局部战争的一项亟待解决的重要任务。

〔责任编辑：李秋发〕

On the Art of Conducting War during the Preliminary Stage of the War to Resist U. S. Aggression and Aid Korea

Shi Gang

Abstract：In the preliminary stage of the war to resist U. S. aggression and aid Korea when North Korea was at the most urgent moment, and the combatants had the widest gap in equipment and technical level, the CPC central committee, the central military commission of the PRC and Mao Ze-dong's superb art of conducting war defeated a stronger and superior foe, stabilized the war situation and laid a solid foundation for the ultimate victory. A study on the art of the conduct of war in the preliminary stage of the war to resist U. S. aggression and aid Korea has important implications for the PLA to win the future iformation warfare.

Keywords: The War to Resist U. S. Aggression and Aid Korea; Preliminary Stage of the War; The Art of Conducting War

〔英文校译: 张小健〕

● 专论 ●

试论军人积极政治心理预期的
构建和强化

苗润奇[*]

【摘　要】军人政治心理预期作为军人对社会政治存在的反映，有其独特的内涵；矛盾存在于一切事物之中，军人政治心理预期可分为积极和消极两个方面，分别具有不同的作用。应按照唯物辩证法办事，注重综合施策，努力使军人形成并强化积极的政治心理预期。文中运用马克思主义基本原理阐释了政治心理、政治心理预期、军人政治心理预期的内涵及其产生过程，创造性提出并阐发了军人政治心理预期的概念及分类，分析了军人积极政治心理预期和消极心理预期的作用，对官兵认清消极政治心理预期危害，自觉抵制消解不良政治心理，坚定政治信仰、政治立场，具有重要现实意义。

【关键词】军人　政治心理　政治心理预期　军人政治心理预期

客观现实是人的心理的源泉，人的心理是客观现实的反映。政治心理也不例外，它是社会政治现实在人脑中的反映。正如恩格斯指出的："我们的意识和思维，不论它看起来是多么超感觉的，总是物质的、肉体的器官即人脑的产物。"[①]人的心理是人的行为的基本动力。人的政治心理决定人的政治行为。而政治心理预期作为政治心理的重要内容，决定军人的政治取向和政治热情，对官兵政治信念、政治立场、政治观点的形成和确立具有重要作用。因此，加强中国特色社会主义理论体系建设，要注重在官兵头脑里搞建设，在营造健康向上的政治环境上下功夫，始终把强化官兵积极政治心理预期作为思想政治建设的治本之举。

---

*　苗润奇（1961～），男，黑龙江集贤人，空军指挥学院政治工作系教授、硕士研究生导师，大校军衔。主要研究方向：军队政治工作学、心理战。
①　《马克思恩格斯选集》第4卷，人民出版社，1995，第227页。

一 军人政治心理预期有独特的内涵

马克思主义认为,社会存在决定社会意识。 人的心理活动作为对客观世界的反映,丰富多彩,我们可从不同视角对其进行分类。 政治心理作为人们丰富的心理活动中的一个重要方面,它是社会成员基于个体性格、学识、经验、利益等,对政党和国家的政治目标、政治体系、政治关系、政治行为、政治过程等诸多社会政治存在的反映,它表现为社会中不同利益关系主体对社会政治方面的感知、态度、愿望、需求、情绪、兴趣等方面的心理倾向。 政治心理的形成是一个社会化过程。 一个人从毫无政治观点、政治情感和政治行为,到形成一定的政治观点、政治情感和政治行为,是通过接受教育、感悟实践、环境熏陶等途径逐步形成的。 因此,政治心理作为一种特殊的社会意识,取决于一定的社会政治存在,其表现形式为人们的政治理想、政治信念、政治立场、政治态度、政治情感,等等。

政治心理预期,是指人们基于自身个性特点、学识阅历、社会地位、利益需求、岗位职责、社会实践等,对党和国家政治发展前途的预测和期待。 人们的政治心理预期取决于其对国家、政党、政治领袖、政治社团及其政治理念、政治纲领、政治制度、政治路线、政治民主、政治风尚等社会政治存在的认知和评估。 心理预期作为人们对事物发展方向、结果的预测判断,是推动人们行为取向的强大动力。 政治心理预期也是如此,它决定着人们的政治态度、政治立场,以及人们的精神面貌、价值追求和行为取向。

军人的政治心理预期,是军人基于自己的个性特征、成长经历、学识认知、职责使命等对党和国家政治发展方向、前途和命运的预测、判断和期待。 从一定意义上讲,它决定着军人忠于党、忠于人民、忠于国家、忠于社会主义的程度、履行使命的动力。 无论是革命战争年代,还是和平建设时期,争取国家独立、民族解放和人民幸福,建设富强民主文明和谐的社会主义现代化国家,实现中华民族的伟大复兴,始终是革命军人的积极心理预期,是官兵紧密团结,不畏艰难困苦,不怕流血牺牲,百折不挠去夺取胜利的强大精神动力。

二 军人的政治心理预期可分为积极和消极两个方面

政治心理预期也存在矛盾着的两个方面,既有积极的政治心理预期,也有消极的政治心理预期。　新形势下，军人积极政治心理预期主要体现在：对中国特色社会主义道路、理论体系、制度充满自信，深知中国特色社会主义是深深植根于中国大地、符合中国国情、具有强大生命力的社会主义，在当代中国只有中国特色社会主义能够发展中国、造福人民、振兴中华。　对党的正确领导坚信不疑，对我国国体、政体的先进性高度认同，对国家经济体制、政治体制改革高度支持，对党的现行路线方针政策高度拥护，认为党和政府一定能够解决前进道路上存在的问题，特别是完全有智慧有能力解决两极分化、消极腐败等人民群众等高度关注的问题。　对党和人民的事业和个人的成长进步有美好希冀和憧憬，对军队现代化建设抱有极大的热情，等等。　反之，军人消极的政治心理预期，则表现为对中国特色社会主义道路缺乏信心，对我国体、政体的先进性产生怀疑，甚至向往某些西方国家"一府、两院""三权分立""多党制"等政治制度；对党的领导缺乏信心，对党的路线方针政策存有疑虑，对献身军队建设缺乏热情，甚至理想信念动摇，羡慕西方资本主义国家的民主、人权、自由等，对这些消极政治心理预期决不可等闲视之。

政治心理源于人们的政治生活实践，又对社会政治生活实践有巨大的反作用。　我军作为中国共产党领导的人民军队，其性质和宗旨是由党赋予的，是执行党的政治任务的武装集团。　正是基于对党代表人民利益的深刻理解，对党的政治主张和奋斗纲领的高度认同，我军才成为夺取革命胜利、保卫人民当家做主权利的可靠力量，为人民打天下，为人民保天下。　我军官兵成长过程中接受的教育和所处的政治环境决定其积极的心理预期是主流。　军人积极的政治心理预期的重要作用，主要表现在五个方面。　一是有助于强化军人军魂意识。　官兵积极的政治心理预期是官兵坚决服从党的领导的心理基础。　官兵具有积极的政治心理预期，就能自觉抵制"军队非党化、非政治化"和"军队国家化"等错误思潮的冲击，就能自觉树立当代革命军人核心价值观，做到听党指挥、不辱使命，在任何时候任何情况下都始终以党的旗帜为旗帜，与党同心同德，与党中央保持高度一致，对党忠贞不贰，时刻准备着为祖国为人民去战斗。　二是有助于坚定军人理想信念。　军人具有积极的政治心理预期，就会对不断发展着的马克思主义坚信不疑，就会对中国特色社会主义充满美好愿景，就会正确领悟党的创新理论，就会牢固树立马克思主义的世界观、人生观和价值观，自觉抵制各种错误思潮的侵蚀和影响。　三是有助于激发军人政治热情。　官兵热爱军队、建设军队、献身军队的政治热情源于其积极的政治心理预期。　官兵认为党有希望、人民的事业有希望、军队建设有希望，就会对党无限热爱、对党的事业无限忠诚、对党的领导无限信任。　四是有助于锻造军人战斗精神。　军人自觉牺牲、英勇顽强的战斗精神,是任何物质的东西都无法替代的。 军人积极的政治心理预期,能够强化军人当兵打仗、带兵打仗、练兵打仗的思想,增强忧患意识、危机意识、使命意识,增强官兵履职尽责的积极性和主动性,增强战胜敌人的信心和勇气,做到脑子里永远有任务,眼睛里永远有敌人,肩膀上永远有责任,胸膛里永远有激情。 五是有助于提高军人的政治敏锐性和政治鉴别力。 军人具有积极政治心理预期,一方面,有助于军人从复杂的社会政治背景中去认识和对待问题,坚定政治立场,面对敌对势力在意识形态领域对我实施的渗透破坏活动,能够联系复杂的国际政治背景,认清其反动政治本质,坚定斗争的立场;另一方面,有助于军人认清事物表象背后所隐含的政治意义、价值和影响,善于从政治上观察分析和解决问题,加深对上级重大决策的理解。

与之相反,军人消极的政治心理预期,对党和人民的事业发展极为不利,不仅会动摇官兵的理想信念,甚至会引发官兵精神支柱的坍塌,助长军人的无政府主义、个人主义、自由主义等,影响部队的安全稳定,妨碍军队建设的又好又快发展,削弱我军的战斗力。 苏联为什么会解体? 尽管因素是多方面的,但当时苏军丧失对苏共的信任、信心,关键时刻搞所谓"政治中立",甚至倒戈变节,成为压垮苏共的最后一个砝码。当年国民党八百万军队为什么会土崩瓦解? 一个重要原因,就是国民党的官兵普遍认为,国民党的独裁、腐败统治长久不了,跟着他们干没有什么希望,于是出现了大量官兵弃暗投明的景象。

三 综合施策强化军人积极政治心理预期

在当今经济社会深刻变革、对外开放不断扩大、社会思潮空前活跃、各种文化相互激荡的背景下,敌对势力渗透破坏加剧,越来越露骨地把"西化""分化""弱化"的矛头指向我军,加之两极分化的影响、党内一些腐败现象的反作用等,个别官兵产生了一些消极的政治心理。 因此,使官兵构建与强化积极的政治心理,克服消极、偏激的政治心理,无疑是思想政治工作的重要使命。

军人积极政治心理预期的形成和巩固不是孤立的,而是多种因素综合作用的结果。促进军人积极政治心理的形成和强化,应主要从以下五个方面着力。

一是在坚定官兵理想信念中强化官兵的积极政治心理预期。 注重从理论上解决认识问题是官兵形成积极心理预期的关键。 要始终坚持正确舆论宣传导向,进一步强化党的创新理论武装,从历史与现实、理论与实践的结合上,讲清我们为什么要坚定不移走中国特色社会主义道路，为什么要毫不动摇坚持中国特色社会主义理论体系，为什么要誓死捍卫中国特色社会主义制度，使官兵切实认清，中国特色社会主义道路是一条让人民幸福、国家强盛的道路，必将越走越宽广，越走越充满生机，越走越阳光灿烂；中国特色社会主义理论体系是党对新的历史条件下推进马克思主义中国化的真理性认识，是指导中国特色社会主义事业发展的强大思想武器，是我们解决改革发展中矛盾和问题、战胜前进道路上风险和挑战，不断推进中国特色社会主义事业的行动指南；中国特色社会主义制度是中国共产党人不懈探索的伟大成果，是当代中国发展进步的根本制度保障，集中体现了中国特色社会主义的特点和优势，符合我国国情，顺应时代潮流，具有巨大的优越性和强大的生命力，其释放的正能量令世人瞩目、称奇，让只有中国特色社会主义才能发展中国的认识占领官兵心理制高点。

二是在坚决抵制错误思潮中强化官兵的积极政治心理预期。　当前，国内外敌对势力遥相呼应，共同发声，散布各种政治谣言，传播反动错误思潮，气焰十分嚣张。　在政治上，它们攻击我国国家政体与政党制度，鼓吹"宪政""军队非党化、非政治化""军队国家化"，宣扬西方政治理念和政治模式，鼓吹"新闻自由""司法独立"，假借"普世价值"，兜售自由、民主、人权等西方价值观，推动所谓的"转型"，要求加速"政改"；在信仰上，否定马克思主义的指导地位，诋毁共产主义和中国特色社会主义，认为马克思主义已经过时了，主张意识形态多元化，鼓吹"民主社会主义"，对党和政府肆意攻击、嘲讽和谩骂；在经济上，宣扬自由市场经济和私有化，主张效法美英等西方国家的经济模式，公然鼓吹中国改革的方向是私有化，甚至叫嚣经济上国有企业不是发展不发展的问题，而是应该不应该存在的问题；在文化上，推崇资本主义生活方式，宣扬腐朽思想文化，消解人们的政治意识；在对待历史上，鼓吹自由主义历史观，打着"还历史本来面目"的旗号，以对历史事件和历史人物"再认识""再评价"为名，寻找和夸大党成立以来历史上的失误，炒作所谓的"党内政治斗争"，肆意歪曲、污蔑、攻击党的领袖和党领导人民所进行的革命、建设和改革历史，丑化党的形象，破坏党的团结；在现实问题上，利用当前人民群众在一些社会问题上的不满心理，炒作社会矛盾，煽动不良情绪，妄图使人民群众对中国特色社会主义道路丧失信心，以达到自己的政治目的，等等。　对此，我们要强化敌情观念，按照"守土有责、守土负责、守土尽责"的要求，不断巩固壮大主流思想舆论，弘扬主旋律，在事关大是大非和政治原则问题上，增强主动性、掌握主动权、打好主动仗，帮助官兵划清是非界限、澄清模糊认识，抵制错误思潮影响，形成心理正能量。

三是在营造健康向上的政治环境中强化官兵积极政治心理预期。 一方面，面对社会上出现的两极分化、公正缺失等现象，一些人心理失衡，仇富心理蔓延，愤懑心理滋生；面对改革拓展深化、政策制度调整、社会竞争加剧，一些人心理压力增大，失落感增强，焦虑情绪加重；面对个别党员领导干部的腐败行为，一些同志对党和政府的信赖感下降，甚至滋生仇官心理，这些不良的社会心理容易引发信仰危机，诱发社会不稳定，导致党和政府的凝聚力感召力下降，滋生消极的政治心理预期。 军人作为社会成员的重要组成部分，不可避免地会受到这些负面心理的影响，致使个别官兵对党的领导的正确性和对中国特色社会主义的信仰产生动摇。 另一方面，敌对势力往往借题发挥，攻击中国特色社会主义制度，诋毁改革开放，玷污党的领导，兜售西方政治模式、政治制度，这难免会引起个别官兵思想上的疑虑。 因此，必须加强意识形态的引导和管理，巩固发展健康向上的主流舆论，努力消除负面因素的影响，营造风清气正的局面，强化官兵积极的政治心理预期。

四是在加强政治学理论教育中强化官兵积极政治心理预期。 从目前部队政治教育的内容来看，官兵主要接受的是党的优良传统教育、形势政策教育、遵纪守法教育，世界观、人生观、价值观教育等。 而政治学原理、中外政治制度比较等内容基本不涉及。 而实际上当前困扰和影响官兵政治心理的很多重要问题，如自由、民主、人权、公正、平等、分权制衡等，都是政治学的重要内容。 事实表明，具有政治学理论知识的官兵，能够从历史、现实的角度，分析政治问题，不盲从、不迷信，政治鉴别力强、政治立场坚定，其积极的政治心理预期明显优于其他官兵。 因此，建议把政治学理论教育纳入部队政治教育体系，在官兵中特别是军官中强化政治学基础知识和基本理论教育，院校尤其应该成为普及和强化官兵政治学知识的基地。

五是在组织官兵积极参加政治实践中强化官兵积极政治心理预期。 官兵的政治心理除了靠系统的政治学理论教育和良好的政治环境熏陶外，主要靠社会政治实践。社会环境丰富多彩，也纷纭复杂。 我们不能把官兵封闭起来，关起门来坐而论道。我们要创造条件引导官兵向社会学习，向实际学习，在实际中磨炼，重视读"无字之书"，在政治实践中不断提高官兵积极的政治心理。 如组织官兵参与国家、驻地重大政治活动，经常进行重大政治问题的分析辩论等。 此外还要注意引导个别官兵改变偏执的个性人格、偏激的思维方式和偏颇的认知习惯，提升辩证思维素养。

〔责任编辑：李秋发〕

On the Construction and Strengthening of Servicemen's Positive Political Psychological Expectation

Miao Runqi

Abstract：As a response to their political existence, the political psychological expectations of the servicemen has its own unique connotations. Contradiction exists everything of the world and so the political psychological expectations of the servicemen can be divided into positive and negative aspects, each of which has a different role. We should act according to dialectical materialism and focus on comprehensive measures so as to help the servicemen cultivate positive political psychological expectations.

Keywords：Servicemen; Political Mentality; Political Psychological Expectations; Political Psychological Expectations of Servicemen

〔英文校译：张小健〕

● 专论 ●

从军事文学中汲取战斗精神

——浅析用军事文学培育官兵战斗精神

徐洪刚 代 攀*

【摘 要】军事文学以讴歌和弘扬战斗精神在文坛上独树一帜，在培育官兵战斗精神上发挥积极作用。 本文主要从军事文学塑造英雄形象、弘扬爱国主义、释读价值诉求和行为要求三个方面，阐明军事文学在培养军人战斗精神方面的示范导向作用、感召同化作用和启迪教化作用。

【关键词】军事文学 战斗精神 政治教育

文化是一个民族绵延不息的血脉和灵魂，是人们休戚与共的精神家园，是国家兴旺发达的不竭动力。 中共十八大报告做出"扎实推进社会主义文化强国建设、提高国家文化软实力、大力发展先进军事文化"等一系列重大部署，确立文化建设在国家建设全局中的战略地位。 中央军委领导进一步明确指出："要增强文化强军、文化育人的意识，坚持大抓文化、抓大文化，用具有我军特色的先进军事文化陶冶官兵、历练官兵。"文化强军对于落实习主席提出的"听党指挥、能打胜仗、作风优良"的强军目标，推动部队建设发展，具有极其重大的现实意义。

文学是文化的基石，作为文学的重要组成部分，军事文学历来以讴歌和传扬战斗精神而在文坛独树一帜。 军事文学是培育战斗精神的沃土、催生战斗力的阳光，所反映的战争生活、彰显的英雄主义具有独特的艺术魅力，给当代青年官兵以远大的目标指向和灿烂的前途憧憬，她所洋溢的军旅生活的阳刚气质，展示的革命军人的战斗风采，吸引一代又一代青年走进军营，激励一批又一批官兵不辱使命、献身国防。

---

* 徐洪刚(1971 -)，男，云南彝良县人，71282 部队政治部副主任，上校军衔。 主要研究方向：军队政治工作。 代攀(1983 -)，男，湖北宜城人，71282 部队政治部宣传科干事，上尉军衔。 主要研究方向：军队思想政治教育。

一　军事文学塑造了一大批气吞山河、光昭日月的中华英豪形象，对培育军人战斗精神具有积极的示范导向作用

英雄和英雄主义是军事文学的灵魂，军事文学作品所塑造的勇武壮伟的英雄人物、赞颂的舍身报国的英雄气概，为青年军人树立了精神偶像和道德楷模，也为提升大众高尚精神品质、引领正确社会价值取向树立了标杆。英雄们那种正气凛然、顶天立地的高大形象和英勇顽强、压倒一切的革命精神，像磁铁一样深深地吸引着青年官兵，成为他们学习的榜样。王成的"向我开炮！"、吉鸿昌的"我为抗日而死，死得光明正大！"等豪言壮语更是让许多青年官兵热血沸腾，穿上军装、沙场立功成为他们的最大梦想。

提起英雄首先想到是战争，随着战争越来越遥远，和平时期成长起来的人们，对于英雄渐渐淡忘，英雄主义在当代社会弱化甚至趋向没落。有人认为这是一个英雄消失的时代，甚至出现了"小悦悦"、英雄独斗歹徒路人旁观等让人寒心的事情。因此，时代需要英雄，需要英雄主义。军事文学表现英雄，塑造英雄，讴歌英雄主义，在这个时候应该担负起更多的责任。然而，不容忽视的是，当前在一些军事文学作品中，特别是战争题材的影视剧中存在去英雄化的现象，甚至将英雄另类化，痞子、游民、妓女、土匪等摇身一变成了抗日英雄。虽然不能否认这些人可以成为英雄，但他们行为怪异，言语粗俗，种种机缘巧合甚至被动成了"英雄"，这样的英雄已经偏离了中心，走向另一个极端。

如何才能塑造好英雄形象？很多军事文学作品做了很多有益的探索，塑造出多个令人敬仰的英雄人物，比如，《红岩》中面对酷刑却能面不改色、忠贞顽强的江姐，《保卫延安》中钢铁意志、忠诚向党的周大勇等。这些英雄形象深入人心，成为人们学习的榜样，产生了积极的社会效应。社会的发展和人们知识水平的提高，要求英雄的塑造更加丰富多彩、有血有肉，人们对于英雄的形象也更加挑剔。小说《亮剑》对于李云龙的塑造就非常成功。他性格粗犷，是非分明，重情义，讲义气，虽然火爆脾气、满口脏话、率性行事，但这并不妨碍其成为观众心中的"英雄"。战场给了塑造英雄得天独厚的条件，和平时期军人的英雄形象则需要更加贴近实际、贴近生活。因此，要塑造好当代军人形象，需要用真心去体验火热的军营生活，用真心去感受当代军

人的酸甜苦辣,用先进的世界观和方法论去看待、认识当代军人,只有这样才能真正理解当代军人的伟大与可爱,才能真正做到明是非、知荣耻,才能塑造出为广大群众接受的英雄人物。

二 军事文学始终把弘扬爱国主义作为其主要用力方向,对培育军人战斗精神具有重要的感召同化作用

列宁曾经对爱国主义下过一个简明而经典的定义:爱国主义是由于千百年来与各自的祖国彼此隔离而形成的一种极其深厚的感情。 这种感情集中表现为民族自尊心、民族自豪感和民族自信心,表现为人们为争取民族独立、推动社会发展、维护国家利益、促进文明传承的强烈情感和生生不息的奋斗精神。 因其凝结着千百年来人们对祖国的忠诚和热爱,因而是民族生存、亲和、延续、立国的精神基石,是凝聚民族、战胜敌人的强大精神支柱。 爱国主义是我们的民魂、国魂、军魂,是中华民族精神的核心,是维系国家统一、民族团结的纽带。 正如鲁迅先生所说的:"惟有民魂是值得宝贵的,惟有她发挥起来,中国才能真正有进步。"先进军事文化高扬以爱国主义为核心的民族精神旗帜,点燃民族精神的火炬,吹响人民奋进的号角,如人生之路的火炬与号角一样,感染并召唤人们沿着国家富强、民族振兴的正确方向凛然前行。

在中国当代文学史和艺术史上,军事文学一直以来都坚定不移地把弘扬爱国主义、英雄主义作为主要内容,所抒发的爱国戍边豪情、描摹的金戈铁马画卷,以纵情书写爱国主义和民族精神为主调,以革命乐观主义和革命英雄主义诗情画意为第一要义,把饱含爱国之情、报国之志、民族之魂、振兴之魄、奋发之为、开拓之举的精品力作,奉献给社会和人民、军营和官兵,为昂扬奋进的中华民族和人民军队提供宝贵的精神食粮,是激励广大官兵团结奋斗的强大精神力量。 《风云初纪》《红日》《红岩》《红旗谱》《铁道游击队》《保卫延安》《苦菜花》《野火春风斗古城》《烈火金刚》《敌后武工队》等作品真实地反映了战争年代中国共产党带领亿万军民进行的艰苦卓绝的斗争,表现了中华民族不畏强暴、英勇抗敌的伟大精神和坚强意志,在广大官兵心中留有深刻的印象。 "男儿不惜死,破胆与君尝","只解沙场为国死,何须马革裹尸还","拼将十万头颅血,须把乾坤力挽回"等壮烈诗句,深深影响了一代又一代中国人。

80 多年来，我军一代代官兵正是在爱国主义精神的鼓舞下，高扬着国家富强、民族独立的旗帜，在烽火硝烟的战场上舍生忘死、浴血奋战，在高山海岛、戈壁荒漠戍边卫国、艰苦奋斗，在国家和人民生命财产遇到危险时挺身而出、一往无前，为新中国的创立和建设建立了不可磨灭的历史功勋，赢得了党和人民给予的崇高荣誉。当代革命军人弘扬爱国主义精神，就是同党的奋斗目标密切联系在一起，同全心全意为人民服务的宗旨密切联系在一起，同我军肩负的神圣使命密切联系在一起，自觉做到坚持爱国与爱党、爱人民、爱社会主义高度统一，坚持维护国家主权、安全和领土完整与捍卫国家政权、支援国家建设高度统一，坚持维护国家利益、民族尊严与维护世界和平、促进共同发展高度统一。

三　军事文学科学释读当代革命军人的价值诉求和行为要求，对培育军人战斗精神具有特殊的启智教化作用

军事文学通过具体、生动、形象的形式，艺术展现战斗精神所包含的理想信念、战斗作风、意志品质、价值规范、纪律观念等方面内容，为官兵指明战斗精神培育的方向。比如，军事文学的生命意义在于高扬理想的火炬，给人鼓舞激励，而崇高的理想正是军人培育战斗精神的根基。在艰苦的战争年代，一些通俗易懂、朗朗上口的快板、诗歌和民间文艺在激发我军指战员战斗精神方面发挥了重要作用，可以说，用文学来提升战斗力是我军最简洁、最有效的政治工作传统之一。如今，许多军事文学作家自觉融入军队改革建设的实践，创作出了许多反映当代军人精神风貌和火热军旅生活的作品。这些作品从理想的层面探究军人的信念追求，折射军人的精神世界，激励军人在高昂格调创造的生活形态和人物形象中自觉追求崇高，践行宗旨不辱使命。军事文学在描写战争时，更加注重表现战争状态下人的精神世界，追寻人的思想渊源，揭示人的心理动因，把握人的情感脉搏，使人可以从中领悟战斗精神所具有的特殊内涵。一些军事文学作品注重站在时代大背景下去洞悉和反映军人的命运，反映和平年代军人的思想情感、道德情操、心理意志、行为规范，讴歌和张扬军人的战斗精神，这对培育青年官兵战斗精神、锤炼官兵的战斗作风具有很强的潜移默化作用。

军事文学作品传授军事思想、宏观战略和军事科学常识，是军人认识战争、学习战争、打赢战争的有效途径。张卫明的中篇小说《英雄圈》和傅剑仁的长篇小说《一师之

长》,展示了和平年代的军人通过演习来不断考验和证明自己,进行心理、智慧、意志品质,甚至人格在内的全面较量。 很多军事小说诸如《狼牙》《旗舰》《第五空间》突出表达这样一种思想:要打赢信息化战争必须与时俱进地突出科学精神与智力因素,强化科技制胜意识和以智取胜的谋略手段,培育具备最新军事技能和信息知识的智勇双全的战士。

军事文学作品可以充分发挥想象力,假想、预测和描述未来战争。 徐贵祥的《明天战争》、刘洪涛的《兵王》、兰晓龙的《士兵》、苗长水的《超越攻击》等作品,预示随着高技术的迅猛发展和广泛应用,信息化战争将取代机械化战争,成为未来战争的基本形态。 文学作品中通过巧妙的故事情节勇敢地直面当前中国军队的现实处境和可能面临的未来挑战,表现了当代军人的英雄主义精神和对未来战争的思考,对国家利益、民族命运深切的忧患意识和勇于承担的品格,警示当代军人要紧跟时代的步伐,瞄准未来战争做好军事斗争准备。

Analysis Using Military Literature to Cultivate Fighting Spirit

Xu Honggang,*Dai Pan*

Abstract:Military literature is unique in the literary world as eulogizing and promoting the fighting spirit, and playing an active role on cultivating soldier's fighting spirit. This article clarifies the demonstratin guiding effection, inspirment assimilation effection and enlightenment assimilation effection of military literature in training soldier's fighting spirit mainly from three aspects—shaping the heromic images、promoting patritism、interpretation value proposition and behavior requirements.

Keywords:Military Literature;Fighting Spirit;Political Education

● 专论 ●

外军战斗精神培育的理论与实践审视

——基于美、俄两军的实证考辨

李　威[*]

【摘　要】战斗精神作为战争中精神力量的核心要素，在新军事变革加速推进的时代浪潮中，外军已将战斗精神培育上升到了战略层面，直接影响着军人的行为和战争的事态。　本文着重探讨美、俄两大军事强国军队战斗精神培育的特点及做法，并结合中国特色军事变革打开分析思路，以期在更加宽泛的维度中探寻外军战斗精神培育及形成的轨迹，为我军培育战斗精神、打赢信息化战争提供参考与借鉴。

【关键词】外军　战斗精神　实践路径　借鉴与启示

克劳塞维茨说："精神要素贯穿在整个战争领域。"战斗精神作为战争中精神力量的核心要素，是激发与维持战斗力的"催化剂"和精神支柱。　在新军事变革加速推进的浪潮中，外军在不断创新军事理论制度、调整军事战略部署、推崇技术崇拜的同时，也更加注重对官兵战斗精神的塑造与培养，将战斗精神培育作为治军理念之一，上升到重要的战略地位。

一　外军战斗精神内涵审视

自古兵家有云："胜在威，败在气"，"合军聚众，务在激气"。　战斗精神已成为新军事变革下现代战争的内生力量。　美军陆军条令指出，战斗精神是士兵特有的职

---

* 李威（1989～　），男，陕西商洛人，南京政治学院军事法学专业硕士研究生。　研究方向：军事部门法与战争法。

业态度和信念,是对国家、部队、战友和任务的敬业奉献精神,核心是永不言败;①将忠诚、职责、尊敬、奉献、荣誉、正直和勇气作为军人核心价值观念和精神气节,把战斗精神概括为:爱国忠诚精神、团队协作精神、勇敢顽强精神、常备不懈精神。 俄军从 1995 年开始通过颁布《俄罗斯联邦武装力量教育工作机关条例》,逐渐重视军队的战斗精神培育。 俄军认为,战斗精神是指单个军人或全体官兵在战时和战时某个具体情况下的心理活动、战斗积极性、军事行动与准备、感情意志等心理作用的总和。②

战争是吞噬生命的幽灵,军人必须要有不怕牺牲的献身精神。 不管是美军,抑或是俄军,普遍认为战斗精神是军人的军心士气、战斗作风、对抗意识、战备观念、武装意识、创造精神等因素的凝集和升华,是做好军事斗争准备、有效履行军人职责使命的重要保证。 他们将"忠诚、守纪、勇敢、顽强"等品质视为构成军人战斗精神的核心要素和内涵实质。

然而,概括美、俄两军的战斗精神主要内容,不外乎国家观念、军人价值观、军史与战争史教育,以"忠诚、使命、国家"意识巩固官兵心理防线和维系军心士气,以军人价值观增强官兵荣誉感和责任感,以战训渗透的实战和军史与战争史教育的历史厚重进行精神灌输与环境熏陶,激发战斗精神。

二　美、俄两军战斗精神培育的特征考量

战斗精神是滋养战斗力的沃土,强军必须增强军队的战斗凝聚力,美、俄军队在战斗精神培育中的主要特点有以下三个。

(一)战斗精神培育媒介化

美、俄军队注重利用新军事变革带来的时代效用,深入挖掘媒体宣传优势,灌输精神思想软实力。 利用信息时代媒体具有的形式灵活、信息量大、传播速度快、覆盖率高的特点,以媒体"轰炸式"有效影响官兵的思想意识和行为方式,抢占官兵精神教育的制高点;广泛运用图书、电视、影视、报刊、微博、微信等多元化、社会化的教育形

---

① 美军陆军条令《部队训练》(2002 年出版)指出:战斗精神是指士兵对国家、部队、战友和任务的敬业奉献精神。 美军陆军条令 FM22～100《陆军领导》指出:战斗精神是指美军士兵特有的职业态度和信念,其核心是永不言败。

② 徐兰云:《战斗精神的探索》,解放军出版社,2005,第 96 页。

式和手段，在对官兵进行精神渗透的同时，不断营造居安思危的社会氛围，使之转化为弥足珍贵的战斗精神。　美军在国防部专门设有新闻局，控制着全国 300 多家电台、电视台和新闻报纸以及电影的制作与发行，①充分利用媒体优势，灌输"美国处于战争之中"，披着打击恐怖主义的外衣，营造居安思危的战争氛围，进行着维护美国霸权利益的战争。　俄军注重通过报刊、书籍、影视、广播等媒介不断塑造军人核心价值观和国家观念，利用媒介环境的熏陶，将战斗精神的培育释放于社会大环境下，营造尚武强军的战斗氛围，潜移默化地影响军人的精神状态和战斗意志。

（二）战斗精神培育制度化

美、俄军队的战斗精神培育绝大多数通过军事法律与规范、作战手册、行为准则、军人誓词以及各种条令等各种有形载体进行国家观念教育，对军人进行服从与献身教育浸染，用校训、雕塑、挂像等不断导引军人价值观的认同。② 以法律的形式将官兵在日常训练、管理、教育、纪律养成方面的一些要求与做法规范化、制度化，以牧师、宗教、道德、政治、心理教育等灵活的教育形式，将战斗精神融入作战训练之中，牢固树立军人的职责就是打仗和时刻准备打仗的使命意识。　美军通过颁发《军人行动指南》《品格指导纲要》等一系列法规、条令，明确军人的权责与义务，将战斗精神培育模式法规化，以制度促进战斗精神。　俄军通过颁发军事法律、条令条例等规范军人的权利、义务、职责，以行为规范保障战斗精神生成的土壤根基。

（三）战斗精神培育信仰化

信仰是思想政治倾向稳定和行为习惯形成的前提条件，③战斗精神产生于高度军事化的土壤之中，外军不仅注重武器装备在战争中的重要性，也重视精神意志对战争进程和结局产生的独特作用，将战斗精神培育信仰化，实现内化于心、外化于行。　美军利用宗教信仰培育战斗精神，依托宗教规范约束军人心理品行，利用宗教热情将宗教信仰转化为战斗力。　俄军"尚武精艺""崇武强军"全力打造全民爱军的精神信仰，将其

---

① 杨宇杰、尹东升、孟庆彬：《浅谈外军战斗精神培育》，http：//www. chainmail. con. cn/sitel/ztpd/2005 - 06 - 01/content - 218694. htm。
② 《战斗精神的探索》，解放军出版社，2005，第 187 页。
③ 蔡雪琴、付静：《外军核心价值观培育特点及启示借鉴》，《外国空军军事学术》2013 年第 1 期。

灌输于军队之中、渗透于各项教育训练实践中,通过信仰鼓舞军心士气、凝聚军心、掌握思想、化解矛盾,增强军人责任感、使命感。

三 美、俄两军战斗精神培育的实践途径研判

战斗精神是战争领域的精神现象和军队精神品质的总和。① 美俄军队通过教育灌输、环境熏陶、纪律催生、利益刺激、实践锤炼等行之有效的手段和方法将战斗精神培育内化于心、外化于行。

(一)以政治教育坚定信仰

忠诚的气节是战斗精神的灵魂和核心。 "政治教育"一词,在美军被称为"政治训练",在俄军被称为"政治指导",虽称呼有所差别,但实质内涵并无差异。 美军作为世界军事强国之一,在新军事变革中十分重视战斗精神培育,增强官兵的责任感、使命感、荣誉感;通过对官兵进行"忠诚、职责、荣誉、风险、勇气"等主题教育,号召官兵为国家利益而战,在战争中宣扬战争的"正义"与"合理",以控制媒体等手段,在意识形态教育中进行渗透,极力推崇科技崇拜,灌输所谓的"正义力量"的爱国主义,高举反恐大旗,激发官兵参战热情,宣传军队的使命、任务、加强战备的必要性,增强凝聚力和向心力,将战争目的信仰化。 此外,专门为部队配备随军牧师,对官兵进行思想教育,以宗教信仰巩固官兵心理防线和士气,运用宗教培育战斗精神。

俄军注重加强军队的政治教育,将政治教育作为催生战斗精神、提升战斗力的重要支撑点。 通过政治思想灌输,专门制定《关于军人爱国主义教育的主要方向》《关于进一步完善军事爱国主义教育的命令》,将国防教育固化于制度之中,坚定官兵信仰,培育战斗精神。 此外,俄军历来就有"尚武"的传统,注重将这一传统优化、放大于普通社会,营造浓厚的战斗氛围,将"尚武"作为一种精神信仰普及于官兵和普通民众之中,不断凝聚国防战斗精神,提升战斗力。

(二)以战训渗透锤炼意志

"养兵千日,用兵一时。"美、俄军队特别重视在训练、演习和作战中锤炼与检验

---

① 彭怀东:《战斗精神论》,长征出版社,2004,第 245 页。

官兵的战斗精神和意志。 美军以实战和演训锤炼战斗精神，先后通过海湾战争、科索沃战争、阿富汗战争、伊拉克战争等战争实践，使美军的战斗精神得到了实战的检验；此外，每年组织实兵演习、联合军演等磨炼战斗精神，采用大量最先进的训练技术与设备，为军队演习创造良好的训练环境，通过"魔鬼训练"、军事考核等高难度训练培养战斗精神，建立各种模拟训练中心，制造"准战场"检验训练水平，提高作战能力，锤炼战斗精神，使官兵真正体验战争氛围，时刻保持高昂的战斗精神和战斗状态。

俄军也很注重实战检验，通过两次车臣战争、热点地区维和行动、大规模军事演习，检验军队作战水平，规定诸军种部队每年必须组织实战演习、联合军演，通过逼真的战场环境，磨砺官兵的战斗意志和精神状态。 此外，俄军也有专门针对官兵训练的各种措施和环境，设置真实的染毒地带和货真价实的训练障碍，以严格的考核要求作为练兵的标准，不断激发官兵战斗精神，催生战斗力。

（三）以制度规范砺炼作风

外军注重将法规制度作为激发和促成战斗精神的重要手段。 美、俄军队通过加强军队的法规制度建设，以法律权利性规则激发战斗精神，以强制性规则促成战斗精神。美军注重规范军人的行为，强化命令意识与纪律观念，培育战斗精神凝聚力和战斗作风；美军凭借强大的信息优势，将作战要素集成一体化，以严格的纪律确保军队的集中统一；依靠完整的军事法律体系、普及化的法制教育、严格执行的法规条令，既能强制性地规范军人的行为，又能培养官兵的自身素质，确保战斗精神的培育效果。 1950 年颁布《军事审判统一法典》，[①]以作为惩处违法犯罪的法律依据，一方面通过法律保障增强归属感，另一方面通过法律惩处规范军人行为，从反面增强战斗精神；通过国会立法、法律法规、条令条例、誓词、行动准则等相应规范，约束军人行为，培育战斗精神。 此外美军将物质与精神奖励制度化，以稳定的利益需求激发战斗精神，以精神鼓励提升军队软实力。

"金钱是战争的筋骨。"[②]俄军注重以法律的形式将精神奖励和物质奖励制度化。通过提高军人工资待遇，满足官兵需求，提高军人职业吸引力，增强军人责任感和荣誉感，以物质刺激战斗精神；颁布一系列法律法规、出台相关政策，制定《军官荣誉准

---

① 张海兵、陈东伟、韩东吴：《战斗精神软实力建设评析》，《军事史林》2010 年第 11 期。
② 李保忠、陈书浩：《论美军战斗精神生成的文化因素》，《中国军队政治工作》2007 年第 1 期。

则》，将军人荣誉奖励制度化，激发官兵的内心情感与忠诚，以精神利益激发官兵为国奉献的热情，以培育战斗精神。此外，俄军重视对军队进行"精神道德品质"建设，1998 年颁布《俄联邦军人地位法》明确军人权利、义务和责任，①激发军人的自豪感和归属感，营造尊军、爱军氛围，通过长期的纪律培养，培育和激发战斗精神。

四 外军战斗精神培育实践对我军的启示

"他山之石，可以攻玉。"在新军事变革的时代浪潮中，过硬的战斗精神是克敌制胜的法宝。对美俄军队战斗精神培育的方法与途径，我们应当理性扬弃，为我所用。

（一）抢占政治工作阵地制高点

政治工作是我军的生命线，是新军事变革中战斗力提升的增长点。作为军事强国的美、俄军队，在推崇技术崇拜的同时，将政治教育置于重要的战略地位，不断通过显性的政治灌输，固化军人信仰，培育军人的忠诚感和爱国心，强化战斗精神，同时，借助隐性的政治渗透，诠释国家利益观和战争观。在新军事变革下，随着战争理念、战争方式、战争手段的不断更新，我军战斗精神培育要更加注重政治教育的显性灌输和隐性渗透，始终把坚持党对军队的绝对领导作为战斗精神之魂，扭住依法治军、从严治军不放松，确保军队的高度集中统一，以扎实的战斗精神准备和实战训练，把政治工作渗透到我军建设的各个方面，通过精神灌输和思想激励，筑牢官兵报效祖国、为国而战的坚定信念，增强官兵政治自觉性，切实增强官兵的责任感、使命感、荣誉感，培育强大的"军魂"，铸牢革命军人敢于"亮剑"、敢打必胜的"战魂"，以昂扬的斗志，确保不战则已，战则必胜，为我军打赢未来信息化战争提供不竭的力量源泉。

（二）磨砺战斗作风，升华战斗精神

战斗作风是战斗意志的集中体现，是战斗精神的根本标志。美、俄军队在战训渗透的实践中，不断锤炼官兵的战斗精神与意志，提升军队的战斗力。新军事变革中，不论战争形态和手段如何变化，精神对物质的能动作用始终存在；面对变化多端的战争事态与挑战，我军要拓展和完善战斗精神培育途径与渠道，加强官兵的"实战化"训

---

① 吴杰明：《军队政治工作理论学习指南》，国防大学出版社，2003，第 474 页。

练，引导官兵在严格的战备训练中磨砺，在遂行军事行动中砺炼，在日常习惯中养成，在优良传统中熏陶，以文化熏陶官兵的勇武之气，在实践中不断锤炼官兵英勇顽强、不怕牺牲的战斗作风，凝聚军心、升华战斗精神。

（三）紧贴实战，巧用"三战"锤炼战斗精神

和平与发展是时代的主题，以舆论战、法律战、心理战为核心的"文战"亦越来越被提升到了至关重要的战略位置。 美、俄军队在战斗精神培育中，注重紧贴实战，运用法律、舆论、心理等多维度的元素，合力塑造战斗精神，催生战斗力。 比如以法律为战争披上"合法"的外衣，鼓吹官兵为国家利益而战，凝聚军心；以媒介手段控制舆情，影响官兵思想与行为；以心理素质训练，稳定军心，鼓舞士气，消磨敌方抵抗意志。 新形势下，我军战斗精神培育，要不断完善法律法规体系，寻求法律的合法性与合理性，为军事斗争提供法律支撑，为我军赢得更多的国际支持；锻造官兵处变不惊、临危不惧的心理素质，提升心理攻击能力和心理防御能力，在实现鼓舞士气的同时，瓦解敌方的战斗意志；巧打舆论战，铸造过硬的战斗精神，有效履行新形势下的使命职责，坚决抵制"西化、分化"的战略图谋，强化军魂意识，实现人民军队"打得赢、不变质"的要求，真正做到不战而屈人之兵。

〔责任编辑：李秋发〕

On the Theory and Practice in Foreign Military Warrior Ethos Cultivation

— An Empirical Research Based on the U. S. and Russian Military

Li Wei

Abstract：As the core element of combat effectiveness, the Warrior Ethos cultivation has been raised to a strategic level, having a direct effect on the behavior of soldiers and war developments in the new era of accelerating military transformation. This paper focuses on the characteristics and practices in cultivating the Warrior Ethos of two major military powers of

United States and Russia, in combined with an analysis of the characteristics of Chinese revolution in military affairs as the thinking vein in an effort to explore the broader dimensions of foreign military's cultivation of warrior ethos, and to provide reference and lessons for nurturing our military warrior ethos and winning the information warfare.

Keywords:Foreign Military; Warrior Ethos; Practice Path; Reference and Inspiration

〔英文校译: 张小健〕

● 时评 ●

军政关系评价下的两岸军事安全互信机制考察

薛海玲[*]

军政关系评价是政治评价的构成之一。 建立军事安全互信机制既是海峡两岸军事关系发展的重要目标，又是两岸关系和平发展进程中的一个重大政治议题。 它是两岸建立政治互信的一个重要步骤，也是反映两岸政治互信达到一定程度的标志性成果。 构建两岸军事安全互信机制反映出不同政治集团政治利益的博弈、社会大背景下的主流民意利益的变化、外部因素的战略与安全利益等诸多方面的诉求，是军政关系的综合反映。

十八大报告有关"丰富'一国两制'实践和推进祖国统一"篇章中明确指出："商谈建立两岸军事安全互信机制，稳定台海局势；协商达成两岸和平协议，开创两岸关系和平发展新前景。"[①]实际上，自 2004 年大陆发表"五一七声明"首次提出"建立两岸军事安全互信机制"以来，海峡两岸学界就两岸军事安全互信机制问题进行了较为深入的探讨研究，本文在这些研究的基础上，拟从军事政治学的角度，[②]即从政治视角对两岸构建军事安全互信机制的利益评价问题做些探讨。

一　两岸构建军事互信的政治利益评价

克劳塞维茨指出："我们在任何情况下都不应该把战争看作是独立的东西，而应该

---

[*]　薛海玲(1972 ~)，女，新疆库尔勒人，南京政治学院上海校区部队政治工作系讲师，南京陆军指挥学院博士研究生，上校军衔。 主要研究方向：军事思想、军事政治学。
　　基金项目：本文系上海市哲学社会科学规划课题"中国军事政治学基本理论研究"（批准号：2012BZZ004）的阶段性成果；军队 2110 工程重点学科建设项目"军事政治学研究中心"立项课题子课题。

[①]　胡锦涛：《在中国共产党第十八次全国代表大会上的报告》，人民出版社，2012，第45页。
[②]　军事政治学是运用政治学的理论和方法研究军政现象，以探求军政关系发展规律为目标的一门军事学和政治学之间的交叉学科，是军事政治现象研究不断深化的学科化产物。

把它看作是政治的工具,只有从这种观点出发,才有可能不致和全部战史发生矛盾,才有可能对它有深刻的理解。"[1]因此,军事行为与政治行为密切相关,军事政治行为是一定军政关系的动态表现。 构建台海两岸军事安全互信机制本身就是一个重大政治议题,它既是两岸建立政治互信的一个重要步骤,也是反映两岸政治互信达到一定程度的标志性成果,军事互信的构建是政治关系的一种动态表现,二者相辅相成,互为表里。

军政关系评价是政治评价的构成之一。 由于政治与利益是一对孪生兄弟。 因此,"为何而战、为谁而战"决定了军政关系评价的最根本问题。[2] 两岸构建军事安全互信的基础是两岸政治利益的不同诉求的体现。 而海峡两岸各有自我认定的各种不同层次的政治利益。

(一)大陆构建军事安全互信机制的政治利益

对于大陆来说,最核心的政治利益就是维护海峡两岸同属一个中国的法理基础,并最终实现国家的完全统一。 从两岸宏观政策策略的角度,尽管大陆没有放弃针对"台独"势力的军事斗争准备,台湾方面也把大陆视为最大军事威胁,但两岸特别是大陆方面越来越对以武力解决国家统一问题采取高度慎重的态度。 目前,两岸在经贸、文化、社会、人员等领域的多元交流,是为了增强台湾民众对祖国大家庭的认知和认同,是服务于上述核心利益的重要途径。 所以,大陆倡导构建两岸军事安全互信的利益基础同样是在特定时间和特定地域里在"一个中国"范围内为维持稳定、争取签署和平协定而采取的措施。

2004 年以前,大陆虽然没有明确表示建立军事安全互信机制,但在两岸关系和台海安全的实践中一直强调相互信任在两岸关系发展过程中的重要性,并多次呼吁两岸可以先就结束敌对状态进行谈判。 2004 年,大陆"五一七声明"首次提出"建立两岸军事安全互信机制"。 2005 年应中共中央总书记胡锦涛邀请,国民党主席连战进行"破冰之旅"时,国共两党达成了反对"台独"、坚持"九二共识"的政治互信基础。 这一基础在后来共同反对"法理台独"的斗争中,又得到了进一步的增进。 此后大陆在与国民党、亲民党达成的共识文件中都一再提到,只要台湾当局承认"九二共识",就可以正式结束敌对状态、建立军事安全互信机制。

---

① 〔德〕克劳塞维茨:《战争论》(第一卷),中国人民解放军军事科学院译,商务印书馆,1982,第 45 页。

② 高民政:《军事政治学导论》,时事出版社,2010,第 17 页。

　　所以，2008 年国民党重新执政后，两岸很快就形成了务实发展相互关系的基本思路与默契。 2008 年底，胡锦涛同志在纪念《告台湾同胞书》发表 30 周年座谈会上的讲话中又一次指出，为有利于稳定台海局势，减轻军事安全顾虑，两岸可以适时就军事问题进行接触交流，探讨建立军事安全互信机制问题。 2009 年 5 月 26 日，时任国民党主席吴伯雄到访大陆，胡锦涛会见吴伯雄时再次提及有关建立两岸军事安全互信机制的问题。 2011 年 3 月，国务院新闻办公室公布的《2010 年中国的国防》白皮书中首次明确两岸可以适时就军事问题进行接触交流，探讨建立军事安全互信机制问题。 2012 年 11 月，倡导建立两岸军事安全互信机制思想被写入十八大报告。 2013 年 2 月 25 日，习近平总书记会见国民党荣誉主席连战时强调，继续推动两岸关系和平发展、促进两岸和平统一，是新一届中共中央领导集体的责任。

　　构建两岸军事安全互信机制虽然不可能直接解决两岸政治分歧，却是促进两岸和平统一的机制，对于创造和平统一的条件、促进国家和平统一具有重大意义，这一机制同样也是服务于大陆的核心政治利益的。

（二）岛内构建军事安全互信机制的政党政治利益诉求

　　台湾当局在 1996 年台海危机爆发后认识到大陆维护主权统一的决心，为了确保台湾安全，开始积极呼吁建立两岸军事安全互信。 1998 年 4 月，时任"行政院长"的萧万长在"立法院"接受质询时表示："为避免军事误判，确保两岸和平，两岸应建立军事互信机制"； "与大陆交换演习资讯并实现演习透明化，不仅可以降低双方的敌意，更有利于维持两岸和亚太地区的和平稳定"。①

　　这一时期台湾当局积极呼吁建立军事安全互信机制的真正意图是借助建立军事安全互信机制议题，限制大陆动武的条件，动摇大陆动武的决心，向国际社会展示寻求和平的"政治意愿"，本质上是一种回避危机产生的政治宣传攻势。

　　同时，台湾岛内存在着相互合法竞争甚至相互对抗的多个政党集团，政治运作的基本模式不同于大陆，台湾作为一个整体缺乏何为其核心利益的共识。

　　民进党的政治利益诉求。 对拥有"台独党纲"的民进党，维护台湾"事实上的独立地位"，最终争取到法理上的"台湾独立"，是台湾的核心政治利益所在。 2000 年民进党执政，新"政府"成立伊始，台军"参谋总长"汤耀明即表示："台湾'国防部'将

---

① 陈先才：《两岸军事互信机制理论建构与实现路径》，《台湾研究集刊》2009 年第 1 集。

致力于实现两岸透明化，建立两岸军事互信机制。"①此后，陈水扁领导的民进党在"台独"道路上越走越远，加之美国对"台独"势力的"纵容"，两岸关系急剧恶化，台湾当局对大陆愈加有恃无恐，对两岸军事安全互信机制的建立变得异常积极。 2002 年版的台"国防报告书"对建立两岸军事安全互信机制的目的、原则、必要条件、基本方法、实施步骤等方面进行了系统阐述，并将机制建立列为"国防重要施政"。② 2004 年版的"国防报告书"强调指出，"预防战争"为现阶段"国防"政策首要之基本目标。鉴此，推动区域安全合作，促使两岸军事透明化，透过安全对话与交流，建立两岸军事互信机制，以追求台海和平，为"国军"重要政策目标。③

陈水扁"政府"的两岸军事安全互信机制构想的本质是掩盖其追求"台独"的政治需要，是把两岸关系定位在国与国关系的前提之下，将国际上的军事安全互信机制直接套用到两岸问题上，以虚假的善意来阻挡大陆方面对台动武，目的就是要为"法理台独"争取时空，谋求"和平独立"。 因此，当两岸在经贸、文化、社会、人员等领域交流持续升温，而可能导致台湾更加依赖大陆，使台湾未来的"法理独立"之路越来越难走时，这种两岸间的交流就不符合民进党的核心利益了。 因此，民进党的大陆政策就是"不接触、不交流"。④ 相反，在军事安全互信议题上，岛内绿营却异常积极，这一行动是为维护其"和平独立"的政治利益而服务的。

国民党的政治利益诉求。 对于执政的国民党来说，维护"中华民国"的"法统"是他们认知的核心利益，"不统、不独、不武"是保障这一核心利益的首选战略。 马英九上台后，多次重申坚持"九二共识"，这在客观上有利于维护两岸同属一个中国的法理基础。 目前，保持两岸关系的和平与稳定有利于维护台湾的这个核心利益，为此，尽管出发点不同，他们同大陆一样，也主张两岸之间的沟通与交流。 经过多年的发展，海峡两岸已经达成了"三先三后"(先经后政、先急后缓、先易后难)、"循序渐进"的政治共识，在经济议题磋商完成之后，军事和政治议题的磋商就需要逐渐提上议事日程。

现阶段，两岸对建立军事安全互信机制的必要性和重要性有共同认知，但在两岸应在怎样的政治框架下建立机制的问题上存在分歧。 在建立两岸军事互信机制的问题

---

① 钟维平：《胡锦涛呼吁互信军方应提高透明度》，《中国评论》2009 年第 1 期。
② 郑剑：《没有互信何谈机制——台海两岸军事互信机制刍议》，《兵器知识》2003 年第 4 期。
③ 郑剑：《没有互信何谈机制——台海两岸军事互信机制刍议》，《兵器知识》2003 年第 4 期。
④ 王伟男：《两岸政治互信的困境论析》，《台湾研究集刊》2011 年第 2 集。

上，台湾方面主张在"九二共识"或者说"一中各表"下探讨解决这个问题，其两岸政策的突出特点是"最大限度地确保台湾自主性和维护台海和平的底线之间寻找空间"。① 换句话说，台湾当局希望将两岸军事安全互信机制的建立服务于岛内所谓"主流民意"确立的"不统、不独、不武"的核心政治利益，而不是同大陆所主张的"一中"内涵联系在一起，刻意回避通过一个中国原则建立两岸政治互信。 因此，台湾方面侧重的是军事互信机制的功能性，强调军事先行、政治拖后，只追求两岸关系和平发展，通过建立军事安全互信机制发展出可预测、没有意外的两岸行为准则，通过这一机制的建立，约束大陆对台使用武力，为自身的安全稳定发展奠定基础。

2012 年初，马英九获得连任，虽然选后的氛围有利于两岸军事安全互信机制走向实质性的一步，但能否真正推动两岸建立军事安全互信机制取决于机制对两岸未来战略情势发展的作用及时机是否成熟。 就军事安全互信机制的战略作用而言，进入 21 世纪的台海军事情势，由于大陆军力的崛起，两岸的军力差距正不断扩大，台海情势的稳定已无法建立在传统"军力平衡"的理论基础上。 因此，马英九认为要用"和平"的方式来解决争端，而"国防"的第一道防线是"两岸关系的制度化"，而两岸建立"军事安全互信机制"即是此"制度化"的具体实践和探索，这也是符合现实和其核心政治利益的。

二　两岸构建军事互信机制的民意利益评价

建立两岸军事安全互信机制是一个敏感而又复杂的议题。 虽然两岸都有建立军事安全互信机制的主观愿望，但这并不表明两岸当前就一定能够建立起军事互信。 两岸凝聚构建军事安全互信机制共识的民意基础，也就是两岸主流民意的倾向性，也是影响机制能否走向实质性一步的因素。

（一）岛内主流民意的倾向性

2010 年"海峡两岸经济合作框架协议"（ECFA）签订后的岛内民调显示，台湾民众希望了解大陆和认为大陆日益重要的比例显著增加。 其中"认为大陆对台湾发展具有重要性"的比例较 2009 年的相同调查上升了 11 个百分点，达到 67%；49% 的受访民众

---

① 杨立宪：《马英九就任党主席后两岸关系言论意图解读》，《中国评论》2010 年第 7 期。

希望了解大陆,上升 4%,这其中关注大陆政治情势的比例较 2009 年大幅上升 15 个百分点,达到 31%。① 不过,受访者对大陆政治、社会与经贸关系的评价"稳定",并未因 ECFA 的签署发生明显变化;而"对两岸军事与涉外竞争关系仍有较多疑虑",特别是对"台湾前途"的看法正逐渐朝着"永远维持现状"的方向发展,达到 51%,是自 2000 年起十年来同类问题调查的最高值。②

马英九的"三不"政策,无论是"不统"还是"不独",都强调是基于岛内主流民意。 在"三不"政策中,"不武"是要确保"不统不独",确保台湾自身安全。 因此"不统不独"显然是第一位的,"不武"则是第二位的。 这就决定了涉及建立两岸军事安全互信机制的"不武",逻辑上要让位于"不统不独"。 在选举制度下,民意主导着政党的沉浮。 所以,在民意尚不具备的情况下,要避免反对阵营利用民意制造政治对立,从中渔利。 不过,不可否认的是岛内民意带有一定的历史和思维惯性,因此,在顺应民意的同时,如何引导民意朝着符合历史大势的方向发展,是致力于发展两岸和平合作关系的有识之士今后面临的一大课题。

(二)在野民进党关于构建军事安全互信机制的态度转变

台湾岛内政党轮替的制度化对两岸政治、军事互信进程带来的影响是不言而喻的。 民进党在 2000 年上台后,曾在建立两岸军事安全互信机制问题上扮演过"积极推动者"的角色。 不过,在 2008 年沦为在野党之后,曾经企图以军事安全互信机制为其"台独"路线起粉饰作用甚至提供安全保障的议题,已经不再具有政治利用价值。 相反,两岸如果在"一中"基础上实现军事安全互信,民进党等"台独"势力的政治操作空间将会变得愈加狭小,"台独"政治诉求将会变得愈加渺茫,甚至直接危及其生存空间。 因此,民进党对台海两岸军事安全互信机制的态度从执政时期的"积极推动"转变为在野时期的"坚决抵制",污蔑建立两岸军事互信机制是"中共将统战工作渗透到台湾军营的又一招妙棋"。 ③目前,岛内包括民进党在内的泛绿势力对于构建两岸军事安全互信机制的立场是无法接受、反弹强烈,因

---

① 《民调:67% 台湾人认为大陆对台湾未来发展很重要》,http://www.news.xinhuanet.com/tw/2010 - 08/09/c - 12423751。
② 《民调:民众统独态度明显转变,支持永保现状首过半》,http://news.ifeng.com/taiwan/3/detail - 2010 - 09/11/2489094。
③ 李建中:《加紧做好建立两岸军事互信机制》,《法制与社会》2009 年第 13 期。

此其势必会立足"立法院"对未来关于两岸军事安全互信机制问题的任何实质性进展进行监督与反制。

（三）大陆内部在细节问题上的不同看法

由于现阶段大陆内部对两岸政治互信状况在认知上存在着分歧，导致在政治互信和军事安全互信孰先孰后的问题上存在争论。

一方认为，政治互信优先于军事互信，政治互信是军事互信的基础，应在政治互信的基础上建立军事互信。没有政治互信，军事互信的意义和作用是有限的、不稳定的。主张两岸互信发展的路径应该从经济、文化、民生等领域入手，通过深入合作达成制度性协议，进而由经济上的相互依赖推动政治上的结合，最后在政治互信的基础上实现军事互信。

另一方认为，两岸经济上的相互依赖未必推动两岸最终走向政治结合。因此，消除军事对抗，才能为经济领域的交流提供更加稳固的基础，并最终为达成政治和解创造条件。因此，应从建立军事领域的互信入手，在改善气氛、降低风险、避免误判的基础上，逐步增进了解，增加共识，增强合作，完成军事安全互信机制建立的准备工作并为政治互信的建立奠定基础。该方认为，两岸实际上已经开始建构"信任建立措施"，只是"尚未进入有计划、有步骤的互动阶段"。

其实，建立两岸军事安全互信机制本身就是一个重大政治议题，不应把政治互信和军事互信区别开。两岸关系的特殊性、复杂性决定了两岸建立政治互信的长期性和艰巨性。现阶段，台湾当局亦承认两岸同属中华民族，反对"台独"，两岸关系因此具有和平发展的基本政治基础。在这个基础上，两岸本着循序渐进、先经后政、先易后难的原则，适时启动军事安全领域的交流与合作，增进信任，积累共识，为双方结束敌对状态，最终签署和平协议创造条件，不失为一条求实务实之路。

三　两岸构建军事安全互信机制涉及外部因素的战略与安全利益评价

大陆一向坚持认为，台湾问题是中国的内部事务，两岸探讨建立军事安全互信机制，应该由两岸中国人自己解决，任何外国势力都不得干预。但由于历史和地缘政治,作为外部影响因素的第三方在两岸探讨建立军事安全互信机制的过程中是客观存在的,而且其影响是不容忽视的。

(一)美国的战略与安全利益

美国是对两岸建立军事安全互信机制最关注、影响最直接的国家。 2004 年,小布什政府的助理国务卿凯利表示"美国鼓励两岸三通和人员往来,探讨信心建立措施等'双边再保证机制'的建立"。 当时的背景是陈水扁当局不断进行"台独"分裂活动,美国为避免自己被拖入一场它不想看到的冲突,寄希望于"信心建立措施"来避免两岸擦枪走火。 这也再一次印证了民进党执政后在军事安全互信问题上大做文章的幕后推手就是美国。

马英九上台后,美国对两岸建立军事互信机制的态度表现出一定的复杂性和矛盾性。 一方面美国并未公开反对两岸探讨军事安全互信机制,而且公开表态乐见两岸关系改善,希望看到台海局势趋向和平稳定。 在 2009 年 11 月美国总统奥巴马访华期间发表的《中美联合声明》中,美方表示"欢迎台湾海峡两岸关系和平发展,期待两岸加强经济、政治及其他领域的对话与互动,建立更加积极、稳定的关系"。 2009 年 6 月国台办主任王毅访美期间,美方官员也首度直接表态"乐见双方探讨建立军事安全互信机制"。 美国认为两岸建立军事安全互信机制有助于避免误判,防止危机升级,因此这一机制不影响两岸维持现况。

另一方面,美国对两岸政治和安全领域的对话,依然保持高度警惕,担忧两岸走得太近,军事互信有可能向政治领域延伸,和解程度也可能超出美国可以控制的范围,进而改变两岸既有地缘战略格局,影响美国牵制中国的计划,从而使其战略和安全利益受损。 美国一些保守派和军界人士甚至担心两岸军事透明化后,诸如美台间的军事联系以及与美军有关的战术战法和主战装备性能,可能有外泄之虞。 2008 年下半年以来,不断有美国官员和学者鼓吹大陆对台湾的"军事威胁",2010 年 1 月,奥巴马政府还批准了延迟多年的对台军售项目,这些都与美国表示"乐见"两岸建立军事安全互信机制形成了反差,也凸显了其背后有更深层次的考量。①

美国对两岸军事安全互信机制的态度,对于台湾当局建立两岸军事安全互信机制的

---

① 李鹏:《论"不针对第三方"原则对两岸建立军事安全互信机制之适用》,《台湾研究集刊》2010 年第 5 集。

信心和决心产生了影响。 马英九当局对两岸军事安全互信机制的态度由积极转趋消极，其中一个很重要的原因就是顾虑美国的态度。 2008 年台湾"大选"结束不久，6月 4 日，台湾"国防部部长"陈肇敏在"立法院"接受质询时表示，台"国防部"已订出政策草案，将分近、中、远程建立两岸军事互信机制。 同年 10 月，他又表示，两岸关系稳定发展，建立军事互信机制是早晚的事，未来不排除由退役将领先到对岸了解情况，再进一步派出低阶军官，渐渐再到高阶军官的谈判。 但随着时间的推移，台湾方面对此问题的表态逐渐趋向保守。 马英九 2009 年 5 月接受《中国时报》采访时更是直言，这个问题太敏感，涉及台美关系，尤其台湾的主要军备来自美方，尤需谨慎。 台湾大学的张亚中教授认为，在台湾安全的议题上，台湾其实相当缺乏自主性，安全必须仰赖美国的善意与其当时的国家立场。① 台湾学者普遍认为美国会在两岸谈判军事安全互信机制过程中发挥关键性影响。 美国对两岸军事安全互信机制的顾虑，必然会影响到马英九当局在此问题上的态度。

（二）其他国家的战略与安全利益

除了美国的影响外，日本、东南亚国家、欧盟国家等都可能成为影响两岸军事互信机制建立的外部因素之一。

日本主要关注两岸建立起军事互信机制后，是否在钓鱼岛问题、东海问题、台湾海峡通航安全等问题上对日本产生不利的影响。 台湾海峡一直被日本视为其"海上生命线"，两岸如果在军事、政治互信领域取得进展，日本担心会危及对其至关重要的海上战略通道，并使它在解决中、日岛屿争端问题时处于不利地位。 目前，日本政府对两岸改善关系持欢迎立场，但对两岸建立军事互信机制问题尚未表示明确的态度，这也间接地反映出其对机制建立所带来影响的担忧。 同时美日同盟的联合力量，及美日台"准军事同盟"的趋向成形，都为两岸军事安全互信机制的建立增添了变数。 总之，无论美国还是日本，都是影响两岸关系的重要因素，对两岸军事安全互信机制建立的影响和阻碍作用不可小视。

某些东南亚国家对于两岸建立起军事安全互信机制的关注点主要是这一机制建立后，是否会打破东南亚地区的安全平衡，削弱美国在东南亚地区的军事影响，是否会在南海问题上对它们形成更大的压力。 欧盟国家对两岸探讨军事安全互信机制的影响方

---

① 张亚中：《两岸统合论》，生智文化事业有限公司，2000，第 195 页。

式虽然没有像美国、日本那么直接，但两岸军事安全互信机制依然会涉及欧盟解除对华军售禁令等敏感问题。

四　两岸构建军事安全互信机制的措施及可能性评价

建立军事互信必须要同时考量的因素有许多。除了海峡两岸政治、民意的因素以外，还有美日等国的外部因素存在。目前两岸仍无法展开直接的、实质性的军方交流。但从军事与政治关系的运行方式来说，一般来讲，"政"负责宏观战略决策，"军"有权从专业角度提供建议，但没有决策权。[1] 从专业分工的角度看，在实现两岸军事安全互信的方式上，两岸军方有权从专业角度提供建议，构建制度化、法制化的机制，尽可能从专业角度避免"潜规则"带来的不确定性甚至动荡。

（一）搭建沟通交流平台

近年来，两岸关系取得突飞猛进的发展，虽然两岸目前仍无法展开直接的、实质性的军方交流，但两岸在非传统安全领域的交流取得了一定的进展，这些进展和变化为两岸探讨军事领域和传统安全领域互动的必要性和可能性奠定了基础。未来，可以立足于两岸和平友好环境和基本政治互信的基础，将上述交流成果深化，通过积极搭建沟通交流平台，努力使其机制化，为两岸开展军事领域的合作提供可借鉴的经验，以促进机制的最终建立。

2005 年"胡连会"承诺，为避免两岸军事冲突，共同促进建构两岸关系和平稳定的发展架构，确立了两岸建立"军事安全互信机制"的默契。中国国民党荣誉主席连战在马里兰大学发表"从冲突到和解——回顾六十年来两岸关系"的演讲，称两岸关系经历过国共内战的对立，到改革开放以后的探亲、三通直航，最后进入沟通对话与建立互信的阶段。连战认为，两岸应该建立军事安全互信机制，以推动可长可久的和平。此后，台北方面组织两岸专家、学者、退役将领等专门就两岸军事领域问题，如两岸"飞弹"问题、两岸退役军人交流机制化、军事互信机制等问题以学术研讨会的形式进行深入探讨，通过努力促使这种交流长期化和制度化，为执政当局政策的制定提供建议，成为未来促进两岸建立军事安全互信机制的有力措施。

---

[1] 高民政：《军事政治学导论》，时事出版社，2010，第 18 页。

（二）逐步实现军事透明化

从历史和政策角度看，由于两岸相互猜忌、戒心和误解太深，两岸在安全合作方面发展迟缓，军事实力的透明程度低。 而且在军事透明问题上各相关方对意图和能力的强调不同，反映出有关各方实力地位和意图趋向上的差异。 就目前而言，为逐步实现两岸军事透明化，两岸应经常就各自的安全防务政策以及重大行动展开对话与通报，一些军事举措双方可以通过对话和协商逐步展开。 例如，双方不部署针对性武器，减少外岛驻军，不针对对方采取军事行动；预告军事演习并相互派员观摩；双方公布国防报告书；双方军事学术研究机构开展学术交流，实现军事资料相互交换；双方军事基地相互开放参观；中低层军事人员实行互访，高层军事人员实行对话并定期举行军事协商会议；海军舰艇相互访问；实现海上相互救援；划定两岸非军事区、建立军事缓冲地带等。在当前形势下，台海两岸可以做到对于未来的军事演习，双方应当提前公布，不搞突然袭击。

（三）共同维护中国领土和领海主权完整

近年来，大国关系及地区安全局势的变化使两岸建立军事安全互信机制的必要性日益上升。

自20世纪70年代开始，由于南海具有丰富的海洋资源和地缘战略价值，导致周围各国开始抢占南海，给整个中国国家安全埋下隐患。 冷战结束后，美国围绕南海问题借题发挥，在黄海—东海—南海的扇形弧线上采取了一系列针对中国的军事和外交举措。 进入21世纪后，伴随着美国战略东移步伐的加快，美国进一步加强了对中国的战略遏制，以期巩固老盟友，发展新伙伴，这一战略更加助长了周围各国抢占南海资源的狂潮。 对大陆和台湾而言，两岸在南海问题上存在合作的可能和必要性。 实际上，两岸在共同维护南海主权上的默契与合作早有先例。 1974年中越西沙之战，解放军东海舰队两艘驱逐舰途径台湾海峡支援南海，当时，台湾军队不仅没有开炮，反而打开探照灯，让大陆驰援军舰从台湾海峡顺利通过。 据悉，当时大陆舰艇通过时，台湾海军还打出"祝共军兄弟凯旋"的条幅。[1] 1988年，大陆南海舰队编队收复被越南侵占的赤瓜礁途中，经过台湾军队驻守的太平岛，在守岛台军的默许下，大陆南海舰队编队所有

---

① 张春英：《海峡两岸对南沙和西沙群岛主权的共同维护》，《军事历史》2003年第5期。

舰艇在太平岛上停留一个星期，补充淡水和主副食品、了解敌情及寻找登陆岛礁和应敌的突破口。 两岸在相互敌视、兵戎相见的年代尚以民族利益为重暂时放弃恩怨，何况在两岸关系大为改善的今天，面对南海诸岛主权和资源频遭外国侵犯的严重态势，两岸更应携起手来，采取合作的态度共同保护南海，共御外敌。 因此，两岸军方共同维护南海利益的可能性日益上升。

另外，日本也加紧在靠近台湾和中国大陆东南沿海地区的西南群岛方面进行军力调整与军事布局，特别是加强了对有争议的钓鱼岛及其周边水域的控制，并开始以国内法处置在该争议水域进行正常渔业活动的中国大陆和台湾渔船，使得东海安全形势变得更加复杂和严峻。 尤其是日本 2012 年 9 月 10 日"国有化"钓鱼岛，并以此为筹码妄图把钓鱼岛窃为己有以来，两岸均推出强力反制措施，大陆发布了钓鱼岛及其附属岛屿的领海基线，派出多艘海监船巡航钓鱼岛海域，宣示主权，中断或推迟与日方官方往来等。 而台湾也派出军舰驶进钓鱼岛海域，坚决表态在"主权"和"领土"问题上绝不退让半步。 按照旺旺中时民调中心和大陆《环球时报》所进行的钓鱼岛问题两岸同步民调，台湾民众有 5 成 2，等于是超过半数，是支持两岸在钓鱼岛主权争议上携手合作的，当然大陆的支持度更高，民众有 85% 是赞成的。 "兄弟阋于墙，外御其侮"，在民族核心利益受到损害的时候，联手保钓已经成为两岸民众的共同呼声。

总体而言，海峡两岸的和平统一是政治、经济、军事、社会、文化等各方面有机的统一。 相比而言，由于两岸地位、实力、信息及机制不对等，军事接触和交流起步会比较艰难。 既然政治分歧需要逐步弥合，两岸军事安全领域的矛盾也不可能一下子完全解决，两岸军事安全互信机制的建立也应该是一个逐步完善的过程。 总之，两岸军事安全互信机制的建立有助于加强两岸政府和军队之间的联系和信任，也有助于增强两岸人民之间各种友好往来和情感融合，因此，两岸军事安全互信机制虽然没有也不可能直接解决两岸政治分歧的问题，但对于创造和平统一的条件、促进国家统一具有重大意义，是促进两岸和平统一的机制。

〔责任编辑：李秋发〕

● 短论 ●

战斗文化催生战斗力的路径探析

朱 乐*

党的十八大报告强调，要坚持围绕主题主线，大力发展先进军事文化。 这对加强部队文化工作提出了新的更高要求。 战斗文化作为我军军事文化的重要组成部分，其建设是军队思想政治工作不可或缺的方面。 在革命战争年代，是"团结人民，教育人民，打击敌人，消灭敌人的有力武器"；在社会主义建设时期，仍是为人民服务、为社会主义服务的重要精神力量。 因此，探析战斗文化催生战斗力的有效途径，对于贯彻执行新时期的战略方针，丰富和发展我军的文化工作，顺利完成各项军事斗争任务，具有十分重要的意义。

一 转变观念，围绕中心，确立 战斗文化工作的新思维

战斗文化是在丰富的军事实践中长期积淀而成的，反映军队核心价值、体现军队战斗性，用以激励士气、鼓舞人心，并通过激发和培育官兵战斗精神不断提升部队战斗力。 具体包括战斗信念、战斗伦理、战斗口号、战斗歌曲、战斗影视、战斗书籍等形态。 战斗文化以其深厚的文化内涵、鲜明的时代特色和强烈的战斗特性在培育部队战斗精神方面发挥了最为直接的作用。 但在实际工作中，很多官兵认为，只有战争年代才有战斗文化，因而在和平时期淡忘了战斗文化工作，甚至将其简单等同于一般文体娱乐活动，缺乏对战斗文化的深层挖掘。 一些单位从演唱组到演出队，从合唱比赛到主题晚会，可谓红红火火，可是在其背后却存在着不容忽视的事实：有些同志，因长期沉

* 朱乐（1982～ ），男，江苏徐州人，71262 部队政治部干事，南京政治学院上海校区博士研究生，少校军衔。 主要研究方向：军队党的建设。

醉于吹拉弹唱，几年兵当下来，竟然不认识所在部队的主战武器，甚至没参加过军事训练；一说开展战斗文化工作，就想到办个晚会、编个小品，笑笑玩玩；一谈战斗文化作用，就认为是敲边鼓，凑热闹；一讲教育人、培养人、提高作战能力，就认为是教育训练的事。　在开展文化工作时，往往忽视了战斗文化在文化工作中的存在和在战斗力生成中的效能。　实际上，军队要提高战斗力，战斗文化工作是必不可少的。　但军队的一切工作都要紧紧围绕党和军队的中心任务展开，战斗文化工作也不例外。　无论是战争年代的"抗日救亡""打倒蒋介石，解放全中国"，还是新中国成立后的"抗美援朝，保家卫国""抗洪抢险"等，军队的一切工作都是为了实现党的奋斗目标，都是服从服务于党的中心工作的。　我军的战斗文化正是在围绕和促进这些中心任务完成的过程中，体现出自身的巨大作用和价值，为军队提供了重要的精神动力和智力支持。　在新形势下，军队的战斗文化建设必须自觉坚持这一重要原则，进一步解放思想，更新观念，确实认清战斗文化的深刻内涵，使战斗文化工作走出误区，服从服务于国家和军队的现代化建设，适应军事斗争准备为龙头的各项工作的需要。　特别是近些年，要注重在部队执行重大政治、军事斗争任务和完成抢险救灾等急难险重任务中，加强战斗文化建设，锻造军人的坚毅品格，提炼和升华军人的战斗精神，使战斗文化建设在军队履行新世纪新阶段历史使命的过程中，发挥更大的作用，得到更大的发展。

二　紧跟时代，丰富载体，拓展战斗文化传播的新媒介

　　战斗文化工作不能直接产生战斗力，必须通过相应的战斗文化物质载体作用于广大官兵。　目前，除了报刊、图书等纸质传统媒介，广播、电视、互联网等现代化的传播手段，已成为传播先进文化的重要物质载体，也是建设先进文化的重要内容，而且深受广大官兵的欢迎和喜爱。　作为先进军事文化的组成部分，战斗文化也必须发展和利用这些先进的现代传播手段，丰富自身的物质载体。　现在军队除了拥有图书、报纸和期刊出版社、音像出版社，在中央电视台和中央人民广播电台有军事频道或节目外，还创办了中国军网、全军政治工作信息网和全军宣传文化信息网等网站，许多部队和军队院校建起了局域网，电脑网络也已经进班排。　应当说，这为战斗文化的传播奠定了较好的物质技术基础。　为了适应现代传播手段迅猛发展的新形势，军队的新闻出版事业和互联网络建设都应有进一步的发展。　军队应逐步创造条件，设立专门的电台、电视

台，开办更多受官兵欢迎的军事栏目、节目。　要有计划有重点地扶持一些军队报纸、期刊和出版社，做大做强，深入开掘军事新闻宣传的丰富资源，拓宽军事新闻宣传的领域，更新、配置现代化的印刷、照排、光盘刻录等设备，从而不断推出更多的精品力作，不仅满足部队官兵的需求，也为繁荣整个社会的文化事业作出贡献。　网络建设应逐步改变目前各自为政、小而全、重复建设的做法，在充分调查研究、周密论证的基础上，制定出全军网络建设的规划，科学整合资源，合理布局，更好地发挥互联网的作用。　军队各级都应当重视战斗文化建设的物质技术保障问题，力所能及地加大投入，为部队的战斗文化建设创造更好的物质技术条件。

三　发扬传统，与时俱进，打造战斗文化建设的新特色

我军在革命战争年代和社会主义建设的长期实践中，形成发展了一整套优良文化传统，孕育了特有的战斗文化，创造了许多特有的精神财富，它蕴含着陶冶人、教育人、鼓舞人、塑造人的巨大精神力量，具有强大的生命力，曾经激励我们取得了一个又一个伟大胜利。　例如，爱党爱国爱社会主义精神、勇敢牺牲精神、无私奉献精神、艰苦奋斗精神、团结一致精神等，构成了战斗文化的重要内涵。　在改革开放的新形势下，"要引导官兵强化忧患意识、危机意识、使命意识，做到信念不动摇、思想不松懈、斗志不衰退、作风不涣散，始终保持坚定的革命意志和旺盛的战斗精神"。　这就要求我们与时俱进，在继承优良传统的基础上，不断丰富战斗文化的形式内容。　尤其在各种社会流行文化的挑战面前，如果简单地认为传统的东西过时了，无异于丢掉战斗文化。　丢失了优良传统，战斗文化就会失去基础。　但是，如果紧抱传统而不与时俱进，战斗文化的发展就有可能停滞不前。　在新形势下，要使战斗文化真正发挥其应有的功能和作用，在当前相对和平的时期，应着力推崇尚武精神。　这是由军队是执行政治任务的武装集团的特殊性质决定的。　战斗文化工作要鲜明地体现这个特色，要把尚武精神作为宣传的重点。　无论是战斗文化活动的组织还是军营内外的宣传布置，都要把"一不怕苦，二不怕死""首战用我、用我必胜"等充满尚武精神的内容展示出来，使这些带有强烈战斗性的战斗文化活跃在军营里，贯穿于各项工作中。

〔责任编辑：李秋发〕

● 综述 ●

党对军队的绝对领导是经受考验
和战胜挑战的根本保证

——南京政治学院团政委政工研究班研讨课的基本结论

王永强[*]

2011 年是伟大的中国共产党 90 华诞,胡锦涛总书记在庆祝大会上发表了重要讲话。 为了深入学习领会胡总书记重要讲话的精神,2011 年 9 月 8 日到 9 日,南京政治学院上海校区马克思主义中国化教研室利用两天时间,以 "武装力量与中国共产党:历史启示与现实挑战" 为主题,为校区团政委政工研究班来自全军陆、海、空、二炮部队的 27 名学员组织实施了一次研讨课。 本次研讨课由该教研室高民政教授负责,李承教授、孙力教授、李海平副教授、邬沈青副教授、蔺春来副教授参加了授课。 课程采取学习阅读、分班讨论、大会交流等形式,教员严密组织,学员热烈参与。 特别是在大会交流中,教员积极引导,学员踊跃发言,课堂气氛十分活跃。 大家紧紧围绕研讨主题展开热烈的讨论,讨论过程中有交锋,有交集,形成了重要共识。

一 党对军队的绝对领导是历史发展的必然

党对军队的绝对领导是人民军队始终不渝的政治信念和行动的遵循。 "党指挥枪" 是我军的建军原则,也是我军的优良传统。 对于这个问题,空军某场站政委张福林认为,应该主要从三个方面去理解。

第一,党对军队的绝对领导是历史的选择。 我们党是 1921 年 7 月成立的。 中国

---

[*] 王永强(1971 ~),男,河北元氏人,机械化步兵学院政治工作教研室讲师,军事学博士,上校军衔。 主要研究方向:美国军事政治学。

共产党成立后，由于当时领导人错误的指导思想，长期没有真正掌握并建立自己的武装力量，因此，使我党在国民党的叛变面前遭受了惨重的损失。血的教训迫使我党在1927年8月1日发动南昌起义，最终建立了人民的军队。这次起义是在以周恩来同志为总书记的中共中央前敌委员会的领导下取得胜利的，这支军队也是由我们党一手缔造和直接领导的。因此，党对军队的绝对领导是历史的选择。

第二，党对军队的绝对领导是我党取得革命胜利的保证。人民军队成立后，并没有真正的战斗力，在与国民党军队的对抗中可谓一触即败。经过毛泽东同志领导的三湾改编、古田会议，我党在军队内部建立了各级组织，支部建在连上，班、排建立党小组，连以上设置党代表，营、团建立党委，从而进一步确立了党对军队的绝对领导。起义部队从此在面貌上发生了翻天覆地的变化，战斗力得到了极大的提高，建立了根据地，取得了四次反围剿的胜利。此后，党内斗争和党指导思想的错误，导致红军第五次反围剿失败，被迫长征。这也昭示我们，什么时候我们坚持党对军队的绝对领导，我们这支军队就会不断地从胜利走向胜利，反之，就必然会失败。

第三，党对军队的绝对领导是我们党执政的需要。新中国成立后，我们党由革命党变为执政党，但是党对军队的绝对领导没有丝毫的放松。这是基于国家长治久安的考虑。苏联解体、东欧剧变的教训也使我们清醒地认识到，党对军队的绝对领导是何等的重要。因此，在新时期、新阶段，胡锦涛主席赋予我军"三个提供、一个发挥"的历史使命。其中，第一条就是明确，军队要为党巩固执政地位提供重要的力量保证。党对军队的绝对领导构成了中国特色社会主义大厦的支柱。动摇党对军队的绝对领导，就必然会动摇党的执政地位，也就必然会动摇中国特色社会主义的根基。

二　坚持党对军队的绝对领导是应对现实挑战的需要

在研讨课上，学员们表现出强烈的忧患意识，普遍认为，只有坚持党对军队的绝对领导，我们才能"任凭风浪起，稳坐钓鱼船"，积极应对、真正化解我们所面临的一切国、内外挑战。当前，我国的各项建设举世瞩目，国力、军力显著提升，在国际上的地位作用日益明显，越是在这样的情况下，我们越应该清醒地认识到，区域并不安全，挑战随处可见，军队更应该承担起责任，更好地履行使命。

沈阳军区某装甲团政委谭志勇认为，当前最突出的问题是，要克服精神上懈怠的危险。胡锦涛在建党九十周年讲话中提出的四个危险中，第一个危险就是精神懈怠的危险（其他三个危险是能力不足的危险，脱离群众的危险，消极腐败的危险）。敌人就在身边，危险就在眼前。越是在这种情况下，越要把"枪听我的话，我听党的话"这个信念做到"官喻兵晓"，这既是我们理论武装的一个重大任务，也是我们在现实抓政治工作当中一个最好的切入点和落脚点。

首先，党对军队的绝对领导是应对复杂的国际环境的需要。西方敌对势力一直企图通过各种手段对我们的青年和军队实施拉拢和破坏。而且这种破坏活动一刻也没有停止，手段更加多样，领域更加广泛，而且它的欺骗性、隐蔽性也更强。归纳起来，主要是"六化"：一是要让我们所有的官兵对政治"淡化"；二是要让我们所有的党员干部"腐化"；三是要让党和国家领导人"丑化"；四是要让马列主义在中国"融化"；五是要让军队"非党化、非政治化"；六是要让民族关系"分化"。"六化"都有好多事例。

其次，党对军队的绝对领导是应对国内问题的需要。近年来，我国先后发生了"法轮功""藏独""疆独"等事件。"民运分子"也公开攻击党和政府，公开反对社会主义制度。另外，极少数地方大学教师在我军院校和部队讲课时，公开宣讲私有化和多党制，扰乱思想战线。思想意识战线的斗争不是简单化，而是更加复杂化了。这一点是我们政工干部、党委书记必须要清醒认识的，绝对不能含糊。这也客观上要求我们必须要坚持党对军队的绝对领导，以有效应对复杂的国内斗争形势。

最后，党对军队的绝对领导是有效履行军队历史使命的需要。抗美援朝结束以后，美军西点军校曾经流传这样一句话，即美军不怕中国军队现代化，就怕中国军队"毛泽东化"，也就是强调党的思想、理论的力量。拿破仑也说过，世界上只有两种力量：精神和利剑。这两句话折射的道理是一样的，即思想红起来，枪杆子就能硬起来，这两者从来都应该统一在一起。当前，我军职能、使命不断拓展，由机械化向信息化转型的任务更加艰巨，要应对多种安全威胁，并且多样化的军事任务更加繁重。在这种情况下，我们作为政治干部，作为党委书记，不能因为抓使命拓展，抓任务转型，就放松了或是放弃了党对军队的绝对领导，而是更要把党对军队的绝对领导放在首位，确保枪杆子永远牢牢掌握在党的手里。到任何时候，这支部队都是党的军队，都是听党指挥的部队。

三　坚持党对军队的绝对领导面临着现实考验

随着我们党、国家和军队建设进入了一个新的发展阶段，世情、国情、党情和军情发生了深刻变化，军队使命任务不断拓展，对加强和改进新形势下军队党的建设、坚持党对军队的绝对领导，既提出了新的更高要求，也带来了一系列新的考验。云南省某军分区政治部副主任李琼认为，这些考验主要表现在四个方面。

一是意识形态领域尖锐复杂的斗争带来的考验。一方面，敌对势力借民主政治之名，极力鼓吹"军队非党化、非政治化"和"军队国家化"等荒谬论调，妄图使我军脱离党的领导，改变我军性质。另一方面，在全球思想文化交流、交融、交锋的情况下，各种思想文化日趋活跃，一些错误思潮和腐朽思想文化不同程度地冲击和影响着官兵的思想意识和价值取向，侵蚀着党对军队绝对领导的思想根基。

二是信息化条件和市场经济环境带来的考验。一方面，敌对势力经常利用我国市场经济条件下出现的一些社会矛盾问题，竭力把人们的注意力引导到怀疑和否定党和军队的根本制度上来。另一方面，随着社会信息化的快速发展，各种媒体特别是互联网、手机等新兴媒体的广泛运用，国际国内思想舆论互动性空前增强，客观上给敌对势力破坏党对军队的绝对领导提供了新的渠道和平台。

三是中国特色军事变革加快和军事斗争准备拓展深化带来的考验。一方面，面对汹涌而至的新军事变革，一些人容易对西方军事制度和治军之道盲目崇拜，对我军特有的政治优势产生怀疑。另一方面，随着我军使命任务的拓展，非战争性军事行动任务不断加重，对各级党组织完成多样化军事任务的能力提出了新的要求，必须注意防止淡化党的观念和军队性质、宗旨等现象。

四是军队党组织和党员队伍结构成分变化带来的考验。一方面，党组织的类型结构日趋复杂，由军事、技术和业务干部担任党委（党支部）书记的明显增多，对加强党组织思想政治领导、充分发挥核心领导作用提出了新的更高要求。另一方面，军队接收地方大学生入伍和面向社会招聘文职人员数量逐年增加。因此，如何加强对年轻党员的教育培养，把党领导军队的优良传统一代代传承下去，是必须引起高度重视和着力解决的现实课题。

四　坚持和加强党对军队的绝对领导必须 要有切实有效的措施

坚持和加强党对军队绝对领导的原则，充分发挥党组织的核心领导作用，积极应对所面临的一系列考验，必须要有切实有效的措施。对于这个问题，学员们进行了热烈讨论。

云南省某军分区政治部副主任李琼认为,坚持和加强党对军队绝对领导的原则,一是要坚持我军"党的军队"的性质,反对"军队国家化"。 对于西方敌对势力鼓吹的"军队国家化",广大官兵有比较清醒的认识,但也有极少数同志对其实质存在模糊认识。 我们必须要用西方军队的政治现实,对官兵讲清楚,在政党政治时代,根本就没有什么"非党化"的、"非政治化"的、"国家化"的军队。 西方敌对势力鼓吹"军队国家化"谬论的要害,就是为了取消共产党对军队的领导权和指挥权,它要"化"掉党对军队的绝对领导,"化"掉党的兵权、人民的兵权。

二是要坚持党委领导作战,反对削弱党委的职能。 随着现代高技术武器装备的发展,党委还要不要、能不能领导作战? 一些同志产生了怀疑。 他们认为,战况瞬息万变的现代战争,不允许坐下来开党委会讨论作战问题。 党委领导作战,搞不好很可能会贻误战机。 这种认识显然不妥。 首先,党委领导作战不是党委包揽作战的所有事务,而主要是负责贯彻落实上级的作战原则、作战方针、战略部署和重要干部的任免等。 其次,党委领导作战不是党委代替军事指挥员的职责,具体作战指挥必须由军事指挥员进行。 最后,党委领导作战的方式不等于就是党委开会,还可以有其他多样、灵活的方式。

三是要坚持我军特色,反对照搬外军。 党委制、政治委员制、政治机关制,是党对军队进行绝对领导的基本制度,任何时候都不能削弱或动摇。 改革要适合中国的国情和军情,必须保证党对军队的绝对领导和正确的政治方向。 要提高坚持党对军队绝对领导的自觉性,就必须从政治、思想、组织、制度上全面抓落实。

空军某场站政委张福林认为,在新的历史条件下,坚持和加强党对军队的绝对领导,应该主要从三个方面着手。 一是要不断强化官兵的军魂意识。 二是要切实坚持党对军队绝对领导的一系列根本制度。 三是要充分发挥政治工作的保障功能。

还有的学员认为,当前有的部队对官兵进行政治教育的方式方法太僵化、死板,没有创新性。 比如,有的单位让战士、学员全文背诵胡锦涛"七一讲话";有的单位把讲话中的基本观点抽取出来,让大家背记,然后进行考试、提问;有的单位把党的创新理论讲成了一堆"骷髅",不活,不新鲜,没有生命力,大家听得特别枯燥、烦躁,进而打心眼里反感这种活动。 诸如此类的教育活动,不可能使教育内容"入心、入脑",并转化为受教育者的自觉行动。 因此,必须要改进政治教育的方式、方法、重点和途径,提高教育时效。 比如,有的学员主张,要用党领导军队所取得的辉煌成绩、党对军队的绝对领导使我国经受住了严峻考验等事实，使教育鲜活起来；有的学员主张，团级单位应该设专职的政治教员，因为一般政治干部难以把一些复杂的理论和现实问题讲明白；还有的学员主张，"军队非党化、非政治化"和"军队国家化"思潮对士兵没有什么影响，士兵只知道听班长的，因此，对士兵似乎没有必要开展反"三化"思潮的教育，该教育应该主要针对干部，等等。

● 书评 ●

战争根源的再探索：基于三种意象的层次分析方法

——肯尼思·华尔兹《人、国家与战争》评介

周　骏[*]

　　"战争是政治的延续"，因此，在理论上更加深刻、清晰地把握和认识战争的根源，是军事政治学研究的重要领域，也是政治理论工作者所肩负的伟大使命。肯尼思·华尔兹教授的《人、国家与战争》无疑在该领域作出了杰出的贡献。该书全面、综合地梳理了西方政治理论著述家们关于战争根源问题的各种观点，并将各种理论归置于人、国家与国家体系这三种意象之中。本文简要地介绍了该书的整体框架、各部分主要内容，并对该书在方法论以及研究成果上的贡献以及不足，作出了一些尚不成熟的评价。

　　如何认识战争？如何认识战争的根源？不同的学派会因各自方法论或旨趣的不同，得出异见纷呈的结论。但是，战争作为政治的延续，如果不能将其纳入政治学领域进行探索和研究，如果不借助政治学的基本研究方法，不考量政治学科内各主要自变量与因变量的关联与互动，那么，无论其演绎及论证过程多么富有逻辑和洞见，其结论总像是建在沙滩上的大厦，难以稳固与持久。

　　美国学者肯尼思·华尔兹所著的《人、国家与战争》，[①]便是在政治学范畴内考察"战争的主要根源是什么"这一问题的杰作。作者通过对大量古典政治哲学典籍和当

　　*　周骏（1978~），男，江苏无锡人，空军空降兵学院政治工作系讲师，南京政治学院上海校区博士研究生，少校军衔。主要研究方向：政治学、军队政治工作学。
　　①　〔美〕肯尼思·华尔兹：《人、国家与战争》，信强译，上海世纪出版集团，2012。

代国际政治著作的旁征博引，将关于战争根源的各种纷繁复杂且相互矛盾的观点进行梳理，并创造性地借助层次分析方法（the level-of-analysis），来分析、评估并综合人、国家与国际社会特性在战争根源中的重要程度及相互联系。下面，就该书的基本内容和主要观点向各位同仁及读者作一简要评介。

一　《人、国家与战争》的结构与主要内容

《人、国家与战争》全书共有 8 章，由三部分组成：在第一部分导论中，作者提出了问题、介绍了研究方法并指出了批判目标；第二部分是全书的主体部分，由第 2 到第 7 章组成，分别从个人、国家以及国际社会这三个层次，对历代政治理论家关于战争根源问题的观点进行评估与批评；最后一部分是结论，作者简要综合分析了三种意象之间的联系。另外，要把握《人、国家与战争》一书的要旨，首先必须理解华尔兹语境中的"意象"（image）观念。在 2001 年版作者本人的序言中，华尔兹直言不讳道，他用意象一词替代"分析层次"这一术语，一方面是出于精确和优雅的；另一方面，也是为了更加突出分析方法中的系统性。但笔者个人认为，将 image 译为"意象"，并不更容易概括书中关于战争根源的各种理论体系，或许"图景"一词的使用，在当代大陆译界更加广泛而普遍，但为了尊重译者和关于本书在国内出版以来的约定俗成，下文仍将借用意象一词。

（一）问题的提出

在导论部分，华尔兹教授首先将"是否有什么办法能够减少战争爆发的频率，而增加和平的机会"替代了另一个命题"如何消灭战争，实现永久和平"。这一命题的转换，体现了作者鲜明的现实主义倾向和立场。紧接着，作者简明扼要地归纳了自古以来三种关于战争根源的主要意象：个人层面的"性恶论"、国家层面的"结构缺陷论"及国际社会层面的"无政府论"，随后，分别从乐观以及悲观主义两种不同的角度，来考察三种意象以及各种消除战争方案的矛盾之处，最后，作者对全书的结构作了一个简要的概括。

（二）第一种意象：人性与战争

正文第 2、3 章，华尔兹评估并批判了第一组"意象－目标"：战争的根源在于人

性恶，因此消灭战争的方案在于人性本身的进化。 在这一部分，作者主要引用、比较并综合了奥古斯丁、尼布尔、摩根索和斯宾诺莎这四位较具代表性作者的观念。

将战争根源归咎于"性恶论"是出于这样一种论证逻辑：战争作为政治上的一种弊病，同人类社会所有弊病一样，都源于人性本身的缺陷。 至于何种缺陷直接导致战争，各位理论家却持有不同的观点。 奥古斯丁认为，人类的一切罪恶源于"骄傲"；摩根索认为是"权力欲"；而斯宾诺莎则认为是缺乏理性。 关于解决方案，乐观主义者相信只要人类自身能够被改变，战争便可以消弭于无形，但悲观主义者如奥古斯丁、摩根索等人则摒弃了"人性本善且具有无限可塑性"的假设，认为人既不可能完全理性，也并非真正地充满爱心，而是"时而完全盲目、时而又过于聪明地利己"。①

华尔兹根据"人性导致战争"意象中的几处内在矛盾，进行了有力的批判。 第一，如果将战争和犯罪的根源归咎于人性恶，那么与之相反的慈悲、友爱和自我牺牲等崇高行为将无法解释。 第二，如果人性都是相同的，那么仅仅从人性这一个根源出发，将无法解释人类社会政治制度的多样性，更无法解释战争与和平为何会以交替循环的状态出现。 第三，试图撇除政治因素，从个人在社会中的行为，如教育、信仰等方面去探索战争的根源，将"行"等同于"知"，得出的结论以及解决方案将会相当荒谬。 如二战后一些心理学家及行为主义科学家将战争的原因归咎于精神失常的领导人，而根治方案则是通过心理测试等科学手段防止此类人物掌权，等等。

华尔兹最终的结论指明："战争根源于人性"这一意象，是一个既无法证实，又无法证伪的论断，而过分强调此种意象的错误在于夸大了人性与战争之间的因果联系。因此，在否定了人性是战争的唯一根源之后，研究路径必然提高到国家这个层次，因为如果人性亘古不变，那么，至少国家的政治制度却是可以形塑的。

（三）第二种意象：国家性质与战争

正文第 4、第 5 章，华尔兹针对"战争根源于国家结构的缺陷"进行了评估和批判。 启蒙运动之后，很多政治理论家认为，好国家热爱和平，坏国家导致战争，这一理论发展到现代，被简化为民主国家倾向和平、专制国家导致战争。

"民主国家倾向于和平"这一理论，是自由主义政治理论家按照以下逻辑推导出的。 从功利主义的角度出发，首先构建"战争得不偿失论"（war-does-not-pay）这一理

---

① 〔美〕肯尼思·华尔兹：《人、国家与战争》，信强译，上海世纪出版集团，2012，第 21 页。

论前提,即认为,对于国家而言,即使是胜利者也不可能从战争中获利。 在此前提下继续论证,如果国家的主权掌握在人民手里,那么,这个国家就会代表全体人民的利益。 最后,国家一切行动的目标是追求功利,所以,民主国家不会违背自己的利益去发动必然得不偿失的战争。 相反,该理论认为专制国家可能因为非理性,或为服务国内少数阶层的利益,而成为战争的策源地。

华尔兹通过分析这种意象在实践以及理论中遭遇的困境,指出了此种观念的局限。 首先,国家结构缺陷导致战争这一理论的实证基础,主要建立在英美两国的政治实践上。 但英美作为非欧洲大陆国家,拥有相对远离纷争核心的传统优势,因此"以地理和历史的偶发事件为基础来创建一种国际关系理论是危险的"。[①] 其次,如果战争由坏国家引发,那么为了消灭战争,就必须消灭坏国家,但由此发展而来的干涉主义,不仅未能消除战争,反而引发了更多也更残酷的战争。 并且如何定义好坏,本身就没有统一的标准。 最后,从近现代的政治事件来看,无论是自由民主思想的推广,还是工人运动的发展,无论资本主义还是社会主义,虽然都自称为好国家,却都未能有效地遏制战争。

华尔兹对第二种意象的批评指明了,坏国家更容易导向战争这一论点固然不错,但与之相对应的好国家倾向和平,却无法从理论和实践中得到论证。 而战争根源于国家内部结构的缺陷这一意象的最大矛盾,并不在于理论上的错误,而在于其视野的局限,因为这一意象忽略了国际环境对国家行为方式的巨大影响,由此,华尔兹对战争根源的追索路径上升到第三种意象——国际社会的无政府状态。

(四)第三种意象:国际社会与战争

正文第6、第7章,作者分析了最后一种也是最高层次的意象——"战争根源于国际无政府状态"。 持第三种意象的理论家们认为,如果霍布斯、洛克及卢梭对人类开化之前那种自然状态的描述,属于某种意义上的虚构,那么,一个不存在世界政府的国际社会,则是一个现实版的"丛林社会",每一个主权国家都身处险恶的"自然状态",因此,"如果一个国家认为它所追求目标的价值高于和平所带来的快乐,那么它就会使用武力来实现这些目标",因此,"每个国家都必须时刻准备着以武力对抗武力"。[②]

---

① 〔美〕肯尼思·华尔兹:《人、国家与战争》,信强译,上海世纪出版集团,2012,第82页。
② 〔美〕肯尼思·华尔兹:《人、国家与战争》,信强译,上海世纪出版集团,2012,第126页。

华尔兹以卢梭的政治著作①为例,分析了第三种意象内在的逻辑关系。 首先,将国际社会中的民族国家假设为能够进行理性思考的单位作为前提;其次,将自我保存作为每个国家决策和行为的出发点;最后,在不存在国际权威的情况下,保持各国或国家集团间军备的均势,成为各国最后也是唯一的理性选择。 因此,国际社会的无政府现状是引发战争最现实的根源。

尽管第三种意象对于前两种意象来说,其分析更为完整,其理论体系也更具说服力,但华尔兹仍然指出了其中的缺陷。 首先,如果人并不是全然理性的,那么如何论证由人所组成的民族国家就一定是全然理性的。 其次,国家以一个行为单元的面目统一行动,到底是一种常态,还是一种只有在危机时刻才出现的特殊状态。 再次,国际无政府状态到底是引发战争的原因,还是战争存在的环境条件,大多数著述家并未加以区分。 最后,如果世界政府真的具备超越国家主权的国际权威,那么又如何保证避免世界范围的全球暴政、世界专制。

华尔兹对第三种意象的评价要稍高于前两种意象,在这一部分的正文中,作者并未过多地批评这种意象的理论体系,而主要分析其基于零和博弈理论之上均势政治的局限性,并通过历史论证:国家集团间的均势,尽管在有些情况下能够遏制局部和地区冲突,但也有可能不断积累矛盾,导致军备竞赛并最终引发超大规模的国际战争。

(五)结论

作者在最后一部分结论中对三种意象进行了归纳,认为每一种意象都会因为历史阶段和形势的发展而风行一时,但三种意象中的任何一种,都难以解释一切。 因此,想要获得持久的和平或尽可能减少战争爆发的概率,必须综合考虑各类不同的战争诱因,而不能期望全然去除某一种诱因而实现永久的和平。

最后,华尔兹精练地归纳了三种意象相互之间的联系,他认为,一方面,国际社会的无政府状态真实地描述了现实世界的政治环境,但各个民族国家在这种环境压力下作出的决策与行为,仍然依赖于国家结构与人性;另一方面,国家结构以及人性虽然是战争决策中最活跃的因素,但如果脱离国际环境,那就很难预测这些因素的重要程度和发展趋势。

---

① 在书中主要分析了《社会契约论》与《论人类不平等的起源》两部著作。

二　《人、国家与战争》的创新、贡献及其缺陷

作为一部国际政治领域的经典著作，《人、国家与战争》被斯坦利·霍夫曼教授誉为与《伯罗奔尼撒战争史》《和平与战争》并列的"有史以来国际政治最好的三部作品"。　无疑，这部著作能够促进并帮助人们更加深刻地理解和把握国际社会中的战争问题，其研究方法和理论成果的主要贡献以及不足在于以下几个方面。

（一）《人、国家与战争》在方法论上的创新

华尔兹不仅是将层次分析方法引入对战争根源问题研究的第一人，而且其本人也是层次分析这一研究方法的开创者，在该书出版后一年，另一位美国学者戴维·辛格发表了《国际关系的层次分析问题》，对这一方法论进行了更加详细的阐发和论述。　该方法能够帮助研究人员更精确地定位社会科学研究中的各种变量，进而推动社会科学研究的"系统化"。　而正是由于华尔兹对该研究方法的重要贡献，层次分析法也因此被誉为"华尔兹—辛格研究法"，如果在这部书付梓前，不是因为机缘巧合导致华尔兹用术语"意象"代替层次分析，或许该方法会被以其个人名字命名。

（二）《人、国家与战争》研究成果的贡献

作为一部杰出的著作，《人、国家与战争》对国际战争与和平问题研究的推进主要存在于以下两个方面。　一是推动战争根源问题研究跳出一元论的窠臼。　以往关于战争问题的研究，尤其是将战争根源归咎于人性、国家结构及世界秩序的理论，都带有明显的一元论色彩，而三种意象的最终指向，全都集中于"非理性"这个焦点，也就是持每一种意象的理论家都认为，只要解决了人的理性、国家的理性或者国际行为的理性问题，那么战争问题自然迎刃而解。　而深受自由主义理论影响的华尔兹，充分运用理论批判与实证研究的方法，最终从人性这一逻辑起点上，解构了战争根源于非理性的整个理论体系，进而推论出战争诱因的多元性。　从其行文的风格中，我们可以明显地看出自由主义学者以赛亚·柏林对于华尔兹的深刻影响，但两位作者的区别在于，柏林认为各种美好的价值并不都能兼容，而华尔兹进一步推论出，所有的罪恶也不能归因于某一种缺陷。　二是促进了和平研究的现实主义发展。　由于以往的著述家大都将研究重点放在战争的本体论研究上，所以难免带有形而上学的倾向，这也是导致战争根源一元论的重要

原因。 而这种形而上学的倾向,也必然导致和平解决方案的乌托邦色彩,期望通过人性的改造、国家的民主、国际社会的均势或者建立世界政府来消灭战争。 而华尔兹却在其著作中,通过对同一种意象中乐观主义与悲观主义两种对立倾向之间的相互批判,打碎了各种旨在实现永久和平的方案,这种带有某种程度辩证法意味的方法论,从根本上推动了当今世界关于和平问题研究的现实主义发展。

(三)《人、国家与战争》的不足与缺陷

《人、国家与战争》是由华尔兹教授青年时代的博士论文修改而成,作为一篇博士论文,该文无疑是杰出的;作为一部研究国际间战争的专著,该文也是极其优秀的。但就笔者个人观点而言,这部著作离伟大还有一定的距离,其缺陷与不足主要有四点。一是从方法论上讲,层次分析法作为结构主义的衍生方法,尽管继承了系统研究法的传统优势,但难免也同时继承其缺陷。 其主要表现在两个方面。 第一,结构主义在社会科学研究中,长于论证静态守恒而短于发现动态跃迁,因此,关于战争根源及其形态的历史发展,在这部著作中并没有得到有效的检视。 第二,层次分析方法能够对已经发生的历史事件进行更为精确的描述,但对于历史未来的发展趋势难以作出有效的预测,因此,华尔兹的这部著作,更侧重于解构传统理论,但作者似乎并没有表现出建构新意象的雄心,原因或许囿于作者所持方法论的局限。 二是从战争价值论的评价来看,华尔兹教授还是在某种程度上继承了"战争得不偿失论"的传统观念,认为"战争也许会达致资源的重新分配,但是只有劳动,才能创造财富",①如果从全人类的视角出发,这一观点无疑极其正确,但在"自然状态"的国际环境中,站在单个国家或民族的立场上,战争作为一种保障自身安全,甚至谋求本国利益的手段,并不能从正义或非正义这一伦理角度去检视。 另外,对于马克思主义关于战争能够推动社会革命的观点,华尔兹也持批评的意见。 三是从研究内容来看,华尔兹整个地抛弃了国内战争这一领域,这不免有些令人遗憾,关于战争根源问题的研究,如果缺乏内战这项重要内容,就难免忽视经济基础、上层建筑及社会革命等与战争密切相关,有时甚至是起决定性作用的要素。 因此,这一缺憾使得该书只能被归于国际政治而非政治哲学的研究著作。 四是从作者引用的参考文献来看,既然其研究的主题是国际间战争以及战争根源,但华尔兹没有提及格老秀斯的《战争与和平法》这一系统研究如何通过政治上的立法手段来消除战

---

① 〔美〕肯尼思·华尔兹:《人、国家与战争》,信强译,上海世纪出版集团,2012,第 177 页。

争根源的伟大著作,总会令学界感到有些疑惑。　另外,自休谟开始,功利主义学派的认识论,不断努力论证情感与理性的一致性。　因此,即使华尔兹不认同此种理论,但在大量涉及人类理性与非理性的问题上,至少也应该在某种程度上对该理论作出适当的回应,而在这部著作中,我们却没有找到相关的论述。

无论如何,瑕不掩瑜,作为一部青年时代的著作,《人、国家与战争》能够取得如此之大的成就,已属罕见。　而且,在华尔兹教授其后的《对外政策和民主政治》《国际政治理论》等著作中,更加显现了作者广博的学理素养和深刻的政治洞见。

〔责任编辑:李秋发〕

● 动态 ●

美国军事文化必须要改革吗?

——约翰·希伦的观点介绍

王红宇* 编

约翰·希伦,美国商务主管,被乔治·W.布什提名的前助理国务卿,2005 年 10 月 11 日至 2007 年 1 月 11 日任职。 负责国家政治和军事事务。 现为美国索特拉安全防御公司主席和首席执行官。

本文从七个方面探讨了美国军事文化的构成和其面临的挑战,包括从宪法和国家法律上证明军队的首要任务及其合理性,对职责需要、法律需要、社会需要等各个方面进行剖析,最终得出结论:武装部队要在一定程度上反映其誓死捍卫的社会文化,武装力量要为民主政治服务。

受价值观、行为、信仰等多方面因素影响,不断地变化成为军事文化的主要特点。因此我们要探讨的不是美国军事文化是否会改变,而是如何改变以应对这些压力。 更确切地说,是何为军队的首要任务? 怎样从宪法和国家法律上证明其合理性? 军事文化如何反映出其为之服务的社会文化? 这些问题的答案构成了军事文化发展的内容。 目前,强大而多样的需求正在起作用。 在某种程度上,军事文化通常应该反映美国社会,即便军事文化被推来拉去。 冷战结束已经改变了军队的作用与任务、编制预算、组织机构、法律基础和内部处罚条例。 然而,如道格拉斯·麦克阿瑟曾讲过的"混乱的变化与发展"总会运用到一些范畴以避免涉及美国军事文化:①不再有效提供共同防御;②如唐·施耐德所言,失去了根深蒂固的制度上的 "精神";③以牺牲军队的

---

* 王红宇(1970~),女,河南平舆人,南京政治学院部队政治工作系外军政工教研室讲师,上校军衔。 主要研究方向:外军政治工作。

职能或法律需要为代价,适应社会变革的要求。

本文将探讨所有可能决定美国未来的军事文化的挑战。 但由于多种原因,重点是社会的迫切需要。 这是因为如威廉姆森·莫里所讲的那样,职能压力,一般可以通过历史或战略分析来理解,并适应在"白昼的光明中"——明确在认定的战略环境中采取的重大决策。 可以肯定的是,政策决定驱动职能的需求总是被激烈争论,但各方有一个共同的决心,就是将美国安全最大化。 同样,国会有时会改变军事文化的法律需求,但这是为了提供更好的共同防御。 相反地,社会需求可以是深刻的反向功能,因为它们不是来自安全需要,甚至有时是完全脱离他们的。 此外,一些社会需求的增强削减了军队执行本职任务的能力,同时,必须得说,服务于民主政治的武装部队一定要在一定程度上反映其誓死捍卫的社会文化。 这才是所探讨问题的关键所在。 在战争的反常压力下,管辖的合法特权内,军队究竟如何保护其履行使命所必需的职业文化,并且仍然响应和反映其为之服务的平民文化?

职责需要

麻省理工学院著名组织心理学家埃德加·施恩称 : "文化就是一个团体在一段时期内的学习认知,在此期间,这个团体解决了自身在外部环境下的生存问题,也解决了内部整合问题。" 这一过程的最终结果体现在"三个显示文化自身的基本标准:可观察的外在,价值观和基本的潜在假设"。 考虑到20世纪90年代在政府和企业中界定一个组织的"核心价值观"成为一种风尚,在讨论不断变化的军事文化时集中关注价值观还是有用的。 军事文化不能集中在理论上虚构的价值观上。 大家都注意到价值观在整个历史上是如何支持世界军事文化逐步形成,以回应人类想要在战争中获胜的需求的,也就是说,这是出于职业的需要。 很简单,军人需要行为规范,价值观念,方式方法,程序步骤,以术语"武德"为特征的组织机构,包括责任、荣誉、勇气、纪律、爱国主义、承诺、力量、诚实、信任和决心。 许多其他社会、法律、心理、历史因素影响到军事文化的发展,在极大程度上,军事价值观已由其工作场所的独特需求而形成,对一种既定军事文化的最好测试就是其新兵是否能有效训练和战斗,尤其是当他们首次面临炮火时。

因此,如果改变了军事准备的主要任务,一定会改变文化。 斯奈德告诉我们,"作战能力仍然决定主流价值观、信仰及定义军事文化的复杂符号结构",他提出了如果作战不再是主要任务,我们的军队会怎样变化的问题。

表 1　军事文化的压力变化

	冷战时期的军队	冷战后的军队
职责需要		
· 战略重点	主要战争；强调苏联	各类行动；尤其是维和；没有过度威胁
· 财政资源	巨大 (1960～1990 年平均 7% GDP)	微小 (至 2002 年，计划不超过 3% GDP)
· 人事结构	大量应征入伍者/职业军队，着重地面部队	少量职业军队，更少地面部队
· 技术定位	着重地面部队，重火力	强调空中及空间行动，精准度，计算机化
· 体系代表	"英勇的"战士 (步兵，战机飞行员)	维和部队，电脑黑客，情报管理人员
法律需要		
· 公文定义与合法化作用	宪法，法令 (民兵法案)	宪法，法令，与平民司法机构合作法案
· 法律法规管理军事人事	军事审判的统一法规等，随国会与最高法院而变	军事审判的统一法规等，因总统之行政命令而"重整"
社会需要		
· 战争中女性	刚性战争除外	几乎开放所有军事专业
· 军中同性恋	不容许	"不问，不说"
· 异性结合的基本训练模式	只有空军 (1974 年后)	陆军，海军，空军
基本训练		
· 平民与军事文化的相互作用	不突出，保持完全一致小有压力	差距加大，将两者协调一致的压力增大

　　事实上，美国军方在其整个历史上一直参与比战争本身更多的非战争军事行动。当然，许多非战争军事行动有着战争的普遍特征。（如老兵格言所讲，"如果你身处战场，根本没有所谓的低度冲突"。）但冷战后美国政策转向为在波斯尼亚、索马里、海地、卢旺达等地的维和任务做准备，这将会挑战根植于过去战争中的传统军事文化。与传统战争相比，即便是被大肆宣扬的"反恐战争"，也与法律实施有着更多共同特点。在这方面，以色列国防军的明显文化变迁是有启发性的。相对于 1948～1982 年集中在保卫国家的对外战争，1988～1998 年则集中在对国内叛乱及其他挑战安全行为的内部监管。

　　1997 的凯利·弗林事件和其他的性丑闻表明，很多美国人似乎既不理解也不明白，为什么军事文化是特殊的。社论和专栏嘲笑军事精神是古老男权制度的一个表现。平民精英（包括保守的参议院多数党领袖）似乎并不明白，军队之所以为军队，是因为它在何处，何种环境下的所为。　正如施恩所言，你的所为证明你是谁，你重视什么，你相信什么。　在中尉弗林的案子里，"你的所为"在战时，使得投放炸弹和导弹甚至是核弹成为必须。　许多给《纽约时报》和《华盛顿邮报》写信的读者对美国空军将广为人知的社会过失如通奸、撒谎和违背命令等定为犯罪表示困惑。　这种现象表明现今不断变化的职责需要和社会需求交汇挑战着军事文化。

第二种决定军事文化的强大职责需要是国防资源。　自珍珠港事件以来，1998 年美国军事设施的资金提供处于最低水平（即在国内生产总值和联邦预算中的百分比）。社会保障，医疗保险，其他福利项目，以及国家债务的利息在联邦预算中都更具优先性。　军队曾经是国家的第一工具，但现在已经十分萎缩，在某种程度上，其文化已经恢复到 19 世纪边界武装力量时期。　此外，人事政策的目的在于培养这样一个小规模的专业力量。　1940～1973 年间的人事政策是基于大量征兵之上。　但是冷战后的缩减不仅因其自身改变了美国军事文化，也加剧了源于新的社会需求的摩擦。

第三，军队组织和完成任务的方式对文化有着深远影响。　威廉姆森·莫雷指出，传统上，美国有自己的军事风格，强调后勤、压倒性优势、运用技术解决其他国家可能会用不同方法解决的问题。　特别是，自工业时代以来，技术已经成为美国非常引人注目的手段，随着军队缩减人事基础，这种文化特质现今也更为盛行。

在体系偶像的背景下了解这些是很有用的，这种人物似乎代表了军事文化的脉搏。工业时代早期，这种偶像是步兵和战机飞行员，他们是英勇的领袖。　在核武时代，全面战争不可想象，一些军事社会学家预测会出现从英勇的领袖到"现代军事管理者"的转变。　莫里斯·简诺维茨在其开创性著作《职业军人》中写道，核武时代战争复杂又很官僚的本质会要求精细的战略威慑知识，军事、工业和经济联盟，旨在避免绝对冲突的政治战争。　简诺维茨见证了介于军队和平民精英间的正在缩小的技术差距，并指出，一个复杂而又官僚的核武时代将显示出越来越多的"平民特性"。　但简诺维茨经验丰富管理者的标志被罗伯特·麦克纳马拉的"神童"计划及其失败的体系分析方法所玷污，在 20 世纪六七十年代越战期间，陆军和海军陆战队一直致力于启动各种项目来把"武士精神"灌输到军事文化中去。

什么会成为 21 世纪美国军事文化的标志？　在众多写过数码时代的军事意义的文章的人中，詹姆斯·亚当斯把电脑奇才看作新的标志。　在其著作《下一次世界大战》中，他写道，"在未来新世界中，士兵将会是身穿制服的年轻电脑高手，他们可以把病毒植入德黑兰的电力供应系统中，使整个城市陷入到一片黑暗之中"。　由于"军事革命"似乎要用电脑、无人驾驶机、卫星来取代军队、坦克、舰船和飞机,艾略特·科恩曾称 "从电脑高手到勇士的比率"将大幅增加。 同样,在过去几年中,维和已经成为美国军队的主要任务。 最受欢迎的军事专家是宪兵和内务官,在过去的体制标志中,他们都是边缘人员。 所有这些职责领域的变化——战略、政策、资源、组织、技术——都将深刻影响军事文化。

法律需要

虽然没有详细讨论,但是法律需要对军事文化而言是至关重要的。 它们确立了武装部队存在及其任务的合法性。 法律需要主要基于宪法和其他美国法令,详尽说明了军队的作用和任务,以及军队管理自身的法律规范。 虽然宪法变化不大,美国法律近期已对有关军事任务的内容做了修订。 比如,海湾战争后,全球军事威胁大大减少,美国国会出现一种动向,由参议员山姆·纳姆牵头,让现役军队参与并协助处理国内事务,像 "禁毒战役"、维护平民秩序(就如军队在 1992 年洛杉矶动乱期间所做的那样)、边界巡逻、救灾活动等。 其中的一些行动, 直接违反了地方保安队法,它规定禁止正规武装部队协助执法。 而国会在 1981 年通过了军队与司法机构合作法案,允许军队在禁毒活动中发挥更大作用。

纳姆声称,国家需要利用好由"勤奋能干,纪律严明的男人女人们"组成的武装力量,从而来证明其在更多国内事务中使用军队的建议是有正当理由的。 同样,1996 年共和党总统候选人罗伯特·多尔,以及拉马尔·亚历山大和帕特里克·布坎南建议,使用军队来封锁边界、协助禁毒工作。 这些建议在很多方面威胁到军队的核心功能,用亨廷顿的话来说就是 "成功的武装斗争"。 尝试进一步修订法律面临两个挑战。 第一,它们可能会适得其反。 军队之所以 "勤奋能干、纪律严明"正是因为其以不同寻常的紧迫感为战争任务做准备,而战争要求其必须具备这些特性。 若解除了任务,就等于解除了背后支持这些任务的文化需求。 还有一个原因是平民执法机构没有军事文化——这是由于它们自身的原因造成的(或更确切地说,是由于它们的不作为造成的)。 用军队来纠正其他机构的过失会导致军事文化的萎缩。 因此,应否定政客们想要军队成为处置国内事务的非常工具的想法。 第二,由于近期性丑闻的发生,法律需要影响军事文化也受到质疑。 由于意识到至少在某些方面,军队不应该与地方如此不同,1997~1998 年间,国防部部长召集了一个小组,对军事审判统一法典中关于通奸和其他罪行的法律规定是否应该修订进行调查。 下面会讨论这类法律建议的推动力。 要知道,法律需要军队做什么和怎样做是受到通过政治干预非常短视的变化和修正所支配的。

社会需要

有三种不同类型的社会需求对军事文化造成冲击。

第一,有来自少数但有发言权的赞助者的压力,他们寻求将军队当作社会变革的工具,甚至是查尔斯·摩科斯和其他人所谓 的 "社会实验"。 有观察家认为,这些活跃分子寻求的不仅是通过军队促进其议程,而且是摧毁主流文化。 这让人想起国会女议员帕特丽莎·施罗德的兴奋宣告。 在海军丑闻调查期间,海军的问题表现为 "文化开裂的声音"。

第二,有一些军方和公职官员教唆这些活跃分子相信,职责需要已经大大改变了战争的本质,军方能够或应该适应看似矛盾的社会需求。 其他 "适应者" 则认为军事文化的许多痕迹过于专制、阳刚,或相反,没有与时俱进。

第三,一些维新派强调针对军队的社会需要,认为存在于平民文化与军事文化之间的严重差距对民主政治而言凶多吉少。 他们会推动军队接受关于种族、阶层、性别和性取向的当代价值观、行为模式和社会习俗以弥补差距。

议程推手

军队是受专制使然的 "自上而下" 的机构,被很多人看作推行社会变革的理想工具。 1948 年杜鲁门总统全面整合武装力量时就意识到了这一点。 而与此同时,美国大部分还禁闭在一种法定的种族歧视体系的模式中。 在这种情况下,现今这种敦促军方的社会需求也源于对女人和同性恋机会均等的需求。 他们的许多支持者毫不掩饰其激进的政治纲领和冒进的议题。 杜克大学法学教授玛德琳·莫里斯写了 130 多页的法律评论文章,就性别问题正式向前陆军部长多哥·韦斯特提出忠告,提出一种某种程度上基于共产党党支部模式的军队 "无性别愿景",提出废除鼓励 "强奸癖好" 的 "大男子主义军事概念" 的计划。 在学术界和活跃分子圈子中,这种未经证实的解构主义的宣传鼓动被看重,但并未渗透到军事决策的清醒世界。

然而,到 1994 年,机会均等的议程已经开始对政策有所影响。 克林顿总统在为期

18 个月的选举活动中,已经采取了严重挑战传统军事文化的若干步骤。 1994 年 1 月,国防部部长亚斯平宣布解除长期以来的排除规则,向妇女开放 15000～20000 个战斗岗位和准战斗岗位。 截至那时克林顿已经按其竞选承诺行事,解除公开身份的同性恋不准在军中服役的禁令。 这种有争议的举动,尤其是导致了神秘暧昧的"不问,不说"的妥协后果,遭到参谋长联席会议主席科林·鲍威尔的抵制。 最后,尽管在 20 世纪 80 年代已经尝试过并被认为是失败了,陆军和海军还是重新引入异性结合的基本训练模式。 1997 年和 1998 年,很快发生了一系列令人尴尬并高度曝光的事件,引发了值得两个一流国会小组进行调查的国家丑闻。 当军方会议小组详细讨论这些事件时,一些与会者认为,强加给军队的机会均等的变化不构成更大问题。 对他们而言,需要迫切忧虑的是,军队可能会通过损害其标准和文化观念来迎接职责挑战以适应这些变化。换言之,军队为适应这些需要而经历的文化焦虑有点自讨苦吃。

调和人

如果战斗中的妇女,还有在军队或男女合校基本训练中的同性恋破坏了传统军事文化,这种破坏有可能体现在战斗单位中凝聚力较小,个人隐私问题,及因性行为不检点导致的发病率的增加。 正如马可宾·欧文斯所写,这些现象代表了经典的克劳塞维茨观念。 他和唐·施耐德都注意到军事文化的形成恰恰是用于克服摩擦的,尤其是在面临重大压力的时期。 然而通常被这些社会实验的评论引用到的摩擦来源是双重标准、降低标准、不太严格的训练、违纪行为、减少军中女性需要的准备。 比如,由前参议员南希·卡斯鲍姆·贝克牵头的两性整合训练委员会的报告,将其对两性结合基本训练的批评聚集在后来的各类问题上。 在这种情况下,专家小组怀疑军方适应社会需求的虚伪方式比这些需求自身更有问题。

比如,近十年来,军方已经了解到妇女退出基本训练的比率是男性的两倍。 但是,军方不是把这当作苛刻环境中保持高水准的代价,而是降低了标准,从而在性别上规范这一数字。 小组成员还提供了很多其他这类姑息的例子,这些例子是从卡斯鲍姆·贝克的委员会和其他官方研究中得来的。

显然,军方的压力揭示了美国军队和美国政治体系还没有成熟到足以诚实应对"性别和性取向"问题。 政治与军事领导人似乎可以让美国社会信服,因此其军队必须在通往社会秩序的道路上发展,这种秩序与身体和行为无关,对性别和性取向没有影响,青少年可以按照温和恭敬的双性性格来审视彼此。　这种新的正统说法没有任何功能需求且事出有因，是一种纯粹的社会建构。　用妥协者阿斯宾的话来说，只是因为这"是要做的正确的事情"。　在阿斯宾做出决定三年之后，在独立委员会和无数的报告证实军方妥协，并遭受强加于身的变化之苦时，军方和政界的多数领导人继续以牺牲职责需求为代价支持社会需求，在对抗真相、保卫他们的新政权方面转而诉诸奥威尔式措辞。虽然很多军队领导者在战场上建功立业时展示出极大的勇气阻挡住国家敌人，在面对指控他们"开倒车"的激进分子时，他们却目瞪口呆。

战场永远强加自己的逻辑，包括不公正的英才教育制度，似乎是个简单的命题。但在和平时期，可以被积极分子用更大的议事日程紧逼的社会需要所压倒，适应者转而将其视为"人民的意志"。　因此，近期来自军方领导阶层的一则声明说"任何呼吁对受训者和干部的性别隔离的提议都违反了军队的基础"，这让一位持怀疑态度的观察家质疑"那是什么基础？为国家打赢战争？　要赢的意志？　'责任，荣誉，国家'？　'胜利无可取代'？军队领导阶层提到的是什么特别的基础？"

消除差距

在过去几年里，美国社会与美国军队间的差距正在加大，这已是被广为报道的公认的事实。　然而这种警告多半是有关制定国防政策的政治领袖和五角大楼的军队领导人之间的官方关系的。　如被描述的那样，这种军民之间的差距只有在政府内部，而且大多在最高阶层是明显的。　可是，自1996年以来，对这种差距的重点关注已经扩大，近期公众会话已经将这差距放大成一般美国社会和美国军事机构之间"几乎不可逾越的文化鸿沟"。　这种差距的后果造成的可怕警告，已经让许多政策制定者不假思索地认定，在一个民主政体中，它的存在是根本不健康的。　因此，他们危言耸听地呼吁弥补这种差距。　民防官员，像国防部部长威廉姆·科恩，已经让"重新连接军队与社会"处于最优先地位，有突出贡献的老兵像参议员约翰·麦凯恩公开承认自己担忧军队与社会日渐疏远。

无论是否有"议程推手"的政治推进，现在有一种不可阻挡的势力来消除军队与社会间的差距，不用明确差距的本质和程度，事实上它可能达到一种健康又令人满意的程度，或不用确定怎样减小这种差距。　所以不用理性地研究判断，我们见证了一系列推理假设，大意是说，有一种基本的慢性破坏的差距存在于军队与社会之间，没有哪种民主政体可以忍受其文化反映不了公民社会文化的军队。 而且,不言而喻,在新的管理体制下,如果军队或社会必须得适应其他文化规范,那将会是军队被迫降低其标准,而不是社会来培养、提高平民的行为标准。 最后,由于没有建立标准,就明确了一种"可以接受的"差距,军队可能会在压力下尽力消除差距,不管毁坏了什么,都可能会迁怒于文化、民族精神和证明其存在的价值体系。

平民文化与军事文化之间确实存在差距。 只要美国社会像其 1865 年以来那样维持下去,这种差距就总会有也将会一直有。 美国作为一个相对安定的国家几乎只关注"追求幸福",而其军队则承担起边界的保卫责任以保持这种基本状况。 两个实体间的文化差异对美国民主制度本身而言未必就危险,可以也应该存在,这样军队可以适应其保护的社会也可以适应它必须要上的战场。 一方面,为适应社会需要而缩小差距只会暴露出满足强硬任务需求的军队实力。 另一方面,如果军队在没有认知也没有回应整个社会的习俗和价值观的情况下,仅仅转向并回应战场,那么对军民关系而言,这种差距会变得不确定。

对许多观察家来说,20 世纪 90 年代美国的价值观和社会习俗——自恋、道德相对主义、自我放纵、享乐主义、个人主义、消费主义、受害者为中心、虚无、软弱等——与传统军事文化的相应内容差异之大,似乎无可救药。 评论家们,从苏联持不同政见者亚历山大·索尔仁尼琴到民意测验专家丹尼尔·扬克洛维奇,已经警告大家注意威廉姆·班尼特所谓的"显著的文化衰落"和"公众的信仰、态度和优先顺序的显著转移"。 甚至加里·特鲁多笔下的连环画《杜尼斯伯里》中的人物也嘲笑《宋飞正传》的虚无主义,说电视节目是"以自我为中心,奄奄一息,功能失调,被自身流行文化深深浸润的引人注目的平庸一代……不是说这有什么不对"。

显然,当今美国社会发现传统的军事价值标准有了越来越多的异质。 海军陆战队增加了为期一周的新兵训练,重点在于价值观念的培养。 因为这些部队从地方招募来的"粗制产品"就其价值观而言,水准较低。 近期托马斯·里克斯写的《塑造海军陆战队》一书中,差距是反复出现的主题,贯穿整个海军陆战队的基本训练。 正如里克斯解释的那样,当代社会的价值观与战争中获胜所需要的价值观念是对立的:"帕里斯岛是他们中许多人遇到绝对的客观的正误标准及成功与失败标准的第一个地方。"

这种美国全社会价值观的并置与海军陆战队的价值观相对,里克斯所在的排每天训练时都会凸显其自身的价值观念。 一位来自洛杉矶的前黑帮成员证明说:"海军陆战队教给我了价值观——不单单是言语上的。 荣誉,勇气,承诺,忠诚,诚信。 不仅是在使用这些字眼，实际上也在践行着这些。""平民世界中，都没有谈及这些。 我要说'诚信'，他们会说，'你在胡扯什么呀？ 你在部队被洗脑了'。"

这种类似的小插曲能证明"不可逾越的文化鸿沟"吗？里克斯认为，在一个民主社会里，对职业军队而言，军队轻视平民社会，不再为平民社会服务，将自身区别于自己保卫的社会是很危险的。 陆军助理部长萨拉·利斯特公开称海军陆战队员为"极端分子"，因为他们如此彰显，不同于社会。 可里克斯暗示，接纳一些海军陆战队的价值观念对社会而言会更好， 利斯特则想要陆战队员转向平民价值观。

然而消除差距是一场错误的游戏。 我们应该接受这样一个事实，尽管价值观不同，军队和社会却可以共存且相得益彰。 虽然有精英观点和宣传小组，美国人民总的来说还是欣赏传统军事文化的。 平民文化和军事文化之间有着令人不安的差距存在，但它们也共享经验、相互理解、相互欣赏，尤其体现在美国社会和军队中的精英分子中。 1970 年，众议院有 320 名退伍军人，而到 1994 年却只有不到 130 名。 到 1997 年，有史以来第一次出现了国防部部长、国家安全顾问、国务卿和他们的副手都未曾穿过军装的现象。

正如参议员查尔斯·罗布解释的那样，由于平民与军事文化间的互动减少，我们相互间的了解也减少了。 这种差距体现在人口统计、战略、国防开支和军事政策方面。这些变量的任何变化，将深刻影响军民互动的程度和性质。 一定有种文化差距存在，但并非直接对抗价值观念。 跟其他职业文化很相似（比如，想象一下律师跟医生），军事文化与社会文化截然不同。

消除差距的危险

就军民关系而言，如果军队与社会如此不同，还凌驾于社会之上，且不负责任，那当然有极大危险。 这种症状由理查德·科恩和其他人指出，军队所表现出的对文职领导人的不尊重和反应迟钝，这些要素在其他国家已经导致军事政变。 然而，没有人觉得在美国存在这样的威胁。 更有可能的是，共享经验、相互理解、相互欣赏这方面的差距会导致在政治层面上，"过度或嗜好使用武力，平民行动干预，军方支持不足，或施加给军事文化的破坏性政策"。

在社会层面，这种差距会让平民与军人产生一种观念，即他们命运不同。 1806 年，当普鲁士公民认为是军队，不是普鲁士，更不用说他们自己被拿破仑击败时，普鲁士领导人意识到"国家机器与人民之间存在一条深渊"。　不过，如果军方以牺牲职责需要为代价，将其文化社会化，那它会在战争中以最危险的方式失败。　1950 年美国军队在韩国的初期失败，和军队在 20 世纪 70 年代中期的悲惨状态，都可以追溯到军队曾尝试密切地反映平民文化上来。

关于朝鲜的崩溃，要归咎于杜利特尔 1945 年改革背后的社会需求，历史学家 T. R. 菲伦巴赫写道："1945 年不知何故，管道工和拖链工混淆不清，民众要求军队作出改变以与体面自由的社会相符合。"这些变化并没有对美国军事力量造成不利影响，因为"部队看起来很好。　他们的出现令将军们微笑。　一直到枪声响起才知道缺少了什么"。

在灾难发生后，菲伦巴赫先生气愤地写道，"在其心中，自由的社会想要的不仅是军事统治，还有对军队自由生活观的默许。　社会的目的是生存，军队的目的是做好准备，如果需要，去牺牲生命"。　同样，在 20 世纪 70 年代中期，军方尝试从社会中招募志愿部队，培育反主流文化的价值观，而越南综合征导致价值标准戏剧性弱化。　沃尔特·科文将军是抵制者之一，他在 20 世纪 70 年代写道，"保卫社会的价值观往往与社会本身的价值相左"。

要成为人民的有用公仆，军队不但要专注于自由社会的价值观，还要专注于战场上的硬性价值观。　科文取得了进展：军方丢掉了随和的"我们希望你来参军！"，换成了"你可以"。　可是，如今有几位研究人员认为，美国社会兜了个圈回到了原地，展示出另外的认同危机。　而面临招募和保留问题的美国军方，再次尽力让自己看起来像社会。　双方政治领袖向部队施压，要其"快点"。　这符合主流平民价值观。　因此，军队在无征兵压力时，永不停息地努力推销自己，像金融福利、培训和工作保障这样的激励，让人觉得军队是一所有工资和清新空气的高中。

然而，由于征募的衰退，军队也不得不接受五年前被拒的应征者。　而且，由于女性化倾向的存在，军队正失去西班牙裔的新兵来参加海军陆战队，这也唯独满足了他们对男子气概的追求。　实际上，海军陆战队宣传自己的军营，不是作为一个工作的地方，而是作为一个培育荣誉、勇气和承诺的地方。　在多数平民社会里，这样的价值观很少教授，甚至很少得到尊重。　难怪托马斯·里克斯发现一些新的海军陆战队员因为满足新兵训练营的标准而蔑视社会。　他们已经找到了真正的自我，而不是受害者感觉良好的治疗。

感知回应社会需求的重要性经常会导致军事标准的让步。　在这种情况下，正如马可宾·欧文所提出的那样，"公众危险不是因军事威胁和自由美国社会而产生的，而是相反：美国军事精神的平民化"。 有人好奇，海军陆战队和其他部队能否经受得住宣传小组的猛烈攻击。 菲伦巴赫说："传统军事文化的现代支持者不能连看都不看肯定五角大楼或国会山的盟友。"

结　论

社会和职责需要经常存在着内在矛盾。 一方面，自由民主的平民文化拉动了军队，另一方面，成功需要的战争的非自然力也拉动了它。 根据这些需要之间的平衡，军队和美国社会之间的差距会有所不同。 目前,许多人认为,差距太大，需要消除。 约翰·希伦却认为差距是一个不争的事实：它不应该被消除，事实上，它可以不被消除，而是被管理。

这样的管理是困难的，需要政治勇气，尤其是在一个自由社会的和平时期。 不幸的是，平时"默认方案"和"军事阻力最小的路径"，就是放弃其传统文化的诸多原则和屈服于整个社会。 结果是，以职能需求为代价，强加了社会需求，在方法与目的之间引起了可能是灾难性的混乱。 如果起初建立军事机构的目的是为了促进温和的军民关系，那么应该强制军事文化与平民文化一致。

然而，如果拥有军队的目的是建设共同防御，那军队必须培育出为此目的而开发的独特文化。 "不同，但不分离"的口号一定要引导施力，保持军队回应社会而不失其功能独特的文化。 在 20 世纪 50 ~ 70 年代，军事社会学家像亨廷顿、简诺维茨、芬纳等都对军队与社会之间的健康关系进行过描述。 可他们在冷战期间忙着应对大征兵的挑战，那是一种真正的国家紧急状态。 缺乏最新的合理标准，在和平时期维持健康的军民关系，我们面临着简单的需求来"缩小差距"。

参议员麦凯恩说过，"只要能反映这个社会，被同样的社会趋势影响，武装力量可以切实为民主政治服务，这是一项基本原则"。 可这到底意味着什么？ 如果社会是懒散的，那军队也要一样懒散吗？ 还是只改变一部分——软化僵硬的行为准则，但又要遵守条令条例，保留那些沾染更多社会面使其陷入困境的问题？ 很难想象前战俘麦凯恩赞同通过同样的自恋、相对主义和"投诉文化"来打造军队，社会批评家告诉我们这些都是现今美国社会的特征。 1994 年 7 月，海军部长约翰·道尔顿说："海军现役随美国社会的变化而变，这不是坏事，它只是应该这样。"

决策人员要问的问题不该是"我们如何消除差距"，而应是"消除差距的代价是什么"。　答案是迟早会以平民文化里的安全和幸福来衡量这代价,这是军队保卫的平民文化。　当然,军队不能有违影响其文化的法律需求,这是无可争议的。　同样,军队不敢违反其职责需要以免在国家战争中失败。　因此,如果矛盾存在于塑造军事文化的各种需求中,那一定是高级军官有勇气推开的社会矛盾。　如今有很多人认为,为了适应社会压力,美国应通过放弃军队的职能要求和法律需求来解决"差距"问题。　但是对任何有着历史敏感性的人而言,这种论调都是荒谬可笑的。

〔责任编辑:李秋发〕

● 专访 ●

让哲学为军事变革导航

——访著名军事技术哲学专家刘戟锋少将

石海明　张　煌[*]

　　多年前，一位记者在采访他后，曾这样感慨湖湘文化的魅力——"唯楚有才，于斯为盛"，虽然只是流传不到二百年的对联，却极为自信地写出了湖湘文化的繁盛。而湖南邵阳，自西周召伯甘棠布政、春秋白善垒土为城，绵延至今，已有2500余年的历史，邵阳北障雪峰之险，南屏五岭之秀，资水横贯，邵水交汇，河山毓秀，人杰地灵。我国开眼看世界第一人魏源、北伐名将谭人凤、威震四海的蔡锷将军及创作了《马路天使》《游击队歌》等著名作品的贺绿汀等人都来自这个湘西一隅。

　　我们要采访的刘戟锋，也是邵阳人。他1957年出生在邵东县，也拥有这方水土之上萦绕盘亘的赤子之情。他高中毕业后当过一年半的农民，一年零三个月的民办教师，一年零五个月的工人，于1978年春天考入国防科技大学政治师资班，作为优秀本科生毕业后留任政治教研室教员；1987年秋考入北京大学科学与社会研究中心攻读硕士学位；1990年9月考入中国人民大学哲学系攻读博士学位，1993年获博士学位后回国防科技大学任教。已过知天命之年的他，现为国防科技大学军事高科技培训学院院长，中国自然辩证法研究会理事，国家"四个一批"优秀理论工作者，国家马克思主义理论研究与建设工程首席专家，教育部高等院校哲学类教学指导委员会委员，湖南省优秀社会科学专家，享受政府特殊津贴，国内著名科技哲学专家和军事技术哲学研究领域的重要开拓者。2013年，他入选国家

* 石海明（1981～　），男，河南安阳人，国防科技大学人文与社会科学学院讲师，军事学博士。主要研究方向：国防科技发展战略。张煌（1984～　），男，江西南昌人，国防科技大学军事高科技培训学院助理研究员，军事学博士，少校军衔。主要研究方向：国家安全与军事战略。

"万人计划"哲学社会科学领军人才。

　　30 多年来，在携笔从戎、强军兴国的追梦路上，他先后在《人民日报》《光明日报》《解放军报》《自然辩证法通讯》等重要报刊发表学术论文 200 多篇，出版《世纪工程》《军事技术论》《武器与战争》《哲人与将军》《从物理战到心理战》《虎狼之翼》等学术专著 10 部，主编《科学与和平》《新格局、新思考》等著作 16 部，出版《不幸的观念》《科研与革命》等译著 8 部。　主持完成全国、全军重大课题研究 42 项，科研成果在全国、全军评比中 26 次获重大奖项。

　　这些累累科研硕果，凝聚着他对哲学、对技术、对军事的睿智思考，更凝聚着他对民族、对国家、对军队未来发展的使命担当。

一　军队战斗力的基本构成

　　问：战斗力是检验军队一切工作的标尺，您对此有何思考？

　　答：的确，你讲得很好！　军队的一切工作都是围绕打赢下一场战争而展开的，而战斗力是指军队完成作战和其他军事任务的能力。　因此，战斗力理所应当地成为检验军队一切工作的标尺。　在历史上，许多军事分析家都对这一标尺进行过定量研究和考察，如著名的兰彻斯特方程、杜普伊建立的战斗力定量化模型等。　需要指出的是，目前关于军队战斗力的基本构成仍然存在许多争议，围绕战斗力构成要素的讨论一直在持续。

　　问：您是何时介入这一讨论的？

　　答：在中国人民大学攻读博士学位时，我的学位论文选题就是恩格斯军事技术思想研究。　根据我对《马克思恩格斯军事文集》所作的统计，恩格斯使用战斗力的概念达 30 次之多。　按照恩格斯的观点，影响军队战斗力的主要有下列三组因素：一是军队的编成、训练与作战方式；二是军人的素质，特别是科学文化知识；三是科学技术发明与创造。　根据恩格斯的论述，可以作一个基本的推论，即军队的战斗力是由人、武器以及两者的有机结合这三个要素构成。

　　问：在恩格斯的这种认识之上，您还有进一步的思考吗？

　　答：说到战斗力的构成要素，人们难免要比照生产力的构成要素，为什么在生产力的构成要素中没有作战对象一项？　为什么要将人与武器的有机结合看作一个独立的要素？

对于前者，我认为，劳动对象的不同反映了人类生产力水平的不断高涨，而作战对象的不同却不能反映军队战斗力的进步方向，所以它不能作为军队战斗力的构成要素之一。

对于后者，在我看来，人与武器的有机结合之所以被看作一个独立因素，这是因为军队的科学编成、军人的高度组织性、纪律性的正规训练，以及根据武器发展而采取灵活机动的作战方式，乃是增强军队战斗力的有效手段。所以将其看作战斗力的一个要素，这不但符合战争史的客观情况，而且也符合恩格斯的思想。

问：能否具体谈谈科学技术与战斗力之间的关系？

答：首先，在军队战斗力的构成中，人当然是头等重要的因素。但这里所说的人，已不是纯自然状态的人，而是处在生死搏斗的现实社会关系中的人，即军人。按照恩格斯的观点，他不但熟悉武器装备的原理，而且要懂得一定的战略战术思想，这就是说，主要属于自然科学领域的武器原理与主要属于社会科学领域的军事知识都是军人必备的素质。

武器是军队战斗力的重要保证，它本身就属于科学技术领域（当然是属于自然科学技术领域），正是科学技术的发展，推动了武器装备从材料对抗到信息对抗的发展演进。在 19 世纪之前，主要是武器技术发展的需要向自然科学提出理论课题，到 20 世纪，自然科学理论的超前进步则直接规定着武器技术突破的速度与方向。

与武器装备不同，军队的编成、训练和作战方式则受社会科学（主要是军事科学）的影响。不难设想，原子弹固然是自然科学发展的产物，但如何使用原子弹？制定什么样的核战略？这些则有赖于对战争、对现代国际关系等一系列社会现象的考察与探索。

二　武器进化的阶段划分

问：关于您刚才讲到的武器装备从材料对抗到信息对抗的发展演进，听起来颇有新意，您是怎样认识到这一点的？

答：关于武器进化的阶段划分，我曾经有过专门的研究。早在 1981 年暑假，我在国防科技大学面临本科毕业，利用暑假时间准备了一篇毕业论文，题目是《论宋代早期哲学对科学发展的影响》。文章送交教研室刘建统教授审阅后，他基本满意，只是感到联系现代科技太少。按照刘教授的意见，我另写了一篇毕业论文，题目是《对称与非对称：辩证的自然观》。刘教授对这篇文章也很满意。但是，临近毕业两个月时，刘教授从北京参加一个会议回来，专门把我叫到他家，以商量的口吻向我提出，能否联系军事撰写毕业论文。 我犹豫了一会儿,鉴于当时国防科技大学已转隶军队,感到刘教授的意见是对的,于是答应了下来。 当时我和刘教授共同敲定了一个题目,叫做《论科技进步与军事革命》,但如何写好这篇论文,我还真是心中没底。 思考了一段时间后,我感到要写好这篇论文,一是必须从历史分析入手,二是要抓住兵器的进化这条主线。

问:应该说也是抓住了关键,是吧?

答:当时学术界关于兵器进化的历史,有一种比较普遍的说法,就是分为古代冷兵器、近代火器和现代核武器。 我对此无从质疑,只是感到,这种分法必须要有一定的依据。 依据是什么呢? 经过一段时间的思考,我发现,凡是作战,都要着眼杀伤,而杀伤人体都要应用能量。 从古至今的兵器发明,尽管五花八门,都是能量的传递和转换装置,划分不同时期兵器的标准则是能量利用的不同方式。 这样一来,兵器的发展就能划分为三个阶段:

(1)机械能→古代冷兵器→机械能

(2)化学能→近代火器→机械能、热能

(3)核能→现代核武器→热能、光能、机械能等

这个图示后来被引用很广,根本原因还在于它使兵器发展的三阶段说有了立论的科学依据。 这个图示后来先是出现在全军第一部自然辩证法教材中,后来也出现在我的《军事技术论》和《武器与战争》两部专著中。 当时很为自己的一点创意而沾沾自喜。 没想到就在这两部著作出版前后,1991 年 1 月,海湾战争爆发了,一种新的作战形态引起了世人的普遍关注。 我在本科毕业时提出的这种分法能大体描绘从远古人类到现时代的战争,却并不包括信息战,而信息战恰恰是我们面临的最现实的战争。

问:面对这种新形势,您又进行了怎样的反思呢?

答:钱学森在 1995 年国防科工委首届科学技术学术交流大会的书面发言中提出:"从人类历史的进展看,最初出现的战争是徒手战争;然后有了冶炼技术,才出现了冷兵器战争。 继之,是由于火药的发明,才出现热兵器战争。 科学技术的进一步发展,又导致内燃机的制造和其他机械兵器的制造,于是战争又进而演化为机械化战争。 到了 20 世纪 50 年代,更因核技术和火箭技术的发展,出现了远程核武器。 远程核武器的巨大破坏力,再加上现在高度发展的信息技术和电子计算机技术,便形成现阶段和即将到来的 21 世纪的战争形式:核威慑下的信息化战争。"

钱老的分法虽然概括了信息战,给人以启发,但徒手战纯属偶然,因为你无法想象,作战双方会事先约定,战争中既不用石块,也不用树枝,至少弱者不会赤手空拳地就范,

而机械化战争与热兵器战争、信息化战争又难免出现交叉重叠。 为了更准确地概括物理战的进化历程，有必要对科学技术用于战争的历史进行重新定位和思考。 所以，从1996年以来，我根据技术的基本组成要素是物质（材料）、能源（能量）和信息，提出了武器演变的新的历史划分。 这就是从材料对抗，历经能量对抗，直到信息对抗。

三　信息战的逻辑维度

问：谈到信息对抗，记得您曾提到，近年来隐隐感到，虽然现代战争是信息战，但只有物理信息战是远远不够的，何出此言？

答：沉湎于对上次战争的特点、模式、经验的反思，是人类军事史上屡见不鲜的痼疾与通病。 尽管军队的指挥官们深知，没有哪场战争是上次战争的重演，但刚刚谢幕的战争毕竟太富有吸引力了，它给人们带来了切肤之感或者切肤之痛，谈感论受自然大行其道，面向未来探索的微弱声音结果被淹没在大谈昨日经验乃至围绕昨日战争之冠名权争吵的强大吼声之中。 以信息战为例，从其概念提出，到今天变得甚嚣尘上，至少也有近20年的历史了。 20年来，人们围绕信息战的特点、规律、战法展开了广泛的探讨和研究，却忽视了一个问题，那就是随着现代科学技术的发展，所谓的信息战，是否就是今天人们所津津乐道的这般模样？ 对于信息战的思考，是否应该有更宽广的视野？

从海湾战争以来，信息的概念从来没有像今天这样引起人们的广泛关注与思考，也从来没有像今天这样容易被褊狭地理解为单纯的物理信息。 物理战发展至今，人们还在一味地追求光电对抗、自动跟踪、精确制导、定点打击、红外遥感、纳米技术、外空作战，难道除了毫无节制地如此这般滥用物理学的成果，就没有必要跳出物理战的现有模式，对战争与科学的关系作一点应有的反省吗？

问：您从战争与科学的演进史中窥见了什么呢？

答：我们应该看到，从20世纪下半叶以来，现代科学技术的发展就已呈现出多方称雄的局面。 物理学也早已不是一枝独秀。 在自然科学领域，天文学、地理学、生物学和医学狂飙突进，在社会科学领域，经济学、管理学、心理学和法学如日中天，在交叉学科领域，系统学、信息学、协同学和突变论异军突起。 特别是现代生物科学及其技术的发展，已将认知的矛头直指人类进化黑箱，引起世界的广泛关注；现代心理科学及其技术的进步，更将探索的触角伸向人的意识、大脑和心灵，使人类的认识进入到一个广袤的精神天地。 现代科学技术的兴盛和繁荣，必然引起科学与战争关系的改弦更张,依旧豪情独钟于物理学的做法,不过是屈从于思维的习惯和定势,已成了自牛顿以来机械论在军事领域的翻版。

为了把握信息战的未来发展,我们有必要重温信息论。 众所周知,作为现代信息论的奠基人,1948 年 C. E. 申农关于信息的定义及计量方法一经提出,不少人就已注意到,信息的广泛用途,将涉及计算机、生物技术和社会认知。 遗憾的是,我们后来的人们却忽视了(或者说有意回避了)关于信息在计算机、生物技术和社会认知三个领域的基本含义。 以至在很多人眼中,信息仅仅成了基于麦克斯韦方程的光、电、磁,仿佛它与 DNA 无关,与人的心理、精神无涉。 只有掌握物理学知识的人,或者说,只有懂麦克斯韦方程的人,才可以谈论信息,把玩信息,决不允许别的学科的专家插足。其结果是什么呢? 这就是我们所看到的,所谓的城市信息化,仅仅满足于通信网络等硬件设施建设,而军队信息化,也只是为计算机的大量购置敞开了大门。

问:您的意思是,按申农对信息的研究,信息战应该不仅仅局限于物理信息战?

答:是的。 其实从产生机制来看,信息可以分成两大类:物质信息与精神信息。物质信息包括物理信息与生物信息,其中物理信息是目前信息战中占主导地位的信息样式,涉及通常所讲的声光电等信息对抗模式和信息作战方式,生物信息则涉及生物基因等遗传信息,与生物武器和基因武器密切相关。 精神信息是人类社会实践的产物,其产生和发展是人类精神活动的成果。 物质信息并不依赖于人的存在,但精神信息必须以人的思维为前提。 精神信息主要包括事实信息、理念信息和情感信息三类,它们是人类精神活动的概念基础和思维基础。 这就意味着,从信息论出发,所谓的信息战,其实存在三种样式,即物理信息战、生物信息战和精神信息战。

早在 2500 多年前,中国伟大的军事思想家孙子就指出,不战而屈人之兵,上之上者也。 由此看来,物理信息战只是初步的、基础的,当然也是必要的信息战。 就物理信息战与精神信息战的关系来说,前者是基础,是前提,但正如军事必须服从政治一样,物理信息战必须服从和服务于精神信息战。 从物理信息战拓展为生物信息战,最后达致精神信息战——那才是人类战争的最高境界。

四 制胜未来的机理破解

问:您对现代战争的制胜机理有何见解?

答:我认为,现代战争的制胜机理在于可控。 两次世界大战后,之所以再没有发生第三次世界大战，正说明在人类理性的努力下，战争已受到控制。 因为到高技术时代，战争一旦完全失控，对于人类将是毁灭性的巨大灾难，特别是核大战将使全球所有国家无一幸免。 所以，出于人类利益，我们应追求战争的可控，出于国家利益，我们又不能放弃战争，在战争与和平之间保持必要的张力，就是战争可控。 实现战争可控，既是对人类利益负责，也是对国家利益负责。 战争难以避免，才能树立备战思想，备战方能止战。 战争能够控制，控战方能胜战。

问：战争的可控性主要体现在哪些方面？

答：所谓战争的可控，从作战的主动方来说，具有四个方面的涵义：

——时间可控，避免马拉松，力求速战速决；

——规模可控，按照战前的筹划，限定作战空间；

——目标可控，选择性杀伤有限目标，不伤及平民；

——结局可控，不节外生枝，确保作战达成预期目标。

问：为什么古代战争不能实现可控？

答：实现战争的可控，一直是人类在战争不可避免时所追求的目标。 传统的做法，往往靠运用条约、协议等社会交往手段，力图实现可控。 如战国时期，秦国为对付其他国家而采取连横的办法，远交近攻，正是为了实现可控。 兵家忌讳两面作战，多方迎敌，第二次世界大战时，德国与苏联、苏联与日本先后签订互不侵犯条约，也是为了实现战争的可控。

然而，军事家们尽管为实现战争的可控做了种种努力，理想的结果却少之又少，倒是相反的案例比比皆是：曹操八十万军队下江南，当然是指望胜利而去的，不想却落得个大败而归；德国攻打苏联，宣称三个月拿下莫斯科，结果打了近四年，最后惨败投降；日本侵华时，曾野心勃勃地叫嚣八个月征服中国，结果经过中国军民八年殊死抗战，以日本投降而告终；即使到第二次世界大战后，美国这个超级大国曾自恃武备先进，轻率地出兵朝鲜、越南，也都落得个惨败的下场。 事实证明，在信息化时代到来之前，局部战争并非一定是可控性战争，人类若想控制战争，往往只是一厢情愿。

问：人类战争从不可控向可控的转变发生在何时？

答：从 20 世纪上半叶开始，人类在科学技术上的进步，已经为此奠定了基础。 在传统的"三论"中，如果说，系统论是方法，信息论是手段，那么控制论则是结果。这也是实现战争控制的科学依据。 由此开始，信息感知技术、加工技术、传输技术突飞猛进，掀起了军队信息化建设的全球热潮。 精确制导武器、电子战武器、模拟仿真手段及 C⁴ISR 的出现，客观上为可控性战争提供了物质技术条件；核生化武器使用的全球灾难性后果，已成为控制高技术战争的现实背景；而高技术战争的高投入、高消耗，也使得实现高技术战争的可控成为必然要求。

有一个时期，人们将世纪之交以来和未来的战争称为信息化战争，但这一概念并没有揭示其更深层的本质特征，也不能反映人的主动精神。 只有技术上可控与否，才是现代战争与以往战争的根本区别。 可控，既隐含了信息技术的作用，也体现了人的意志和愿望，更预示着战争能胜、必胜。

问：如何打赢可控性战争？

答：打赢可控性战争需要发展高技术手段。 一是高技术战略筹划，找准战略制高点，下好先手棋，敢为天下先；二是高技术装备创新，努力发展撒手锏、非对称武器装备，以创新引领需求；三是高技术人才培养，大力培养高素质智能型军事人才，为打赢可控性战争提供有力的人才支撑；四是高技术武器运用，在可控性战争中检验战斗力，试验新装备；五是高技术体系作战，坚持以作战任务为牵引，以一体化指挥平台为依托，把各类指挥要素、各种作战力量和保障单元纳入联训范畴，提高基于信息系统的体系作战能力；六是高技术后勤保障，按照现代后勤要求，加大信息技术含量，提高精准保障能力；七是高技术基础建设，深入贯彻军民融合思想，加速建设国家创新体系，为高技术武器装备创新提供持续活力；八是高技术道义争夺，拓展信息技术运用领域，打好舆论战、心理战、法律战，抢占道义制高点，达成控制性战争的最高境界——不战而屈人之兵。

五　面向明天的军事训练

问：面对战斗力生成模式的转变，军事训练何去何从？

答：军事训练是人类军事活动发展到一定阶段，即常备军出现后的产物，是和平时期军队建设最经常、最主要的工作。 军队开展军事训练活动，与军队担负保家卫国的职责密切相关。 实战化军事训练是未来战争的预演。 因此，必须在思想上更新观念，勇敢面对明天，而不能满足于昨天，欣赏、沉浸于历史。

问：面向明天的军事训练何以可能呢？

答：技术，自诞生之日起，就注定会被用于军事、用于战争，推动、牵引着军事变革的节奏与步伐。 今日军事训练与以往军事训练有何不同，关键取决于技术在军事领域有何新的突破、新的进展、新的应用。 的确，曾经受技术的制约，面向明天的军事训练无法实现。 恩格斯曾经指出："在长久的和平时期，兵器由于工业的发展改进了多少，作战方法就落后了多少。"一个重要的原因是，当时人们尚缺少能够正确描述、预测未来战争是何模样的技术，因而只能采取从战争中学习战争的办法。 和平时期由于不具备学习未来战争的技术条件，作战方法也就必然落后于武器的发展。 恩格斯的话也是 19 世纪以及 19 世纪以前人类军事训练状况的真实写照。

军事训练摸着石头过河的历史终于在 20 世纪下半叶被改写。 20 世纪人类在科学技术上所取得的最伟大的成就，是确立了信息科学及其技术的龙头地位，从而掀起了全球性的信息化浪潮，改变了材料或者能源主导社会的历史。 这一成就对军事领域的影响，就是引发了战斗力生成模式的改弦更张，使面向明天的军事训练成为可能。

问：如此看来，今天的军事训练之所以能面向明天，关键在于借助信息技术？

答：是的，人类的模拟仿真手段有了突飞猛进的发展。 随着军事仿真技术的发展，推动模拟训练从静态模拟向动态模拟、从技术模拟向战术模拟转变，促进了实装训练与模拟训练的紧密结合。 特别是基于作战实验室的战争预实践，大大降低了军事训练和理论创新的成本，已经成为研究信息化战争和进行军事训练的重要手段，也使得军队面向未来进行训练具备了可靠的技术前提。 自海湾战争以来 20 多年的军事实践表明，美军之所以再没有遭遇此前朝鲜战争、越南战争那样的尴尬，一个重要原因是美军事先进行了周密的作战模拟推演。 如为了准备伊拉克战争，早在 2002 年美军就利用计算机技术打了一场"模拟战"，即"千年挑战 2002"演习。 所以国外军事评论家说，今天美军的战争都是首先从实验室打响的。

问：能否更详细地阐述一下面向明天的军事训练何以展开？

答：就是在装备训练中，要进一步扩大模拟的范围；在人员训练中，要进一步提高智能的地位；在作战训练中，要进一步发挥实验的作用。

具体而言，信息化武器装备的发展趋势要求我们必须发展以训练基地和院校作战实验室为依托，以训练模拟系统为主体，以军事训练信息网和信息资源为支撑的信息化训练条件，不断增大军事训练的科技含量，努力提高军事训练的质量和效益。 而人是武器装备创新的主体，同时也是操作和使用的主体。 在信息化条件下，武器作为控制能量的装置，对军人更增加了智能的要求。 人与装备的有机结合体现在作战体系、作战方式中，贯穿作战体系各要素的灵魂则是信息。 着眼提高基于信息系统的体系作战能力，就要坚持以作战任务为牵引，以一体化指挥平台为依托，以复杂电磁环境为背景，以战略战役训练为主体,以指挥员训练为重点,充分发挥作战实验室的功能和作用,把各类指挥要素、各种作战力量和保障单元纳入联训范畴,锻炼提高信息化条件下组织指挥和部队行动能力。

总之,人类军事斗争的历史反复告诉我们,科学技术成果应用到哪里,国家利益必然拓展到哪里,军队使命终将延伸到哪里,军事行动务必影响到哪里。 我们只有始终坚持以推动国防和军队建设科学发展为主题,以加快转变战斗力生成模式为主线,以提高基于信息系统的体系作战能力为出发点和落脚点,才能在信息化大潮中抓住机遇,实现军事训练的转型和发展。

六 战略研究的技术支点

问:探寻军事训练的未来发展,需要从技术维度找灵感,这让我想起您曾用类似的思维来关注战略研究,具体情况呢?

答:我们曾在《解放军报》专门写过一篇文章《技术:战略研究的"阿基米德支点"》。 毕竟,在现代军事技术发展一路高歌猛进,并开始左右着战略研究每一根神经的今天,一支军队对技术前沿的认知,已然成为一切战略运筹活动的逻辑起点。 从某种意义上说,不懂技术或对技术认识不深,正是我军战略研究的短板。 尊重技术,了解技术,进而制定战略,转型发展,我们才能在未来信息化战场上拿到"入场券",赢得主动权。

以当代战略研究为例,普遍存在两类现象。 一类是从情报工作的角度,将外军动态讲得头头是道,我军该怎么办? 语焉不详。 另一类是从哲学思维转换的角度,讲得很有高度,也能给人启发,具体如何操作? 没了下文。 之所以会出现此两种现象,自然与研究者自身的知识结构、哲学思维及前瞻眼光等不无相关,但就研究范式而言,当代战略研究对技术这个特殊的"阿基米德支点"关注不够,或许也难辞其咎。

问:能否具体谈谈?

答:事实上,当代社会进步、世界军事变革之所以发生,根本原因就在于科学技术的"第一推力"。 所谓的国家发展、军事变革、企业转型,也总是由科学的推动、技术的应用、装备的创新而发轫。 因此,不了解科学技术的发展特点、规律和趋势,就无法理解社会进步、军事变革的本质,更谈不上提出有效的战略对策。 具体来说,技术路线是战略计划的起点，技术规制是战略操作的方法，而技术认知则是战略实现的保障。

比如，对技术路线而言，我们知道战略研究首先就得设定目标。目标高了，无法实现；目标低了，于事无补。判断目标之高低，关键一点在技术，在实现手段。一切科学的发现及技术的发明都离不开逻辑的论证与推导。因为，作为战略计划的起点，在制定技术路线的过程中，诞生了技术路线图的方法。今天的战略研究已与过去大不相同，光有目标、设想，而无具体的实施步骤，充其量只是权宜的谋略，而非长久的战略。技术路线作为战略计划的起点，它考验的是战略工作者的技术洞察能力。

上面谈的技术路线、技术规制与技术认知，我在此就不展开谈了。总之，我认为，伴随着现代军事技术的发展一路高歌猛进，在当今战略与技术紧密耦合的时代，如果不懂技术，就无法从根本上提出切实可行的战略对策。善于找寻战略研究的"阿基米德支点"——技术，应该成为越来越多人的理论自觉。

七　军事人才的知识结构

问：据我所知，您多年来一直对高素质新型军事人才的培养情有独钟，有何认识？

答：在院校工作嘛，自然就会对人才培养有较多的关注，这是职业所染，也是使命所在。早在 2000 年，我就在《高等教育研究学报》上发表了《建设数字化大学的初步构想》，两年后，我又在《科学技术与辩证法》上发表了《知识传授已不是高等教育课堂教学的主要任务》，今年，我又在《中国社会科学报》上发表了《MOOC：传统型大学面临的新挑战》。这几篇文章大致记录了我对人才培养与教育工作的思考。至于军事人才的培养，我曾专门写过一文《军人的梦想》，来谈这个问题。

问：大凡军人，都难免会有一个将来成为军事家的梦想。但是，只有极少数人最终能够如愿以偿。您认为，美梦成真的奥秘何在？

答：应该说，军事家的成才之路，并没有固定、通用的模式。拿破仑一生征战，固然是世界公认的军事家；恩格斯只在炮兵部队有过短暂的服役经历，也被马克思尊称为"将军"；赵括饱读兵书，却成为天下军人的笑柄；诸葛亮一生并没有打过几场胜仗，其优秀军事家的形象却永恒矗立。回顾历代军事家的成长道路，着眼未来军事斗争准备需求，不难看到，在决定梦成梦灭的诸多因素中，军人个人素质是一个基本的条件。而在当代，以下三类素质尤其不可或缺：科技素质——感知未来战争神经的触角；军事素质——把握未来战争走势的轮舵；人文素质——确保未来战争全胜的法宝。

问：先谈谈科技素质，如何？

答：战争总是与科技密切相关。 但是在人类社会的早期，由于科学技术发展缓慢，作为科学技术产物的兵器，进步也相当迟缓。 如中国古代的兵家圣典《孙子兵法》明确将道、天、地、将、法列为战争五事，却并不言器，绝非偶然，它也从一个方面说明，在当时的战争实践中，兵器的发展对战争胜负几无影响。 因此古代人类在军事战略上尽管有一些天才的猜测、论断和遐想，但这些军事思想由于缺乏技术的支撑，过于超前兵器的发展，也就只能停留在宏论阶段而已。 近代与古代不同，特别是哥白尼革命以来，一大批科学泰斗如日中天，数学、天文学、物理学、化学、地质学、生物学、病理学各个领域捷报频传，科学技术进入了狂飙突进的时代。 正是这些科学技术的发展，为武器装备变革提供了强劲的动力。 到 19 世纪 30 年代，克劳塞维茨在他的近代战争圣经中，虽然也大谈影响战争胜利的五大要素，却与孙子的战争五事相去甚远，"数学、统计"等科学因素受到明显强调。 此后，从海权理论、大炮巨舰主义、机械化战争理论、制空权理论、核战争理论到高边疆理论、信息作战理论，兵器发展高歌猛进，左右着现代战争的每一根神经。

在今天这个科学技术已成为重要战斗力的时代，学科技、懂科技已变得尤为重要。 因为军队的一切建设都离不开人，所谓科技强军，也要依靠人对科学技术成果的获取、理解、把握和应用，因此，落实科技强军战略，就必须重视军人科技素质的培养。 军队的一切军事训练计划，包括理论创新、内容创新、方法手段创新、制度创新，都必须围绕有利于提高人的科技素质来进行；军队院校的一切人才培养大纲，包括院校设置、专业设置、课程设置、教学环节设置，都必须把有利于提高人的科技素质作为首选目标。 不论培养哪种任职需要的现代军人，都必须毫不含糊地具备坚实的科学技术基础。 联合作战指挥人才的培养不是很受重视吗？ 但我们必须看到，联合作战的前提就是科学技术的广泛军事应用，其实质乃是科学技术的体系对抗。 今天的军队指挥与以往不可同日而语，不但要指挥人，更重要的是指挥装备，指挥科技，所以必须懂科学、懂技术，否则就是现代版的"纸上谈兵"。

问：如何理解军事素质是把握未来战争走势的轮舵？

答：科技素质是基础，但军人仅有科技素质是不够的。 人类战争实践既需要科学技术，也需要军事理论。 在军队建设中，科学技术是手段，军事理论是指南，缺乏军事理论指导的科学技术发展只能是无的放矢，缺乏科学技术支撑的军事理论研究只能是无源之水，无本之木。 如何依据科技进步创新战法，有赖于人的军事素质。 科学技术的作用表现在，通过影响军队战斗力生成，进而影响到军事理论的创新发展，但军事理论并不完全是被动的。 如果说，在技术决定论的背景下，马汉的海权理论只是对几个世纪以来前人的海战实践作了一点总结，那么，20 世纪富勒的机械化战争论、杜黑的空权理论就大不一样了。 因为富勒、杜黑的理论不但基于科学技术的先期发明，更促进了后来装甲技术、航空技术的进步。 也就从这时起，科学技术的战斗力倍增作用空前强化，而军事理论对科学技术的导向作用、牵引作用也逐步彰显。

特别是进入 20 世纪以来，基于同等技术水平而依靠作战方式取胜的案例屡见不鲜。 如在第一次世界大战中，德国的坦克并未给人留下什么印象，但在下一场世界大战中，当德国法西斯在无限制的扩张目的同现实能力不相适应时，接受了最初从英国诞生的机械化战争理论，并刷新成"闪击战"的作战原则。 它要求先于敌军迅速集中和展开作战队形，保障战略的突然性，实施最强有力的首次突击，以便在交战初期即取得影响战争结局的决定性胜利。 而实施这一作战原则的物质基础则是别国同样具有的坦克、机械化兵团和航空兵。 由于"闪击战"的实施，使德国将坦克集中使用，能够充分发挥其强大的突击力，在一些主要攻击方向上形成装甲优势，弥补了德国装甲力量在数量和质量上的不足，取得了对一系列国家速战速决的胜利。 德国的"闪击战"又一次印证了"先敌制胜""在战争中迟缓就等于死亡"这些古训的现实意义，同时也给世界各国上了一堂重要的军事思想课：军事斗争中注意提高武器的技术性能固然重要，但不失时机地采用新的作战方法也具有同等重要的意义。 将军的伟大与天才之处就在于根据军事技术的新进展及时变革旧的作战方式。 正如恩格斯所说："每个在战史上因采用新的办法而创造了新纪元的伟大的将领，不是新的物质手段的发明者，便是以正确的方法运用他以前所发明的新手段的第一人。"

问：有了科技素质、军事素质还不够，您认为还需要有过硬的人文素质？

答：战争既是科学，也是艺术，是科学与艺术的有机结合。 军事实践的高度组织性、激烈对抗性和残酷破坏性，要求以科学技术为手段，达成社会目的。 而社会目的有经济的、文化的、宗教的，也有政治的。 所谓战争是政治的继续，就是讲不能仅从军事角度思考战争问题。 军人必须懂科技、懂军事，也要懂政治、懂经济、懂文化。 电视连续剧《我的兄弟叫顺溜》中有一个情节，讲的是在日本已经宣布投降的情况下，陈二雷还要追杀鬼子，迫使陈大雷下令如不能有效制止陈二雷，即行击毙。 类似的还有第二次世界大战中美国著名将领巴顿最后的命运，它们都说明仅仅具有良好的军事素质是不够的。 《孙子兵法》将道摆在首位，反映的是一种政治觉悟；刘邦围困项羽时的四面楚歌，采用的是一种心理攻势；郑成功收复台湾，展示的是一种民族大义；诸葛亮七擒孟获，体现的是一种人文气度。

事实上，《孙子兵法》得以流传千古而不朽，一个重要原因就是孙武并不单就军事言军事，而是将军事问题置于社会政治、经济、文化的宏观流变中来考察，他信奉的是"全胜"的思想，是"不战而屈人之兵"的境界。 2000年后，恩格斯之所以成为"将军"，也不仅因为恩格斯熟知人类军事史，而且善于从经济上、政治上看待、分析战争问题，他在《反杜林论》中对暴力问题的政治经济分析，至今对我们研究战争问题仍具有普遍的指导意义。 他在远离第一次世界大战发生的27年前，即作出了关于有可能爆发世界大战，以及对这场大战可能的范围和后果的著名预言，更受到后辈马克思主义者的推崇，被列宁称作天才的预言。 在中国革命战争年代，毛泽东的《论持久战》脍炙人口，他关于抗日战争必定是持久战的四个因素分析，人们至今耳熟能详。 毛泽东之所以成为中国历史和世界历史上一位伟大的军事家，如果没有深厚的人文底蕴，是不可想象的。

总之，中国知识分子素有修身齐家治国平天下的优良传统和抱负，而《周礼》早就有言："观乎人文以化成天下。"作为新一代军校大学生，其人文眼光、人文素质、人文情怀具有怎样的地位和作用，应该是不言自明的了。

八　战争艺术的历史拓展

问： 今天，人类战争形态已进入信息化时代。 信息作为一种新的力量运用于现代战争，一方面在努力降低战争的不确定性，另一方面又在极大地增加战争的复杂性。 战争指导艺术的未来空间在哪里，它会变得更广阔还是更狭窄？

答： 战争指导既是科学，又是艺术，因为战争既有确定性又有不确定性。 战争的不确定性一方面源自作战双方力量的复杂变化，另一方面产生于军事指挥员对形成、提升和运用战争力量的主观创造，而这种主观创造见诸军事实践，便构成了战争指导的艺术。 物质决定意识，战争力量的物质基础在本质上决定了战争指导艺术的创造空间。 要回答这个问题，需要从军队战斗力的三个基本要素，即人、武器、人和武器的结合方式三个维度，对战争指导艺术空间进行历史考察，从而发现规律，指引未来。

问： 先谈古代战争指导艺术？

答： 对。 战法变换——古代战争指导艺术创造的单一维度，这是我的一个认识。

历史上军事变革的勃兴，往往首先发轫于技术和装备。冷兵器时代，武器之间的对抗本质上是武器材料的比拼。青铜兵器取代石制兵器，精钢兵器取代铁制兵器，在新旧武器交锋中，材质的差异成为影响战争力量对比的重要因素。然而，古代科学技术发展的相对迟缓，使得新武器材料的发明和应用周期往往长达数百年甚至上千年。《孙子兵法》大谈战争五事，却并不言器，正说明在武器方面，古代军事指挥员很难寻觅创造战争指导艺术的空间。

不仅如此，材料主导式武器的对抗效能依赖于军人体能的发挥，但体能毕竟是有限度的。提高体能，除了平时的严格训练和战时的情绪激发，并无他法，因为人终究不能突破其自身的生理极限。回顾历史，古代人类战争在很长一段时间处在"全民皆兵"时代，即平时为民、战时为兵，个人的体能差异可以忽略不计。由此可见，在冷兵器条件下，人的体能差异也不足以为军事指挥员提供战争指导艺术创造的空间。

人的体能有限，装备近乎停滞。那么，军事家创造战争指导艺术的空间从何而来？答案就在人与武器结合的战法上不断推陈出新。战法即作战方式，解决的是对作战力量如何运用的问题。战场环境复杂多样、敌我态势瞬息万变、作战条件千差万别，迫使军事指挥员必须根据战争的实际，因时、因地、因势，创造性地运用各种作战力量，以达到预期作战目标。战法本身包含的这种创造性、不确定性和不可复制性，体现了战争指导艺术的基本内涵。

回顾中外古代战争，其艺术性的完美展现，无不是在战法的创造和运用中实现的。在中国，从战国时期的"长平之战"到三国时期的"火烧连营"，从宋元时期的"铁骑西征"到明清时期"东海抗倭"，迂回战、伏击战、长距离远程奔袭战、大规模分割围歼战等大量战术战法在一次次战争实践中被创造、被运用，并形成了《孙子兵法》《便宜十六策》《百战奇法》等一大批兵学战法理论。在西方，从古希腊亚历山大的"波斯战役"到古罗马恺撒大帝的"伊莱尔达战役"，从中世纪的"十字军东征"到16世纪的"法兰西内战"，运用于其中的阵地战、袭击战、工事防御战、多兵种合同战等多种战法样式至今仍在世界战争指导艺术史殿堂中闪烁光芒。可以说，战法创新也是人类战争由古代延伸到未来的永恒艺术主题。

问：那近代战争指导艺术呢？

答：装备革命——近代战争指导艺术创造的大幅拓展，这是我的第二个认识。近代科学技术的发展以及由此触发的工业革命，促使近代战争的艺术空间被飞速拓展到武器装备领域。欧洲文艺复兴在给人类以思想上的解放的同时，也为世界科学技术发展带来了曙光。 其后，物理学、化学及工程机械学等科学技术的发展及其在军事上的应用，彻底改变了武器装备的传统对抗模式——由材料对抗转为能量对抗。 热兵器时代的武器是通过化学能或核能转化为动能实现杀伤作用的，而在这一转化过程中，可以创造出各种不同量级、不同样式、不同规模的武器装备，这就为战争指导艺术的发挥打开了无极之门。 同时，欧洲工业革命的全面爆发，为武器装备的大规模生产提供了重要物质基础，极大地缩短了武器装备从研制到列装所需的时间，使军事指挥员不再被动地受装备条件的制约，而是可以主动创造符合作战构想的新式武器，战争指导艺术也就从传统的战法领域拓展到了装备领域。

第一次世界大战出现了诸如坦克、飞机、火炮、潜艇等新武器。 第二次世界大战除了对一战时期的武器装备进行了全面改良以外，还出现了火箭、弹道导弹、新式坦克、战斗机、轰炸机、雷达、航空母舰、原子弹等武器装备。 新式武器的出现成为近代战争指导艺术创造的新源泉。 新的武器装备需要有与之相适应的作战样式，才能最大限度地发挥其作战效能，如有了新式坦克，才有了闪击战，有了远程轰炸机，才有了战略轰炸的新概念，而航空母舰的出现则催生了海空协同作战构想。 武器装备发展与作战样式创新的有机结合极大地拓展了战争指导艺术的空间。

问：最后，您如何解读现代战争指导艺术？

答：智能较量——现代战争指导艺术创造的广袤空间，这是我的第三个认识。 信息科学及其技术龙头地位的确立，改变了材料或者能源主导社会的历史。 对军事领域而言，就是引发了战斗力生成模式的改弦更张，使军人的智能一跃而上升到首要地位。举凡无人装备的发展、网络空间的对抗、太空力量的部署，都需要科技素质好、反应速度快、创造能力强的智能型军人。 同时，超越物理战的认知域作战，以非接触式作战形态走进现代战场，更要求充分发挥人的主观性、能动性、创造性。 武器装备的自动化、信息化和智能化，使决策指挥向作战主体转移。 未来的作战行动，更大程度上将取决于作战主体对战场态势的感知、理解和反映，取决于各作战主体间适应战场态势动态变化的自主协同，而这就要求作战主体既要当好作战员，又要做好指挥员；既要有熟练操作装备的技能，又要有把握战场全局的智能。 现代战争的实质是智能的较量，而人的智能，较之体能和技能，其开发潜力是巨大的。 在现代战争中，培养、挖掘和充分发挥人的智能，将为战争指导艺术提供新的创造空间。

信息化技术和手段的应用，使战争的确定性和不确定性同时增加。 历史上的战争从来没有像今天这样透明过，高性能雷达、高分辨率侦察卫星将敌我态势显示得一清二楚；同样，历史上的战争从来没有像今天这样复杂过，围绕争夺制信息权的网络电磁空间的对抗，使战争环境变得异常复杂，战争的进程已不再是用兰切斯特方程就可以描述的线性过程，而是充满大量不确定性的非线性过程。 本质上讲，现代战争的不确定性源自信息的不充分，而现代战争的复杂性则源自信息的不对称。 为此，研制和运用高技术信息化装备，全力获取对方信息，尽力保护己方信息，最大限度地制造信息的不对称、利用信息的不对称，将是战争指导艺术在武器装备领域的重要舞台。

智能开发无极限，战法创新空间也更广袤。 现代战争敌我之间的对抗实质是体系作战能力的对抗，而体系之间的对抗，既要求全方位的实力较量，也要求全方位的艺术较量。 战争形态的变化，必然要求作战理念、作战样式和作战手段随之发展改变甚至变革。 从几场现代战争来看，多军兵种联合的一体化作战、陆海空天电的全维作战、精确定点杀伤的震慑作战、远程制导武器的全纵深作战以及网电一体的信息战、战略心理战等多种新的作战样式登上战争舞台，战法创新速度之快、程度之高，让人目不暇接。 未来信息化战争的理念、样式和手段不断更新，上一场战争的经验并不适用于下一场战争。 这也就促使军事家们不断推进战法创新，推动战争指导艺术向更高层次、更宽领域拓展。

〔责任编辑：李秋发〕

• 资讯 •

2012 年中国人民解放军史
研究论文索引（二）

韩洪泉*

　　2012 年中国人民解放军史研究成果比较丰富，仅公开发表的论文资料就在 1000 篇以上。 经过梳理和筛选，收入 313 篇辑为此索引，所选篇目涉及军地报刊 93 种（其中期刊 81 种、报纸 8 种、辑刊 4 种），作者 312 人（含 5 名口述者、1 个编研室），基本反映了 2012 年军史研究的概貌和主要成果。 根据军史研究的内容和特点，分为总论、战争、军队建设、军事思想与军事学术、军事人物 5 个类别，每类之下大致按历史分期以及概述、专题、资料与书评的顺序分类（军事人物参用总论、合论、专论的顺序）；同一小类之下，按发表时间排序（以刊物实际出版日期为准），以便于研究者检索使用。

四　军事思想与军事学术

毛泽东、邓小平、江泽民海洋战略思想探说. 刘中民. 中国军事科学. （2）

毛泽东诗词中的军事思想文化. 武儒海. 国防大学学报. （4）

毛泽东对美军事战略思想论析. 施恒骁. 当代中国史研究. （2）

新中国成立后毛泽东国防工程建设思想探析. 汪维余、吴明、李民. 军事历史. （4）

论毛泽东早期改造起义部队的思想——以 "宁都起义" 部队为中心. 杨会清. 湖南第一师范学院学报. （2）

---

* 韩洪泉（1981～　），男，山东沾化人，南京政治学院部队政治工作系讲师，少校军衔。 主要研究方向：中国军事史、中国近现代史。

毛泽东维护国家安全打破外敌军事包围的战略思想及现实启示. 王永生. 国防大学学报.（6）

新中国成立后毛泽东战争判断思想研探. 释清仁、刘晓燕、薛萍. 中国军事科学.（4）

毛泽东人民军队军事建设思想述要. 施恒骁、袁德金. 军事历史研究.（3）

论毛泽东处理俘虏的思想. 付可尘. 甘肃社会科学.（5）

周恩来对人民军队建设思想的重要贡献. 齐德学. 军事历史.（2）

周恩来战役战术思想浅论. 张家裕. 军事历史.（5）

朱德总力战思想研究. 庾平. 中共党史研究.（3）

从石家庄战役看朱德的城市攻坚战术思想. 欧凯、何南楠. 军事历史.（4）

聂荣臻军事文化建设思想探微. 邵永进、李民华. 军事历史研究.（2）

聂荣臻国防科技工业建设思想探析. 周萌. 军事经济研究.（5）

叶剑英军事科研思想论析. 薛海玲. 军事历史研究.（2）

浅析叶剑英军语统一的思想. 吴晓燕. 军事历史.（6）

论邓小平海军建设思想. 陈美慧、苏小东. 军事历史研究.（3）

刘亚楼人民空军建设思想探源. 刘瑾. 军事历史研究.（1）

努力推进中国军事科学繁荣发展——学习胡锦涛关于军事科学研究重要. 王诗敏. 中国军事科学.（3）

胡锦涛关于海防建设重要论述研析. 胡东霞. 中国军事科学.（3）

胡锦涛关于新形势下国防和军队建设重要论述的时代特色. 郭竞炎. 中国军事科学.（5）

胡锦涛关于大力发展先进军事文化重要论述探析. 张明仓. 中国军事科学.（5）

胡锦涛关于军队院校培养高素质新型军事人才重要论述新探. 石忠武. 中国军事科学.（5）

胡锦涛关于树立综合安全观重要论述研究. 李泉. 中国军事科学.（5）

胡锦涛关于军队参与处置国家重大突发事件重要论述研探. 傅光明、卫晓辉、汪喜. 中国军事科学.（5）

胡锦涛军事辩证思想初探. 薛艳丽. 军事历史研究.（2）

浅谈钱学森军事战略思想及其影响. 王绍武. 军事.（2）

孙子的制胜思想与我军的科学发展. 陈亮明. 国防大学学报.（1）

孙子的制胜观及其对打赢信息化战争的启示. 李继斌. 国防大学学报.（5）

"垂空言，徒记诵，无足取也"——深化当代《孙子兵法》研究的思考. 张兢. 国防大学学报.（6）

试论中国马克思主义军事理论大众化. 张树德. 中国军事科学.（1）

战斗力生成模式的历史演变及规律研探. 杨晓东、马志松、张学辉. 中国军事科学.（2）

人民解放军军事训练方针的历史演进. 肖德伟. 军事历史.（4）

略论我军军事威慑实践与游击战战略战术. 马骏杰. 军事历史研究.（3）

革命战争年代人民军队战略预置思想论要. 魏代强. 军事历史.（3）

人民海军海上破袭游击战思想的历史回顾. 喻永红、胡鹏、周德华. 军事历史研究.（1）

党的战争指导理论的重大创新和历史性跨越——20 世纪 90 年代以来党的信息化战争指导理论探析. 魏作凯. 南京政治学院学报.（2）

孙子的军事认识论思想及其当代影响. 陶军、潘剑锋. 南京政治学院学报.（2）

论当代中国军事发展中的理论创新. 任天佑. 国防大学学报.（5）

改革开放以来我党对军事战略形势的判断与预测. 吕占广、印祺、张克勇. 军事历史研究.（2）

武警部队战略问题研究综述. 杜改君、高旭峰. 国防大学学报.（6）

中国核威慑思想的历史演进. 王鸿章. 军事历史.（5）

党的国防和军队建设指导思想的新发展. 马志强. 南京政治学院学报.（6）

论新时期积极防御军事战略方针的科学发展. 骆德荣. 南京政治学院学报.（6）

系统反映中国人民解放军辉煌历史的重要史作——读《中国人民解放军军史》第 1 ~ 6 卷. 王方. 中国军事科学.（2）

军史研究的重大突破——读《中国人民解放军军史》. 靳是铄. 求是.（8）

集成创新的新版《中国人民解放军军语》. 杨鲁. 军事学术.（2）

五　军事人物

中国近代军事人物传记资料研究概述——以《20 世纪中国人物传记资料索引》为例. 傅德华、褚若千、冯淑. 军事历史研究.（1）

如何做好人物研究——"政治精英与近代中国"国际学术讨论会综述. 王才友. 中国社会科学报. 6. 2

中国当代的历史人物评价标准问题研究述评. 徐国利、李天星. 军事历史. (5)

留学生与近代中国军事航空的教育与训练. 王建明. 天津师范大学学报（社会科学版）. (2)

南昌起义走出多少开国将帅？. 肖燕燕. 中国国防报. 7. 31

上饶集中营新四军高级将领狱中斗争的故事. 沈培新、庞振月. 福建党史月刊. (2)

盛开在祁连山的雪莲. 张亚斌、林发勇. 解放军报. 9. 17

空军青年军官在反右中的悲剧. 杨崇诚. 炎黄春秋. (5)

毛泽东与漳州战役. 天乙. 福建党史月刊. (2)

毛泽东与两弹一星. 王志刚、张力伟、李晓东. 解放军报. 2. 27

毛泽东歼灭战战法在抗美援朝战争中的创新发展. 安文龙. 中国军事科学. (2)

抗战时期毛泽东、张闻天和王稼祥联名的两封电报的发出时间考. 陈标. 抗日战争研究. (2)

毛泽东和中国第一艘潜艇. 张守军、辛全明. 解放军报. 6. 11

毛泽东与游击战. 张治宇. 解放军报. 6. 25

炮击金门与 1950 年代毛泽东的对美战略. 杨奎松. 江淮文史. (4)

毛主席怎样培育 8341 部队. 武健华. 炎黄春秋. (8)

毛泽东墩儿梁遇险记. 姚景虎、潘勇. 解放军报. 9. 24

毛泽东与新中国初期军队干部队伍正规化建设. 慕崧. 党的文献. (5)

简论漳州战役对确立毛泽东军事领袖地位的影响. 詹世忠. 福建党史月刊. (11)

原则性与灵活性的有机结合：毛泽东对组建新四军的指导. 王骅书、王祖奇. 苏州大学学报（哲学社会科学版）. (6)

从人民军队建军史上的重要会议看毛泽东在中央领导地位的确立过程. 郑福志、田健. 南京政治学院学报. (6)

论周恩来对人民军队司令部建设的历史贡献. 李艾果、张新华、李幸丹. 军事历史. (4)

陈云与新中国人民空军的奠基. 徐行、杨鹏飞. 军事历史研究. (4)

邓小平与"三线"建设. 李凤明、宋传富. 军事历史. (3)

朱德早期革命实践对红军长征过西南的积极影响. 蒙秀琼. 毛泽东思想研究. (3)

抗战时期朱德宣传战思想探析. 朱之江. 党的文献. （3）

洛川会议前后朱德的"太行山战略构想"述论. 王涛. 军事历史研究. （2）

关于朱德早期军事生涯与南昌起义革命火种保存的研究. 蒙秀琼. 福建党史月刊. （6）

朱德与南昌起义的最后 800 将士. 金一南. 解放军报.7.30

朱德与辛亥革命和井冈山斗争. 孙伟. 军事历史研究. （3）

范石生与朱德的统一战线. 郭军宁. 军事历史研究. （3）

丁玲笔下的彭德怀. 曾文斌、蔡永生. 解放军报.12.10

洛川会议前后张闻天对持久抗战战略的贡献. 赵春. 军事历史研究. （3）

朝鲜战争初期林彪"称病不出"质疑——兼论毛泽东对入朝作战何人挂帅的考虑. 沈志华. 史学月刊. （11）

刘伯承巧设"口袋阵". 王鹏恩、罗正中、李长城. 解放军报.8.13

刘邓"减灶"擒敌记. 崔云、王玖成、龙佑波. 解放军报.10.22

浅析刘伯承军事指挥艺术. 于海涛. 南京政治学院学报. （S1）

"两把菜刀闹革命"辨疑〔贺龙〕. 葛莉. 兰台世界. （16）

陈毅对新四军战略重心北移的独特贡献. 王骅书、王祖奇. 河南师范大学学报（哲学社会科学版）. （3）

罗荣桓与"翻边战术". 王贞勤、曹树华、孟先锋. 解放军报.10.22

罗荣桓与新中国成立初期的总政治部. 总政治部办公厅编研室. 解放军报.12.12

酷爱读书学习的徐向前元帅. 栗钢. 国防大学学报. （4）

关于对粟裕内线作战两次重要建议的研究. 冯小卫、华小勇. 福建党史月刊. （2）

解放战争中毛泽东对粟裕的五次军事授权述略. 华小勇. 军事历史研究. （1）

粟裕坐镇大伯集村. 吴成、孟宪东、侯中兴. 解放军报.9.3

陈赓妙算神头岭. 王克勤、何晓阳、武晓鹏. 解放军报.11.26

王树声坚守空山坝. 温敏. 解放军报.12.31

"马拉飞机"、"补丁飞机"的由来——陈熙将军与人民空军的艰难创业. 颜梅生. 福建党史月刊. （3）

高敬亭对重建红 28 军和开展游击战争的指导. 褚银、赵梦姗. 军事历史. （1）

从高敬亭错案兼论新四军时期的项英——答王辅一. 童志强. 江淮文史. （4）

论高敬亭在鄂豫皖边三年游击战争中的重要贡献. 徐占权. 军事历史研究. （4）

郭兴福教学法的回顾与思考.陈赋斌.军事历史.（4）

韩怀智与军队院校教育.张容华、王金霞、任革锐.军事历史.（3）

洪学智"搂草打兔子".徐文涛、谢明、杨兵军.解放军报.10.29

他把黄继光遗体背下战场.口述/罗西成，整理/陈必强.解放军报.1.16

旷继勋与"蓬溪起义".向永德、肖伟、杜俊.解放军报.11.19

林植夫：把敌军工作做到对日作战第一线.严伟民、蔡干豪、陈鲁生.福建党史月刊.（6）

二级对空射击英雄〔刘四〕.王传智、邬扬松、姜超.解放军报.6.25

现场目击者见证毛岸英牺牲的真相.成普.福建党史月刊.（2）

彭雪枫创建骑兵团.马魁、贺兴博、余国强.解放军报.5.21

皮定均和他麾下的英雄传奇.管飞.解放军报.12.31

抗联"虎将"祁致中.王贞勤.军事历史.（5）

秦基伟与上甘岭战役.陈赋斌.军事历史.（6）

滕代远与《中国新军队》.滕久昕.军事历史.（1）

日军眼里的抗联将军王明贵.萨苏.中国国防报.1.10

皖南事变中的王培臣.王莫然.福建党史月刊.（8）

吴忠谈"九一三"事件.吴忠、陈楚三、李大震.炎黄春秋.（1）

习仲勋领导两当起义的经过及意义探析.黄明.军事历史研究.（4）

高炮的"眼睛"〔许明月〕.吴同喜、张滋堃、石林.解放军报.7.30

炮兵名将威犹在〔颜伏〕.周克玉.解放军报.12.24

走近英雄杨根思.张书恒、杨西河、张宝奇.解放军报.11.5

杨靖宇早年在桐柏.张森、甘心田、杨春雨.解放军报.3.19

张爱萍受命组建海军.徐平.解放军报.12.3

"神炮"将军赵章成.梁洪波、辛蕾.解放军报.12.24

蒋介石对 1958 年炮击金门的应对——以《蒋介石日记》为中心.刘大禹.台湾研究集刊.（1）

〔责任编辑：李秋发〕

● 资讯 ●

《武装力量与社会》2013 年 10 月号目录

Armed Force & Society, Oct. 2013, Volume 39（4）

范 彬* 编译

亚伦·贝尔金（Aaron Belkin，旧金山州立大学），莫滕·G. 恩德（Morten G. Ender，西点军校），纳撒尼尔·弗兰克（Nathaniel Frank，哥伦比亚大学），斯塔西·菲里亚（Stacie R. Furia，加州大学洛杉矶分校），乔治·卢卡斯（George Lucas，美国海军军官学校），加里·帕卡德（Gary Packard，美国空军军官学校），史蒂芬·塞缪尔斯（Steven M. Samuels，美国空军军官学校），塔米·舒尔茨（Tammy Schultz，美国海军战争学院），大卫·希格尔（David R. Segal，马里兰大学）

《"不问不说"政策的准备和废除：开放式服役的新政策动摇军事了么？》

（Readiness and DADT Repeal：Has the New Policy of Open Service Undermined the Military?, pp. 587 – 601）

邦妮·M. 维斯特（Bonnie M. Vest，纽约州立大学布法罗分校家庭医学系）

《公民，士兵，抑或公民士兵？ 美国国民警卫队的交涉身份》

（Citizen, Soldier, or Citizen-Soldier? Negotiating Identity in the US National Guard, pp. 602 – 627）

詹姆斯·格里菲斯（James Griffith，马里兰州陆军国民警卫队），马克·维特库斯（Mark Vaitkus，美国国防大学）

《陆军国民警卫队的自杀透视》

---

* 范彬（1982~ ），四川南部人，空军勤务学院社会科学部讲师，南京政治学院上海校区博士研究生。 主要研究方向：马克思主义、军事政治学。

埃亚尔·本 - 阿里（Eyal Ben-Ari，以色列希伯来大学社会学与人类学系）

《转型命令：美国、英国和以色列军队的使命追求》书评

（Book Review：Transforming Command：The Pursuit of Mission Command in the U. S. ，British，and Israeli Armies，pp. 760 – 761）

〔责任编辑：张小健〕

● 稿约 ●

征稿启事

《军事政治学研究》编辑部

　　《军事政治学研究》是中国首个军事政治学的专业学术交流园地，由中国人民解放军南京政治学院军事政治学研究中心创力，秉承"学术本位"原则，为军事政治学搭建学术交流平台，展示学术研究成果，提供学术研究信息，汇聚学术研究力量，以推动军事政治学的不断发展为使命，欢迎海内外学者赐稿。

审稿规则

　　《军事政治学研究》实行符合国际学术惯例的双向匿审制度，真诚欢迎学界同仁惠赐大作。

　　1. 所有文稿首先由编辑部责任编辑初审，通过初审的文稿进入二审程序。 若初审未通过，作者将在一周之内收到编辑回复。

　　2. 文稿二审工作将按双向匿名方式进行；审稿贯彻回避原则，每篇论文至少由两位学术顾问和编委或由主编特邀的其他相关专家审阅。 负责审稿者严格根据论文的学术质量提出以下三种处理方式：（1）拟采用；（2）经修改后采用；（3）不采用。 若文稿未通过二审，作者将在三周之内收到编辑回复。

　　3. 通过二审的稿件将提交主编。 主编将根据评审报告和年度研讨主题以及版面安排等总体情况综合考量，作出最后决定。 终审结果于三个月内通知作者，若三个月后未获通知，作者可另投他刊。

投稿方式

　　向《军事政治学研究》投稿者，须同时提交纸质文本和电子文本各一份。 电子文本请存为 Word 文本(不低于 WORD2003 版本)以附件形式发送,邮件主题请注明"投稿·×××(文章名)"。

投稿地址:上海市四平路 2575 号中国人民解放军南京政治学院上海校区《军事政治学研究》编辑部收;邮政编码:200433

投稿邮箱:jszzxyj@163.com

联系电话:021-80810527(民);0531-810527(军)

其他声明

1. 请勿一稿多投,作者须承诺论文只投《军事政治学研究》。

2. 文责自负,发表文章并不代表《军事政治学研究》认同其观点。

3. 论文中如涉及版权问题,作者须获得相关授权,本刊不负版权责任。

4. 编辑部有权对来稿文字按稿例及编辑需要作一定删改,不同意删改者请在投稿时注明。

5. 若转载或引用《军事政治学研究》已发表文章,须注明来源。

6. 论文发表后,将付薄酬或赠全年《军事政治学研究》1 份。

稿　例

基本要求

1. 以"特稿""专论""专访""评论""译介"等形式投稿者,均需提供作者学术简介。 按如下顺序标明作者信息:姓名、出生年月、性别、工作单位及职务、职称及学术兼职、所在省市、邮编、联系电话、电子邮箱等;

2. "摘要"应为论文主要内容的客观陈述,不宜采用诸如"本文认为""笔者认为"等主观评价性语言,字数在 300 汉字以内,并提供英文摘要;

3. "关键词"应为反映论文最主要、最核心内容的专业术语,多个关键词之间用";"分隔,一般每篇论文可使用 3~8 个关键词,并提供英文关键词;

4. 如果来稿属于基金项目资助范围内的研究成果,请在首页下角标明论文产生的资助背景,包括基金项目的类别、名称、批准号;

5. 为便于匿名评审，请将上述作者信息单独以一页附在正文前，且不要在正文中透露任何作者信息。

正文体例

1. 文稿请按题目、作者、正文、参考书目之次序撰写。 论文如果内容层次较多，其节次或内容编号请按"一""二""三"……（一）（二）（三）……1. 2. 3. ……（1）（2）（3）……的顺序排列。 标题下内容层次可以按照作者行文习惯进行，不做具体要求。

2. 正文每段第一行空两格。 独立引文须加引号。

3. 请避免使用特殊字体、编辑方式或个人格式。

注释体例

1. 文章采用脚注，每页重新编号；编号序号依次为：①②③……

2. 统一基本规格（包括标点符号）

〔国籍〕或（朝代）主要责任者（两人以上用顿号隔开；以下译者、校订者同）（责任方式为著时，"著"字可省略，用冒号替代，其他责任方式不可省略；如作者名之后有"著""编""编著""主编""编译"等词语时，则不加冒号）：《文献名称》，译者，校者，出版社，出版年，第 X 页。 若论文引自"人大复印资料""新华文摘"等，需注明原出处。 引用资料非原始出处，注明"转引自"。

3. 注释例

A. 著作类

王沪宁：《政治的逻辑——马克思主义政治学原理》，上海人民出版社，1994，第 111 页。

陈明明：《所有子弹都有归宿——发展中国家军人政治研究》，天津人民出版社，2003，第 205 页。

〔美〕哈罗德·D. 拉斯韦尔：《政治学——谁得到什么？ 何时和如何得到》，杨昌裕译，商务印书馆，1992，第 89～90 页，转引自洪陆训《军事政治学：文武关系理论》，五南图书出版公司，2002，第 45 页。

B. 论文类

蒋乾麟：《略论无产阶级军队党委制与一长制》，《军事历史研究》1994 年第 1 期，第 50 页。

高民政：《军事政治学的对象范围及其核心问题与分析路径》，《社会科学》2013

年第 8 期，第 15 页，转引自《新华文摘》2013 年第 20 期，第 10 页。

徐勇：《"军阀"治下之军阀"学理"研讨——以北伐战争前夕一场政治与学术论战为中心》，《北京大学学报》（哲学社会科学版）2005 年第 4 期，第 490 页。

母春生：《晚清人与武器思想的嬗变》，国防科技大学硕士学位论文，2007，第 20 页。

C. 文集、选集或集刊中的析出文献

黄久龙：《军法管制在巴基斯坦历史上的作用评述》，孙红旗主编《巴基斯坦研究》第一辑，中国社会科学出版社，2012，第 76 页。

D. 报纸类

李月军：《新文武关系理论：范式替代抑或理论补充》，《社会科学报》2010 年 4 月 1 日，第 4 版。

E. 古籍、辞书类

《孙子兵法·始计第一》。

（清）王韬：《弢园文录外编》，卷十。

《辞海》，上海辞书出版社，1979，第 983 页。

F. 英文类

F1. 著作

Samuel Huntingdon，*The Soldier and the State*：*The Theory and Politics of Civil-Military Relation*，Harvard University Press，1957，p. 13.

F2. 期刊中的论文

Eills Joffe，"Patry-Army Relations in China：Retrospect and Prospect"，*The China Quarterly*，1996，pp. 299 – 314.

5. 其他文种

从该文种注释体例或习惯。

6. 其他说明

A. 引自同一文献者，同样应完整地注释，不得省略。

B. 非引用原文，注释前加"参阅"（英文为"See"）；如同时参见于其他著述，则再加"又参阅"。

C. 引用资料若使用网络来源，格式为：

王邦佐：《进一步发挥政协的民主监督职能》，南方网，2005 年 5 月 23 日，http://www.southcn.com/nflr/llwz1/200505230852.htm，2013 年 3 月 5 日访问。

图书在版编目（CIP）数据

军事政治学研究. 2013 年第 4 期：总第 4 期/高民政主编. —北京：
社会科学文献出版社，2014.2
ISBN 978 - 7 - 5097 - 5702 - 4

Ⅰ.①军…　Ⅱ.①高…　Ⅲ.①军事 - 政治学 - 研究　Ⅳ.①E0 - 053

中国版本图书馆 CIP 数据核字（2014）第 033667 号

军事政治学研究　（2013 年第 4 期　总第 4 期）

主　　编／高民政

出 版 人／谢寿光
出 版 者／社会科学文献出版社
地　　址／北京市西城区北三环中路甲 29 号院 3 号楼华龙大厦
邮政编码／100029

责任部门／全球与地区问题出版中心（010）59367004　　责任编辑／高明秀　许玉燕　于兴卫
电子信箱／bianyibu@ ssap. cn　　　　　　　　　　　　 责任校对／王迎姣
项目统筹／高明秀　许玉燕　　　　　　　　　　　　　　责任印制／岳　阳
经　　销／社会科学文献出版社市场营销中心（010）59367081　59367089
读者服务／读者服务中心（010）59367028

印　　装／北京季蜂印刷有限公司
开　　本／787mm×1092mm　1/16　　　　　　　　印　张／12.5
版　　次／2014 年 2 月第 1 版　　　　　　　　　　　字　数／229 千字
印　　次／2014 年 2 月第 1 次印刷
书　　号／ISBN 978 - 7 - 5097 - 5702 - 4
定　　价／49.00 元

本书如有破损、缺页、装订错误，请与本社读者服务中心联系更换
▲ 版权所有　翻印必究